创造美好生活

奔向共同富裕基层故事

主　编　吴大磊　　副主编　王丽娟

CHUANGZAO MEIHAO SHENGHUO

BEN XIANG GONGTONG FUYU JICENG GUSHI

岳麓書社　　CNS PUBLISHING & MEDIA 中南出版传媒　湖南电子音像出版社 Hunan Electronic And Audio-visual Publishing House

本书编委会

主　编　吴大磊

副主编　王丽娟

编　委　王　浩　邓　超　聂　迪　王俊颖

余晨阳　吴玉鑫　张　寅

前言

PREFACE

共同富裕：始终不渝的奋斗目标

贫穷是千年顽疾，是文明进步的绊脚石，从古至今，都是世界各国最棘手的难题之一。纵观历史，人类在很长时间内都处于贫穷饥饿状态，即使在生产力十分发达的今天，全球仍然还有十数亿人口处于绝对贫穷状态。人类如何才能实现人人丰衣足食的“大同社会”？古今中外的种种方案与尝试，都未能真正彻底实现。

消除贫困、改善民生、实现共同富裕是我们党矢志不渝的奋斗目标。中国共产党自诞生之日起，就把实现共产主义确立为最高理想，团结带领中国人民，为创造美好生活，为消除贫困、改善民生、实现共同富裕，进行了长期艰苦奋斗。中国共产党秉持“为中国人民谋幸福、为中华民族谋复兴”的初心和使命，擘画“全体人民共同富裕”蓝图，反映了中华民族传统文化精髓和全体人民共同期盼，彰显了中国特色社会主义的时代魅力。

早在建党之初，中国共产党的领导人就认识到共同富裕应该成为社会主义的内在要求。1923 年 11 月，李大钊指出，“社会主义是要富的，不是要穷的，是整理生产的，不是破坏生产的”“是使生产品为有计划的增殖，为极公平的分配”。新中国成立后，党团结带领人民开展了大规模社会主义建设，逐步改变了“一穷二白”的贫穷落后面貌，为实现共同富裕奠定了初步的物质基础。在社会主义革命和建设中，党进一步明确了实现共同富裕的奋斗目标。在 1953 年 12 月通过的《中共中央关于发展农业生产合作社的决议》中，提出要逐步克服工业和农业这两个经济部门发展不相适应的矛盾，并使农民能够逐步摆脱贫困的状况而取得共同富裕和普遍繁荣的生活，这是第一次在党的重要文件中使用“共同富裕”的概念。党的十一届三中全会以后，党不断深化对共同富裕问题的认识和实践，不仅将实现共同富裕上升为社会主义本质的重要内容，而且在总结经验教训的基础上提出了“先富帮后富，最终实现共同富裕”的构想，提出让“一部分地区有条件先发展起来，一部分地区发展慢点，先发展起来的地区带动后发展的地区，最终达到共同富裕”。

党的十八大以来，以习近平同志为核心的党中央把逐步实现全体人民共同富裕摆在更加重要的位置上，坚持以人民为中心的发展思想，采取有力措施保障和改善民生，打赢脱贫攻坚战，全面建成小康社会，不断增强人民的获得感、幸福感、安全感，为促进共同富裕创造了良好条件。

在不断的实践探索中，中国共产党逐步形成了实现共同富裕的总体思路，即坚持以人民为中心的发展思想，在高质量发展中促进共同富裕，正确处理效率和公平的关系，构建初次分配、再分配、三次分配协调配套的基础性制度安排，加大税收、社保、财政转移支付等调节力度，并提高精准性，扩大中等收入群体比重，增加低收入群体收入，合理调节高收入，取缔非法收入，形成中间大、两头小的橄榄型分配结构，促进社会公平正义，促进人的全面发展，使全体人民朝着共同富裕目标扎实迈进。

共同富裕绝非轻轻松松、敲锣打鼓就能实现。应该清醒地认识到，我国仍处于社会主义初级阶段，必须充分估计共同富裕实现过程中的艰巨性、复杂性和长期性，特别是要警惕“认知错误”“路线跑偏”，不能简单地把共同富裕理解为“杀富济贫”，甚至错误地将共同富裕与“计划经济”画上等号。共同富裕是全体人民的富裕，不是少数人的富裕；是人民群众物质生活和精神生活双富裕，而不仅仅是物质上的富裕；是仍然存在一定差距的共同富裕，不是整齐划一的平均主义、同等富裕。

党的二十大报告提出，中国式现代化是全体人民共同富裕的现代化，并将实现全体人民共同富裕作为中国式现代化的本质要求。这充分说明党中央在新时代对共同富裕的认识更加深刻、全面、系统。2021年5月，《中共中央　国务院关于支持浙江高质量发展建设共同富裕示范区的意见》正式出台，党中央支持浙江把扎实推动共同富裕示范区建设作为新时代全面展示中国特色社会主义制度优越性重要窗口的生动实践，以浙江先行探索为全国推动共同富裕探路。

目前，浙江已初步构建共同富裕的目标体系、工作体系、政策体系、评价体系，着力缩小地区、城乡、收入三大差距，努力提升人民群众的生活品质，实现了共同富裕示范区建设的良好开局、稳健起步。除浙江省外，全国各地、各行业也都在积极探索在高质量发展中促进共同富裕的实践路径，这些鲜活实践进一步丰富了共同富裕的思想内涵，全面展示了中国实现共同富裕的决心与努力，体现了新时代中国特色社会主义制度的优越性，对世界具有重大示范意义。

目录
CONTENTS

第一章

迈向共同富裕新征程

消除贫困、改善民生、促进共同富裕是中国共产党矢志不渝的奋斗目标。共同富裕要解决的是在一个动态发展过程中如何“分好蛋糕”的问题。中国共同富裕之路开辟出了一条不同于并且超越西方的现代化新路，为世界贡献了中国智慧与中国方案。

1.“治国之道，富民为始”

西汉司马迁所著《史记》，有十表、八书、十二本纪、三十世家、七十列传之称。其中，“七十列传”有一篇《平津侯主父列传》，讲述了公孙弘（平津侯）与主父偃两位西汉名臣施政为民的理念和经历，“治国之道，富民为始”就出自该篇。这句话可以通俗地理解为：治理国家之道，首先就是要让老百姓富裕起来。

富民的思想是贯穿浩如烟海的中国典籍的重要脉络之一。

《尚书》中就有一段舜对掌管地方的十二名官员谆谆叮嘱的话：“‘咨’十有二牧！曰，‘食哉惟时，柔远能迩，惇德允元，而难任人，蛮夷率服。’”其主旨大意就是：衣食才是黎民生存的根本大事，你们务必要放在心上。这段话表达了舜对百姓衣食生活的关切。

到了春秋战国时期，诸子百家尽管思想上争鸣不已，但是在富民的态度上则是一致的。尤其是儒家，将富民思想不断完善，发展成安邦治国的道理。比如孔子提出“足食”“富而后教”，主张百姓的富足是实施礼乐教化的前提，国富建立在民富的基础上。孟子在见梁惠王时，提出了一系列富民措施，认为只有这样才能使“七十者衣帛食肉，黎民不饥不寒”。

从秦汉开始，国家一统，车同轨、书同文，富民思想成为整个封建社会的意识形态。西汉董仲舒继承先秦儒家不与民争利的思想，倡导“利可均布，而民可家足”。司马迁主张顺应百姓求富的愿望，在《史记·货殖列传》中明确提出：“上则富国，下则富家。”

此后的魏晋隋唐至明清，传统中国的社会模式和样态随着生产力的发展不断变化，中华文明也越来越博大精深，尽管封建社会中存在着统治阶级与被统治阶级的矛盾，但是国富民强的主体发展脉络未有丝毫动摇。

从屈原“长太息以掩涕兮，哀民生之多艰”的感慨，到杜甫“安得广厦千万间，大庇天下寒士俱欢颜”的憧憬，再到孙中山“家给人足，四海之内无一夫不获其所”的夙愿，都反映了中华民族对摆脱贫困、丰衣足食的深深渴望。

中华民族发展前进的接力棒交到了中国共产党手中。中国共产党自成立以来，就始终把追求共同富裕贯穿于革命、建设和改革的全过程，带领人民走出了一条具有中国特色的共同富裕之路，同时也推动我国经济社会实现了从站起来、富起来向强起来的历史性跨越。

人民对美好生活的向往就是党的奋斗目标。党的十八大以来，以习近平同志为核心的党中央，对共同富裕有了更为全面而深刻的认识，将共同富裕与社会主义现代化建设、人民对美好生活的向往、人的全面发展紧密联系起来，实现了共同富裕内涵的深化发展。党领导人民自信自强、守正创新，坚持聚焦全面建成小康社会的突出矛盾，坚持落实精准扶贫方略，以全面深化改革筑牢了共同富裕初步实现的生产关系基础，以共享发展奠定了共同富裕初步实现的思想基础，以历史性解决绝对贫困问题夯实了共同富裕初步实现的物质基础。党和国家取得了全面建成小康社会的历史性成就，新时代扎实推进共同富裕迈出了坚实步伐。

铁一般的事实证明，在实现全面建设社会主义现代化国家的征程上，只要始终坚持以人民为中心的发展思想，在增强人民群众获得感、幸福感、安全感上多出实招、多办实事，团结带领全国各族人民在新的起点上不懈奋斗，更加自觉地使改革发展成果更多更公平惠及全体人民，就一定能够继续创造出更多令世界瞩目的中国奇迹。

2.“社会主义的本质要求”

习近平总书记强调：“实现共同富裕不仅是经济问题，而且是关系党的执政基础的重大政治问题。”共同富裕根本性地体现了社会主义的本质要求，体现了社会主义制度的优势。在中国共产党的百年征程中，正是由于始终把让人民过上好日子、实现全体人民共同富裕作为奋斗目标并为之不懈努力，党才能团结带领人民在社会主义道路上取得一个又一个胜利。

实现共同富裕，绝非一时心血来潮的创新性提法和要求，而是符合社会发展的历史逻辑和马克思主义的理论逻辑的，是符合当前我国所处的发展阶段的现实逻辑的，也是时代和实践发展的内在要求。

人类社会虽然对共同富裕进行了长期探索和追求，但这一目标只有在马克思主义指导下，坚持走社会主义道路才可能实现。一方面，共同富裕与社会主义是内在统一、相辅相成的，要实现共同富裕就必须坚持社会主义道路，否则，共同富裕就找不到实现路径从而沦为“空想”。另一方面，坚持社会主义道路就必然要求逐步实现共同富裕，否则，社会主义就得不到人民群众的广泛支持从而丧失根基。中国共产党为实现共同富裕而进行的长期探索和取得的显著成就，已经有力证明了这一点。

中国要建设的现代化国家，是一个有着 14 亿多人口、发展基础比较薄弱、完全靠自己力量建设的大国。中国式的现代化，将是人类现代化进程中的首创，也将使世界上现代化人口增加一倍以上。共同富裕是中国式现代化的重要特征，是一个崭新的国家现代化建设模式的核心内容。中国在自己的现代化道路上实现共同富裕，就是马克思主义中国化的“升级版”，就是通过中国的伟大实践丰富和发展新时代的马克思主义。中国正在建设的以共同富裕为特征的现代化事业，不仅关乎中华民族伟大复兴的历史使命，而且关系国际社会主义发展的历史进程。

到 2035 年我国基本实现社会主义现代化时，人均国内生产总值约为 2 万美元，达到中等发达国家水平，与最发达的国家之间仍有不小的差距，对此我们应当有清醒的认识。只要我们坚持以共同富裕为发展目标，持续推进理论创新、实践创新，在共同富裕上迈出坚实步伐，完全可以实现在同等经济发展水平下居民收入分配更加公平、全体人民实际生活福利标准更高的目标，为 21 世纪中叶全体人民共同富裕基本实现奠定坚实基础。

和发达国家相比，我国的中等收入群体在规模上还偏小，橄榄型社会结构尚未形成，这也预示着扩大中等收入群体有很大的潜力。同时，我国在公共产品和社会福利建设以及政府“兜底”救助等方面已经积累了丰富的经验，充分显示出制度的优势，不仅能够实现 2035 年人均国内生产总值达 2 万美元，还能促进共同富裕产生更为显著的成果。

当今世界正经历百年未有之大变局，面对严峻复杂的形势，关键是要保持战略清醒和定力，调动一切可以调动的积极因素，团结一切可以团结的力量，全力办好自己的事，锲而不舍地实现我们的既定目标。在迈向共同富裕的道路上，必须在不断做大“蛋糕”的同时分好“蛋糕”，贯彻共享发展理念，自觉主动解决地区差距、城乡差距、收入差距，让社会主义制度的优越性得到更充分体现，不断实现人民对美好生活的向往，充分调动人民推动发展的积极性、主动性、创造性，广泛凝聚起全面建设社会主义现代化国家、实现中华民族伟大复兴的磅礴力量，以“中国之治”应对“世界之变”，以实现中华民族伟大复兴战略全局的稳步推进引领世界大变局的发展演变。

3. 做大“蛋糕”与分好“蛋糕”

实现什么样的共同富裕、如何实现共同富裕，习近平总书记用“蛋糕”之喻将其形象生动地呈现了出来。他指出，要先把“蛋糕”做大，然后还要把“蛋糕”分好。我国历来有“不患寡而患不均”的观念。我们要在不断发展的基础上尽量把促进社会公平正义的事情做好，既尽力而为，又量力而行，努力使全体人民在学有所教、劳有所得、病有所医、老有所养、住有所居上持续取得新进展。

“蛋糕”作喻体，可以更好地理解“做大”和“分好”之间的关系。一方面，“做大”和“分好”二者互为条件：若“蛋糕”做不大，那就分不多，所以就谈不上分得好；若“蛋糕”分不好，则会产生两极分化、矛盾丛生，使继续做大“蛋糕”后继乏力。另一方面，二者有先后：只有先把“蛋糕”做大，才能实现水涨船高，才能分得越来越多；只有在做大“蛋糕”的基础上形成分“蛋糕”的合理结构，才可各得其所，才能体现公平。因此，既要千方百计把“蛋糕”做大，也要将已有的“蛋糕”更加公平合理地分配给每位社会成员，让他们有更多的获得感，收入水平和生活水平逐步提高，从而以更大的积极性、能动性参与到做大“蛋糕”的伟大事业中来。

共同富裕只有在生产力充分发展，同时分配政策更为公平的条件下才能实现。改革开放 40 多年来，我国创造的经济持续快速发展和社会长期稳定两大奇迹，都离不开较好地把握了“做大蛋糕”与“分好蛋糕”之间的平衡。“做大蛋糕”是“分好蛋糕”的前提，“分好蛋糕”反过来能凝聚多方力量，把财富的“蛋糕”继续做大。

“做大蛋糕”着重于解放和发展生产力，做大社会财富增量。改革开放以来，我们对外开放、对内“搞活”经济，充分利用国际、国内两个市场，加入世贸组织，建立经济特区，大力发展民营经济。在农村实行家庭联产承包责任制，在城市逐步扩大企业自主权，建立现代企业制度。这一过程中，市场经济逐步建立和发展起来，发展经济的手段和方式日益丰富。中国经济因此获得持续高速增长，跃升为世界第二大经济体，创造出人类历史上少有的发展奇迹。

不过也要看到，在经济社会快速发展的过程中，我国在总体财富分布上也部分呈现出“畸轻畸重”的情况，这除了受个人努力程度、资源获取能力等影响外，也与分配方式有待完善有关。因此，我们对实现共同富裕的设想是“先富帮后富”，在“做大蛋糕”的同时“分好蛋糕”。在社会财富的动态累积中，通过二次分配、三次分配的调节或者其他制度安排，利用税收的杠杆作用“提低”“扩中”“调高”的同时，拓展慈善公益方式对社会资源和社会财富进行分配。无论二次分配还是三次分配，都是为了营造更公平的发展环境，降低机会成本，实现社会财富公平合理分配，这符合每个社会成员的利益。

总体来看，共同富裕要解决的是在一个动态发展过程中如何“分好蛋糕”的问题，而不是对现有财富构成图景的“推倒重来”，绝不是要“杀猪”。只有社会财富持续累积，才能为“分好蛋糕”留足回旋余地和施展空间。我们要好好把握做大分好“蛋糕”的理论内涵和实践路径，让人人都能通过奋斗将“蛋糕”做得更大更美，也让人人都能公平地分享“蛋糕”的香甜美味。

4. 具有世界意义的原创性实践

摆脱贫困、走向富裕，是全人类共同的愿景与追求。资本主义曾推动历史进步，却不可避免地带来贫富分化，并且在缓解、消除贫困问题上“束手无策”。与此相对，中国仅用几十年时间就历史性地解决了拥有 14 亿多人口大国的绝对贫困问题，正意气风发地扎实推进共同富裕，这无疑是一个具有世界意义的原创性实践。

人类发展史就是一部人类不断摆脱自然压迫、阶级压迫与精神压迫的斗争史，也是一部人类追求共同富裕美好愿景的奋斗史。虽然古代并未出现“共同富裕”这个词，但中外圣贤的思想里蕴涵着丰富的“共同富裕”观念。从柏拉图的“理想国”，到托马斯·莫尔的“乌托邦”、康帕内拉的“太阳城”、欧文的“新和谐公社”等，这些构想或探索都有着深厚的共同富裕意蕴。中国古代思想家的“大同社会”构想也包含着消除贫困、追求共同富裕的意蕴。《诗经·大雅·民劳》中的“民亦劳止，汔可小康”是中国古代最早蕴含“共同富裕”思想的论述。春秋战国时期，思想家们从不同角度阐述了富民思想。管仲的“甚富不可使，甚贫不知耻”“富能夺，贫能予”“以天下之财，利天下之人”等治国理念，老子的“有余者损之，不足者与之”的哲思，晏子的“权有无，均贫富”的忠言，以及孔子的“大同”“小康”社会理念，荀子的以“开源节流”“节用裕民”达到富国、富民目的等思想，都不同程度上蕴含了“共同富裕”的理念。中国历代农民起义提出的“均贫富”“苟富贵，无相忘”“除霸安民，劫富济贫”“均田免赋”“有田同耕，有饭同食，有衣同穿，有钱同使，无处不均匀，无人不饱暖”等口号，也都体现了对“共同富裕”的诉求，反映了中国传统文化的价值原则。

但迄今为止，无论中国还是西方发达国家，都还未曾实现真正意义上的“全体人民的共同富裕”。在古代，由于生产力不够发达，社会产品不够丰富，人口占少数的统治阶级集团占有全部或大部分生产资料和劳动产品，因而能过上富裕甚至奢靡的生活；而普通劳苦大众则处于饥寒交迫的悲惨境地，“共同富裕”只不过是一个遥不可及的梦。资产阶级革命以来，特别是第二次世界大战之后，生产力得到迅猛发展，社会产品越来越丰富，但是全球还有十数亿人过着贫困的生活。究其根源，私有制乃贫富分化的罪魁祸首。尽管许多西方发达国家走上了富裕道路，但无论在资本主义早期还是在当下，财富两极分化的问题都十分严重。

共同富裕理念虽然主要聚焦的是中国国内问题，但却毫无疑问具有巨大的世界意义。其中最重要的一点，便是中国凭借走共同富裕之路开辟出了一条不同于并且超越西方的现代化新路。

一方面，中国共同富裕道路为发展中国家实现共同富裕提供了新的路径选择。长期以来，资本主义自诩是人类文明的“灯塔”。但是，在资本主义的制度框架内，无论是荷兰、西班牙、葡萄牙、英国等老牌资本主义国家，还是美国、德国、法国、日本等“后起之秀”，都没能消除贫富分化难题。而中国共产党领导新中国，仅用 70 多年时间就走完了西方资本主义国家几百年才走完的现代化道路，创造了经济持续高速增长与社会长期稳定“两大奇迹”，充分彰显了社会主义制度的优越性。中国实现共同富裕，将进一步带领新兴市场国家和发展中国家实现不可逆转的群体性崛起，推动国际体系向着更加有利于发展中国家的方向倾斜。中国如何在效率与公平间取得动态平衡、如何统筹系统协调推进经济社会发展等治国理政的具体经验，也为广大的发展中国家提供了镜鉴。

另一方面，中国对共同富裕道路的探索提升了人类文明新高度。文明是对原始、野蛮的超越，只有彻底脱离了丛林法则和弱肉强食的野蛮逻辑，人类文明才真正意义上产生。资产阶级革命胜利以后，资本主义开始成为现代文明的标志，引领世界文明方向。欧洲的福利主义模式虽然也高度重视人民的福祉，但却走向了另一个极端，掉入了“养懒汉”“等靠要”的福利主义陷阱，也背离了共同富裕所鼓励的勤劳创新致富的原则。最为重要的是，西方现代化道路无不是建立在从殖民地攫取血淋淋的原始资本之上，建立在暴力和掠夺之上，而中国的共同富裕现代化新路则完全是依靠自力更生、和平发展创造出来的，这是两者的根本差别。

总之，共同富裕是中国共产党原创性理论与实践结合的范例，是中国共产党为发展中国特色社会主义、擘画人类发展蓝图、促进人的自由全面发展、塑造人类文明新形态所贡献的中国智慧与中国方案。

第二章

建设“橄榄型”社会结构

迈向“橄榄型”社会是共同富裕的一个重要标志。要努力扩大中等收入群体比重，增加低收入群体收入，合理调节高收入，形成中间大、两头小的“橄榄型”分配结构。要瞄准低收入人群，特别是农村低收入人群，要给低收入人群赋能，提高其发展能力。

1. 新型职业农民成致富带头人

“治国经邦，人才为急。”努力培育一大批“爱农业、懂技术、善经营”的新型职业农民既是提升农民收入、促进农民致富的有效途径，也是乡村人才振兴的核心要义。习近平总书记强调，要“就地培养更多爱农业、懂技术、善经营的新型职业农民”。随着农业现代化进程的推进，为了解决“谁来种地”“怎么种地”的发展困境，新型职业农民的培育工作加快提上日程。2012 年以来，按照党中央、国务院的部署要求，农业、财政等部门启动实施新型职业农民培育工程。在当地培养热爱农业、知识丰富、技术精湛、善于经营的新型职业农民，这既是农业供给侧结构性改革的必然要求，也是形成农业农村改革整体效应的客观需要。

新型职业农民是以农业为职业、具有相应的专业技能、收入主要来自农业生产经营并达到相当水平的现代农业从业者。新型农民与传统农民的差别在于，前者是一种主动选择的“职业”，后者是一种被动烙上的“身份”。如今，全国各地涌现出越来越多的职业农民，他们有文化、懂技术、善经营、会管理，逐渐成长为现代农业发展的“生力军”。

在安徽省安庆市太湖县天华镇，画里天华实业有限公司的茶叶种植基地一派繁忙，几十名当地村民在千亩茶园中忙着施肥。刚刚立春，尽管气温不高，但茶园里充满了春的气息。40 多岁的曹双乐是天华镇朱河村人。2007 年，26 岁的曹双乐从福建返乡创业。一开始，他养殖生猪，因受各种条件制约，养殖规模难以扩大。后来他发现家乡家家户户都有种茶传统，加上家乡得天独厚的生态环境，就把目光投向了茶产业。当年，在当地党委、政府的大力支持下，曹双乐利用该镇 1000 余亩（1 亩 =666.7 平方米，后同）山场进行茶叶种植及加工。由于在茶叶种植方面是新手，很快，曹双乐的事业发展遇到瓶颈，茶叶产量不高、品质普通、规模不大……曹双乐看在眼里，急在心里。一次偶然的机会，曹双乐被县里推荐参加农业农村部等组织的农村实用人才培训班。正是参加这次培训，曹双乐开启了从普通农民到新型职业农民的转型之路。

曹双乐说：“培训班上，能学到平时接触不到的专业知识，同学之间也可以互相交流。”通过培训，他深刻体会到了“要富口袋，先富脑袋”这句话的含义。从那之后，只要有培训班，曹双乐都会积极报名参加。“学成归来”之后，曹双乐一方面扩大规模、改善经营，一方面与县农业广播电视学校合作，建立“新型职业农民培训基地”，经常性开展各种培训。2020 年，基地共举办培训 20 余场。“我们这里的村民都很勤劳，之所以会发生贫困，主要是信息滞后，技术跟不上。培训基地建立后，要求参加培训的农民越来越多。学科技、用科技，依靠科技发展生产的氛围越来越浓厚。”曹双乐说。

经过多次培训，曹双乐逐渐成为“种茶能手”。目前，他的茶叶基地从 1 个发展到 3 个，累计流转山场和田地 3.2 万亩，栽培茶树 5000 万株，并先后牵头成立了富农农产品合作社、大丰收农机合作社等新型合作经济组织，大力发展茶叶、毛竹、油茶等特色种植业，年产值达 3000 万元以上，辐射带动了周边 14 个行政村 2000 余户农民增收致富。尽管是公司的“一把手”，但只有手拿农具、脚踏土地，曹双乐才觉得安心。在这里，他既是检查、抚育茶园的农民，又是传授种植技术的老师。

谈起曹双乐，附近村民都竖起大拇指说，曹双乐是一个思想活跃、有远见、敢想敢干的人。近年来，曹双乐先后荣获“全省农村青年致富带头人”“安徽省农民创业带头人”“乡村致富好青年”等荣誉；2020 年，曹双乐被农业农村部评为全国“百名优秀扶贫先锋”。曹双乐说：“下一步，仍要不断深化发展扶贫产业项目，建设茶旅文化产业园，带动旅游观光等其他产业发展，通过配套餐饮、住宿、物流、商贸等方式，为周边村民致富和乡村振兴增添新动力。”

乡村振兴学院“孵出”新型职业农民

在 2022 年全国两会上，全国政协委员、中国农业大学工学院教授韩鲁佳提出，职业教育是我国教育体系的“短板”，农业职业教育更是“短板”中的“短板”。在《关于着力加强现代农业职业教育发展的提案》中，她呼吁推动“农业职业教育法”立法。

重庆市九龙坡区西彭镇真武宫村的葡萄采摘园内热火朝天，大足区高升镇旭光村党支部书记陈凯正在与农户深入交流产品的推广渠道和市场情况。旭光村以柠檬、枇杷产业为主，受制于产业规模，发展潜力十分有限。而真武宫村则将一产向三产延伸，依托生态农业，发展特色休闲旅游，为

乡村振兴学院“孵出”新型职业农民

农民增收拓宽了渠道。陈凯不仅是旭光村的村支部书记，而且还是英雄湾乡村振兴学院的一名“涉农学生”。英雄湾乡村振兴学院是位于重庆市九龙坡区铜罐驿镇英雄湾村明诚书院（原巴县一中）的一个培育新型职业农民的培训学校。为了培育更多精通农业农村现代化建设和乡村振兴的新型职业农民，该学校设置了农村改革、产业发展、乡村建设、乡村治理、乡风文明、技能技术等专题课程，为重庆市乃至全国培养培育精通农业农村现代化建设和乡村振兴的新型职业农民。

除了陈凯，全国农业劳动模范李远游也是该校的学生。李远游是重庆市九龙坡区陶家镇的花椒种植大户，他带领村里 300 余户村民种植花椒。在乡村振兴学院里学习了网上销售的知识后，他将“互联网 +”的发展理念用于花椒生产，让椒农们种植的花椒从以往的单纯线下销售，发展到线上线下同时销售，极大拓宽了销路，使得村里 300 多户椒农每年的年收入多出 3 万—4 万元。

目前，英雄湾乡村振兴学院的课程可以通过电视、电脑、手机等终端进行在线点播，真正做到了将学院办进农家小院、办到田间地头。该学院还通过打造乡村振兴学院云平台，集成智慧校园线上管理、农业科技线上培训、农业科技成果线上交易、农民就业创业信息线上发布、重庆农业品牌线上推广、重庆乡村振兴实践线上宣传等功能为一体。

目前，乡村振兴学院已在全国逐步推广。除了重庆，还有河北省燕京理工学院乡村振兴学院、甘肃省西北师范大学乡村振兴培训学院、浙江省滕头乡村振兴学院等。在“大国小农”背景下，这些培训学院扎根于广大农村，面向广大农民，培养掌握一定专业技术的职业农民，将为我国乡村

陕西咸阳三原县陵前镇一合恒业果蔬专业合作社，100 名农民学员领到新型职业农民资格证书

振兴和农业农村现代化建设提供坚实的人才支撑。

用科技“武装”新型职业农民

90 后小伙子黄其健是安徽芜湖人，他和爱人一起在怀宁县平山镇高泽村经营一个家庭农场。两年前的一次农业技能培训课上，黄其健第一次接触到植保无人机。近年来，由于农村大面积施肥、喷洒农药的需求越来越高，黄其健便萌生了当专业无人机“飞手”的想法：“植保无人机是个新兴行业，它能够改变和优化传统作业方式，我认为是一件十分有意义的事情。”刚开始，很多农户对无人机基本持看热闹的态度，他们好奇的也仅限于无人机能飞多高、飞多远等。然而，随着无人机作业效果得到认可，无人机植保服务进入了发展的“快车道”。

“现在请人打药越来越贵，还不好请，用植保无人机打药更划算：短短几分钟就能飞几个来回，迅速完成一亩地的喷药工作；喷洒的药物也很均匀，且人与药物也不用直接接触，更加健康安全。”谈起植保无人机喷洒作业的好处，高泽村农户杨小平赞不绝口。

由于无人机作业高效、便捷、安全，因此渐渐受到广大农户的欢迎，附近的合作社、家庭农场等种粮大户邀请黄其健使用无人机作业的次数越来越多。黄其健打了一个比方，之前 5 个人喷洒农药，从早到晚只能喷洒 100 余亩，现在使用植保无人机，一个人一天就能作业 400 余亩。

“飞手”不能只会操作无人机。黄其健说：“由于无人机操作门槛不高，为提高自己的竞争力，就要充分了解农药和农作物，采用专业知识去开展植保服务，比如喷洒的药量，无人机的飞行高度、速度、喷幅等参数，这些都需要长时间的试验和积累。”无人机的应用让农业生产更高效，越

四川省眉山市锦江镇中法农业科技园内，农户在操作植保无人机对麦田进行喷药管护

来越多的年轻人加入这一行业。两年多的植保飞防经验让大家认识到，这个行业最需要的是人才，未来必定是新农人的舞台。

在浙江省慈溪市秦堰村，相同的情景也在发生。85 后职业农民邱杰波站在路边，按下无人机“开始”按钮，机子“轰”的一下呼啸升空，田野里一排排油菜被吹起“绿浪”。邱杰波种了 100 亩油菜，还种了 100 亩早稻。这架 A22 升级版植保无人机，是当年邱杰波花了 5 万元买来的“好帮手”。

“喷药是老大难问题。过去纯靠人工，手脚麻利的，一天也不过能喷十几亩。现在，我一个人，一台无人机，两三天就能搞定 100 亩。”邱杰波说。他还算了一笔账：如果请工人，人工成本算 200 元一天，插秧、喷药、施肥全过程要耗费四五十天，还不一定有人愿意干。现如今，这台无人机

在浙江省台州市仙居县下各镇马垟片省级粮食生产功能区，农民操控着植保无人机对水稻进行喷药除虫，力争秋粮丰产丰收

包下全部“家务”。

操控无人机如同驾驶汽车一样，需要考“驾照”。邱杰波说：“5 年前，我买第一台无人机的时候就拿到了证，当时还专门跑到上海去培训学习。”“现代农业不再像父辈那样单靠人、纯靠天，我觉得主要还得靠科学、靠技术。”享受大学生创业扶助政策，邱杰波贷款 30 万元注册成立了以自己名字命名的水稻种植场，并在 2012 年购买了第一台大型拖拉机、在 2013 年购买了第一台插秧机、在 2014 年购买了第一台收割机、在 2016 年购买了 4 台烘干机、在 2017 年购买了第一台无人植保机……2021 年 6 月，他买来全慈溪第一台无人驾驶插秧机，依托北斗定位系统和物联网技术，为传统插秧机进行智能升级。

2016年，他办起烘干中心、轧米厂，从最初的单纯种植发展到农机服务，种植、加工、服务一条龙，还为周边农民散户提供农事服务。装备足、价格公道，他成了乡邻眼里“年纪轻、脑子活、经验足”的新型职业农民。邱杰波种出的2000斤优质大米“嘉禾218”供不应求。“一半卖给粮库，卖出了好价钱；还有一半卖到市场，真是卖得一粒不剩，效益蛮不错。”

为“农把式”披上职称袈裟

乡村振兴，关键在人。习近平总书记强调，要打造一支沉得下、留得住、能管用的乡村人才队伍。人是乡村振兴的第一资源，产业兴旺、生态宜居、乡风文明、治理有效、生活富裕都需要人的参与。因此，要把人才振兴放在乡村振兴的首要位置。当前，乡村人才短缺化、人口空心化和老龄化等问题凸显。仅靠一些实践经验丰富、实操能力较强的基层“土专家”“田

河南商丘夏邑县，00后青年陈阳返乡创业，参加新型职业农民培训，建设家庭农场，种植火龙果等

秀才”，仍无法满足乡村振兴中巨大的人才需求，特别是对高级专业技术人才的需求。为破解这一难题，全国多个省份积极探索给“农把式”评职称，力求打破乡村人才发展瓶颈，引导激励农民更好掌握农业生产经营技术。

给“农把式”评职称，通过“专项”评价群体、“专设”专业称号、“专定”评价标准、“专列”组织评审、“专享”职称待遇等系列举措，来破解乡村引才难、育才难、用才难、留才难等问题，在乡村形成人才汇聚的良性循环。

2021 年北京市农业技术人员职称评审结果正式出炉，最引人注意的是有 9 名职业农民获得了职称，其中 6 人获评高级职称，3 人获评中级职称。

北京市延庆区的韩永茂是个既爱动手更爱动脑的职业农民，这次他成功评上了农业技术推广研究员。他说：“能被评上农业技术推广研究员，成为‘农艺教授’，感觉咱农民得到了社会的认可与尊重，我的干劲也更足了！”韩永茂的种植园里集成了激光平地、自动驾驶技术、指针式喷灌机、植保无人机、收获机等精准作业技术和装备，既省工又高产。除此之外，他先后引进蔬菜优良品种 800 多个、参与新技术试验示范 180 多项；与中国农科院、北京市农业技术推广站等单位合作开展科研项目 50 余项；被授予“北京市高级农村实用人才”等各类称号 12 个。韩永茂创办的合作社获评国家级农民合作示范社，是农业农村部首批蔬菜标准化生产园、北京市首批蔬菜集约化育苗场，年生产优质绿色蔬菜 2200 吨，每年带动 600 多名农民增收 60 万元。

同样幸运的还有能读懂蔬菜的田从和，这次他也顺利评上了高级农艺师。如今，他摸索出了一整套适应北京地区的蔬菜种植方法，提出了读懂蔬菜生长语言、按需施策的蔬菜种植理念。他亲身指导的农户达到 500 户，

西安临潼，农技人员田间地头“把脉问诊”，助力小麦丰产丰收

通过微信群指导的农户达到3万人，种植技术服务辐射到东北、华北、海南、云南等地区。田从和还打造了“中天洋森”“老田农业”两大品牌，年销售额1000万元，直接解决当地和周边农户就业50余人，间接就业150余人。

2020年，北京市开始试点探索职业农民破格申报职称评审工作，结合农民职业的现状和特点，北京市人力资源和社会保障局、北京市农业农村局联合制定印发了《北京市深化农业技术人员职称制度改革实施办法》，明确规定“对长期扎根远郊区或基层一线、作出突出贡献的农业技术人员，可适当放宽学历和任职年限要求”。当年完成2名职业农民职称评审，完善了相关流程手续。2021年，北京市全面开展职业农民的职称评审工作，像韩永茂、田从和这样优秀的农民从此可以不受学历和现职称限制，凭借其在各自行业领域做出的突出业绩破格申报技术职称，让职称评价标准回归岗位需求和实际贡献，满足了畅通新型农业人才职称评价渠道的呼声，为支持新型职业农民发展，引导更多优秀人才去农村创业就业提供了强有力的政策支撑。

在河南省洛阳市，196 名符合条件的民间艺人、新型职业农民喜获“初级艺术师”“助理农艺师”等初级职称。这些乡土人才在田间地头申报材料，现场领到证书，“评上了专业技术职称，更有信心扎根农村”，大家的兴奋之情溢于言表。吉林省为乡村人才设定了农经师、农技师、农艺师等 9 个职称专业；在浙江省，除涉农事业单位、科研院所人员外，职业农民也可参评正高职称，给乡土人才打开了职称参评通道。获得职称的农民，不仅有一个荣誉称号，而且能得到实实在在的实惠，有的可以每年享受政府补贴，有的可以享受技术服务、项目合作、银行贷款等政策倾斜。这些政策举措可以带动更多大学毕业生、退役军人、返乡创业者、致富带头人等各类人才投身乡村振兴建设，为乡村振兴注入人才“活水”。

“今后，北京将持续发挥农业系列职称评价‘指挥棒’和‘风向标’作用，支持农业技术人员将论文写在京郊大地上，把成果用在‘三农’建设中。坚决破除唯学历、唯资历、唯论文、唯奖项倾向，突出实绩导向，即重点评价其在技术创新、技术推广、技术指导、成果转化、农民培训等服务‘三农’方面取得的实际业绩。”北京市农业农村局人才工作处工作人员介绍。

他山之石：法国职业农民的培育

法国国土面积仅约 55 万平方公里（1 公里 =1 千米，后同），却是世界第二大农产品出口国和第一大农产品加工出口国。法国之所以能够在农业方面取得巨大成就，离不开其较为成熟的农业教育体系。法国通过构建适用、灵活、全方位、多层次的农业教育体系，有效地支撑起其农业强国地位。

法国农业教育提供了覆盖农民职业生涯各个阶段的学习培训机会。法国学生在学完初中二年级的课程以后，就可以选择进入三年制农业中等职业高中，或者在初中三年级以后选择进入两年制的农业职业高中，学习包括农作物、园艺、农机、畜牧等农业课程，以及林业、景观工程、食品加工、产品销售等农业相关课程。普通高校大学一年级学生以及大学技术学院文凭或高级技术员证书获得者，可以选择接受两年制的大学职业学院教育。

法国重点高中的大学预备班和综合大学一到二年级的学生，在通过严格的考试后，可以进入由法国粮农渔业部认可的 33 所农业高等学院接受农业工程师的教育，并可以继续深造一年获得硕士文凭。生物科学方面的学生以及农业工程师，在通过文档审查录取后可以接受高等农业专员教育，毕业后可以直接就业，或者以硕士研究生的资格与农业硕士一样攻读博士。法国完成十年义务教育的学生，如果想接受农业教育，可以参加遍布全国的、由农民技术培训中心组织的各类农业培训，或者以学徒身份在培训农场、工厂和其他场所通过半工半读和工学交替来接受“学徒培训”。总之，法国公民只要希望从事农业，总可以从农业教育体系中找到合适的学习和培训机会。

法国实行严格的农业就业准入制度，农民必须接受一定的职业教育，取得合格的文凭和证书才能取得从事相应农业生产的职业资格。例如，只有获得农业技师以上的证书，或者通过农业职业或者技术会考的学生，才能有资格独立经营农场，获得农业技师以下证书的只能当农业工人。法国农业教育形成了一到五级的国家农业教育文凭体系，各级证书分别对应农

法国蒙格村香槟葡萄园内等待收割的葡萄

业工人、农业技师、农业工程师、硕士科研人员和农业博士。不仅如此，法国的农业教育文凭和证书与国家基本教育文凭完全对接和贯通。同时，通过不断地进修和学习培训，农民可以取得文凭和证书的晋级，而农业职业资格与农业教育的文凭和证书密切关联，农民据此享受国家的优惠政策和补贴等支持。如此一来，农民非常重视接受农业教育与培训，农业发展和农业教育之间形成了良性循环。

此外，法国农业教育提供了农业“产学研”的教育模式。法国完整的农业教育体系涵盖了农艺学、食品、林业、兽医、花卉种植、景观和环境保护等学科，实现了全国各级、各类农业教育组织，公办、私立农业教育机构相互补充，科研院所、农场、企业、农商会和合作社等分工明确，以需求和目标导向的横到边、纵到底的农业教育全覆盖，形成了中专、高中、高中 + 2 年、高中 + 3 年、高中 + 5 年的不同学历教育安排。灵活的办学形式满足了复杂的农业生产和多样化农民的需求。相关农业教育的课程设计植根于农业生产的实际需求之中，特别是在职培训，实现了农民培训的量身定制和个性化教育。同时，科研院所、社会机构、企业、商会、合作社的紧密联系，充分实现了“产学研”的零距离对接。

2. 温暖“城市里的异乡人”

农民工是我国经济社会发展中一个重要而又特殊的群体，他们以特有的憨厚、卖力、朴实绘就了城市化的明日美景，他们的辛勤劳作，支撑起了城市和经济的快速发展建设，展现了中国发展过程中的“流动之美”。

2021 年国民经济运行情况数据显示，我国农民工总量为 29251 万人，比 2020 年增加了 691 万人。农民工月均收入 4432 元，比上年增加 360 元，增长 8.8%。农民工就业总体稳定，收入稳步增长。但同时，农民工年龄逐年增长，老龄化趋势明显。2021 年，40 岁及以下农民工所占比重为 48.2%，比 2020 年下降 1.2% 点；50 岁以上农民工所占比重为 27.3%，比 2020 年提高 0.9%。

如果说“第一代农民工”是社会进程中一个沉重的历史符号，那么“新生代农民工”则是时代回馈给这个群体特有的“权利”符号，第一代农民工曾遇到的困境会随着时代的呼唤，在新生代农民工身上得到根本的转变。

95 后农民工比你想象的要拼

提起新生代农民工，你会想到什么？怕苦怕累，自觉躺平？

事实上，相比于第一、二代农民工，95 后农村青年的学历水平、职业技能已经整体性升级。由对外经济贸易大学教育与开放经济研究中心、蚂蚁集团研究院、58 同城和《工人日报》联合开展的调研显示，“怕苦”“怕累”这些标签和刻板印象，对这届农村青年既不客观，也不公平。

调研数据显示，相比父辈，他们的学历水平和职业技能已经整体提升。95 后农民工中 47.23% 的人拥有高中学历，33.27% 的人拥有中专学历，44.26% 的人掌握制造业技能。

然而，在产业全面转型和数字化升级的时代背景下，95 后农民工的竞争力也面临挑战。他们掌握的制造业技能，多为中等水平技能，中等技能工作岗位很可能在技术进步和贸易开放中逐渐被替代或转移。如麦肯锡一份研究表明，眼下大约 800 个职业中超过 2000 个工种有被自动化技术替代的可能性，到 2030 年，4 亿—8 亿就业者可能会被自动化替代而不得不重新找工作。高达 7500 万—3.75 亿人需要转换职业类别并学习新技能。

此外，从事中低技能的工作，收入增长是通过换工作实现的。凭借中等技能在原工作上常年持续努力实现收入大幅提升的概率非常低。95 后农民工的职业技能没能随着产业升级、数字化升级而升级，他们的收入和上升机会并不会因工作年限变化而变得更多，而很可能是相反。如果想通过换工作来实现收入增长，他们所具备的职业技能很可能又不匹配。

因此，选择技能培训就成为他们提高技能的不二选择。数据显示，有 69.1% 的 95 后新生代农民工渴望获得职业技能培训机会。

从事数字化程度高的服务业成为 95 后农民工的热门首选，这背后有三点原因：一是服务业吸纳就业空间最大，数字化程度也在三个产业中最高；二是由互联网平台衍生的服务业和数字化新职业，相关互联网平台往往会提供高频次的入职前及入职中的培训机会，掌握相关技能的门槛也适中，是以高中和中专学历为主的95后农民工所能适应的；三是随着越来越多数字化新职业被人社部纳入国家职业分类目录，从业者可通过职称考试来获得落户城市的积分甚至奖励，从而能更好地在城市扎下根来。与他们的长辈们相比，他们留在城市打拼的意愿更加强烈。

国家和地方已经出台诸多扶持措施，支持新生代农民工接受职业技能培训，为新生代农民工提高收入、提高技能和职业发展提供机会，这不仅关乎新发展阶段中国人口红利的二次开发，也为他们向上流动，真正融入城市、留在城市打开了一扇窗。

让更多人了解、关心农民工

农民工何川在四川省达州市的建筑工地上班。天刚亮，何川就带着妻子汤文淑来到工地，和水泥、搅砂浆、砌砖头，大口干饭（方言，吃饭），再和水泥、搅砂浆、砌砖头，直到天黑。建筑工地的日常是机械的、枯燥的，作为走南闯北盖高楼的农民工何川，这样的生活已经重复了30年。

然而作为自媒体人“农民工川哥”，这是何川进入新角色的第5年。

川哥每天上班的包里，除了一袋米、两大壶水、抹灰的工具和提前备好的炒菜，还多了一台相机。2018年年初，从事自媒体工作的儿子何松林建议爱玩手机的父亲记录自己的工地生活，何川注册了“农民工川哥”的账号。川哥的流量从未爆发式增长过，后台数据分析显示，其粉丝构成主要为在外务工群体和学生。

抹灰一平方米有9块工钱，两口子一天能挣四五百元，一个月几乎不休息；拍一条视频平均能挣200元，川哥在工地空暇时开始琢磨内容。

没有高超的拍摄技巧，没有高级的摄影设备，一口川音，两张带着汗水的笑脸，只是用最简单的方式记录自己的生活日常，“农民工川哥”却在全网慢慢积累了200多万粉丝。

汗流浃背的劳动后，干饭是最香的。工地毛坯房里，砖头垫成凳子，木头箱子当桌子，一口热气腾腾的电饭锅，一盆油水十足的炒肉，面前半米是三脚架上的相机。夫妇俩在镜头前有说有笑，川哥将锅里的米饭分给川嫂一半后，便直接端起电饭锅“刨”饭，不时还夹起一片回锅肉凑到镜头前馋馋网友，两人一顿起码能干掉八两米饭。

生活好像并没有什么大变化，又好像有了很大的变化。

“其实最开始拍视频的时候，出镜感觉很紧张。”何川的手机里存满了网友的留言和私信截图，不少网友留言关心他的生活质量，感谢他让他们看到劳动人民的付出，让他们看到夫妇俩以踏踏实实干活而荣。“自己做了一辈子的‘活路’被别人关注和认可，是很开心的一件事情，有时候看留言也能学习新东西，慢慢也就爱上了分享。”

川哥的视频不仅聚焦于“吃什么”，也乐于分享“怎么活”。两口子月收入过万，但生活十分节俭，“早饭煮挂面成本3元，一把挂面能吃很多顿”。此外还会记录工地的工资怎么算、工友一天能背多少水泥、高空作业如何保证安全……互联网弥补了信息差，川哥会和网友认真分享自己对“农民工清退令”的看法，讨论“大龄农民工何去何从”。

许多网友被川哥的乐观、开朗、积极向前所吸引，也看到了劳动人民靠自己的双手创造的美好生活：换下灰扑扑的工服后干净清爽地吃炸鸡；

住在窗明几净的楼房里，每天通勤十几分钟上下班；关心和自己息息相关的政策走向；时不时为生活中的“小确幸”开怀大笑。

何川夫妻俩的工地随着中国最新的发展而变化，一开始在福州修高楼大厦、国际性的会展中心、举办全国性赛事的体育场，后来随着西部城镇化建设加快，他们也成为农民工回迁潮的一员，在老家能找到不错的“活路”。现在，俩人在达州市高新区参与修建一个数字经济产业园。

何川曾参与达州中医药职业学院图书馆的建设，学校里有大大的篮球

吃完午饭的何川和妻子汤文淑在视频录制结束前向观众挥手示意

场，看到年轻娃娃在里面打篮球，他心里面特别满足。他现在就想好好工作，把小儿子供出来，最好能上个好大学。

“只要是劳动，就光荣。”何川对自己的职业充满骄傲。在他的自媒体账号的个人简介上，何川写道：“努力赚钱养家，也为祖国建设添砖加瓦。”

向“新型产业工人”转型

1995 年出生在湖南省新化县的邹彬是一个农村家庭的孩子，初中毕业后就跟着父母到建筑工地打工。踏实肯干的他几经学习与实践，练就了一身“砌墙”绝活，并在短短几年间成长为中建五局总承包公司项目质量总监和“邹彬劳模和工匠人才创新工作室”领头人，还于 2015 年获得第 43 届世界技能大赛砌筑项目优胜奖。

常年在建筑工地砌墙的经历，让他对建筑行业里的农民工有着深厚感情。作为 95 后全国人大代表，邹彬一直在关注推动农民工向新型产业工人转型的话题，希望通过建言建议帮助到农民工群体。

为更加深入了解“农民工转型为建筑产业工人”这一话题，2021 年，邹彬特地赴长沙建筑工程学校了解企业办学情况，赴中建五局旗下的装配式建筑工厂了解装配式建筑发展情况，并通过网络收集农民工的心声。通过一线调研，邹彬进一步认识到农民工群体“青黄不接”、社会认可度有待进一步提升的现状。

针对这一现状，邹彬提交了《关于进一步完善工匠培育机制、发扬工匠精神推动质量强国建设的建议》，建议加强新时代工匠人才的培育和保障，进一步落实企业办校的相关激励政策和技工等级晋升制度、职业技能等级认定政策，建立学历、技能证书互认制度，加大对工匠人才的权益保障。

“如今的建筑工人不是古老的‘泥瓦匠’，而是新型建筑产业工人。我从他们当中来，有责任将他们的心声带上全国两会。”邹斌说，他将继续深入农民工群体进行调研和服务，为农民工群体提供指导和帮助，推动更多农民工向新型建筑产业工人转型，也希望全社会都更加关心、关注建筑工人群体。

事实上，早在 2017 年 9 月，湖北省就出台了《湖北省产业工人队伍建设改革实施方案》，这在全国尚属首例。推动全省 600 万农民工向产业工人转型，是此次改革的重要内容和最大亮点。实施方案是推进产业工人队伍建设改革的“湖北版”，从职业培训、就业政策、用工管理、服务供给四个方面，推出 30 条改革举措，助推农民工转型，加快融入城市社会。如在打造高技能人才队伍方面，将加强“金蓝领”开发工程，鼓励企业设立高技能人才特聘岗位；在统筹职业教育培训方面，将建立覆盖广泛、形式多样、运作规范，行业、企业、院校、社会力量共同参与的职业教育培训体系，着力打造省级综合性职业技能公共实训中心，建设一批市级区域性公共实训基地和县级地方特色实训基地，大力推行“技能＋学历”教育。

3. 造就更多“大国工匠”

技术工人队伍是支撑中国制造、中国创造的重要基础。全国近 8 亿就业人员中，技术工人近 2 亿，其中高技能人才逾 5000 万，市场需求旺盛。

在促进共同富裕、扩大中等收入群体的背景下，如何推动落实这部分人群待遇提升，对技能劳动者给予待遇上的认可，让技能劳动者真正因技能而获利，“能者多得”，成为又一个时代命题。

新时代的“工匠精神”

张敬华是一名来自基层的全国人大代表，她还是全国劳动模范、中车齐齐哈尔车辆有限公司电焊高级技师。张敬华一直以来都非常关注身边技术工人的工作情况，经常深入公司车间、班组，与工人兄弟们交流、了解情况，做了大量调查研究。她在调研中发现劳动力供需失衡，主要表现是一方面存在劳动力就业难的问题，另一方面又存在着技术工人供不应求、高技能人才紧缺的问题。

全国人大代表、全国劳动模范、中车齐齐哈尔车辆有限公司电焊高级技师张敬华

“高技能技术工人匮乏的主要症结在于技术工人基础和结构不合理，实现‘中国制造 2025’必须培养和打造一大批知识型、技能型、创新型的高技能人才队伍。只有给紧缺的技术工人带有倾向性的政策支持，才可能吸引他们，才能挖掘技能人才的潜力，助推制造业发展。”张敬华说。

高技能人才的缺乏，主要是因为不少企业重管理、轻技能，很多企业对职工教育投资和技能培训力度不够，工人群体的社会地位和收入偏低。张敬华认为：“工人群体的社会地位和收入偏低，需要让广大的技术工人群体真正感受到待遇的改变和社会的重视，这需要政府和企业拿出更贴合这个群体的举措，增加技术工人身份的含金量和吸引力。”

在 2022 年的全国两会上，张敬华针对提高技术工人待遇、重视和认可技术工人等级资格等带来宝贵建议。她建议：一是要提高工人技能等级资格证的“含金量”，高技能人才宁缺毋滥，企业内部严格考评管理，保证高技能人才的真材实料；二是要在全国范围内各企业和行业，不设条件限制，允许优秀的技术工人申报正高级工程师；三是将“工人院士”称号落到实处，让这个称号被国家认可，成为大国工匠的最高荣誉，并给予相应待遇。

另一位从车间一线走出来的全国人大代表郑裕财，也深知技术工人对于企业的重要性。他建议，要倡导“工匠精神”，实实在在地提高技术工人社会地位和收入。

受疫情影响，近年来，一些企业出现了工人到岗率低、上下游产业链断档等问题，导致企业陷入困境。郑裕财走访了上百家企业，了解到，在疫情防控期间，很多企业因为技术人员不能到位，导致生产无法正常推进。因此，他提出了企业引才要引心，不仅要薪资对等，更要关注人才的生活保障，增加归属感等建议。

“企业发展少不了科技创新人才，只有帮科技人才解决顾虑，他们的心思才会在企业发展上。”对此，郑裕财代表提出了进一步弘扬“工匠精神”，加大技术工人培育力度的建议。

他建议，要用高薪来吸引优秀技术工人立足本职岗位，让他们有获得感、幸福感和成就感。优秀技术工人工资应该高于全国平均工资，有些特殊的高精密制造行业的技术工人工资还应该高于普通公务员，甚至大学教授。在制定人才政策时要充分尊重技术工人的地位，从制度上激励技术工人，让这类实干者脱颖而出，以技术工人们精湛的工艺技术创造享誉世界的“中国制造”。

郑裕财认为，无论是工程师还是普通技工，只要拥有一手绝活，具有精湛的技艺，无论是祖上传承，还是高等职业学校、技工学校甚至应用技术大学培养出来的，都要视为技术人才并一视同仁。他建议，高等职业教育通道对任何人、在任何时候均要畅通。技术工人如果想“转换跑道”，也可以通过招生考试进入应用技术大学继续深造，毕业后拿到国家承认的学士、硕士文凭，也可以通过补习，申请并通过招生考试去综合大学攻读硕士、博士学位。

技术工人共富指标体系

杭州市钱塘区是产业大区，根据 2022 年 3 月的数据，共有技术工人约 9.3 万人，其中初级工、中级工约 5.1 万人，高级技师、技师等技术工人约 4.2 万人。技术工人是钱塘区建设高能级战略平台的重要支撑，对推动全区经济社会高质量发展具有重要作用。同时，技术工人是中等收入群体的重要组成部分，逐步提高技术工人待遇是“扩大中等收入群体”的重要路径。

2022 年 3 月，钱塘区召开争创高质量发展建设共同富裕示范区时代样板推进大会，现场发布了“钱塘区技术工人共同富裕指标体系”。“我们分析了辖区技术工人数量、类型、分布、比例等特征，结合技术工人薪酬调查等抽样数据，初步确定了 1.0 版本的‘钱塘区技术工人共同富裕指标体系’。”钱塘区相关负责人介绍，该指标体系由收入分配、技能提升、权益保障、公共服务、社会认可 5 个维度和人均工资收入、技能人才占从业人员比例、社会保险参保率、随迁子女公办学校入学率等 24 项指标组成。

人均工资收入、人均工资收入年平均增幅、随迁子女公办学校入学率……24 项指标清晰而明确，勾勒出钱塘区努力提升技术工人获得感，推动技术工人奔向共同富裕的美好图景。在指标体系建立后，钱塘区将构建全面覆盖技术工人的基础数据库。同时，钱塘区还运用大数据手段，搭建“钱塘技工码”数字化应用场景，为技术工人提供差异化服务。

“钱塘技工码”由“一屏”“二端”“三维积分”“‘6 +’政策+‘N项’服务”组成。据介绍，“一屏”是“集成平台”，大屏展示集成数据；“两端”包括移动端和PC端，通过系统集成各部门开发的成熟模块，构建技术工人基础数据库，动态监测、实时分析技术工人群体结构、收入水平变化，为技术工人画像，助力政府精准施策；“三维积分”指的是从核心价值、专业能力、社会贡献等三个维度为技术工人赋分；同时，设定动态性、时效性、针对性和可及性的“6 +”激励政策（“6 +”指激励政策围绕人社、教育、健康、住房、交通、消费这6个技术工人最集中的需求），根据积分为技术工人提供“N项”差异化服务（服务由政府、企业和社会三方提供）。

在产业工人集聚的白杨街道，除了开发拓展智能水电、生活美食、健康医疗等便民服务数字化管家，街道还进一步完善婴幼儿托育、医疗保障、交通保障、救助帮扶等服务，全力构建优质均衡共享的公共服务体系，切实提升产业工人的生活幸福感和获得感。

除此之外，钱塘区各部门平台积极行动起来，寻找探索的突破点：聚焦22万大学生群体创业就业，钱塘科学城实施区校深度融合、要素集成智治、产教高频交互、成果转化加速等“八大工程”，全力打造全周期、全链条的就业创业服务体系；聚焦农民共富，钱塘区农业农村局积极打造共富联合体，推进共富加油站建设，建设钱塘区“共同富裕农房租”应用项目，助力农民收入持续增加。

解决技术工人的时代“痛点”

“每月工资多了 1000 多元，每年就是一万多。在宁德，我现在算是高收入群体了。”工资的上涨让福建省宁德市闽东电力股份有限公司员工李星干活的劲头更足。

2021 年以来，闽东电力股份有限公司参考《技能人才薪酬分配指引》提供的思路和方法，建立了“纵向设置层级、横向搭建通道、分序列全覆盖”的技能人员职位等级体系，并全面实行以岗位绩效工资制为主体的工资体系。实行以岗位绩效工资制为主体的方式，既避免了“吃大锅饭”现象，提升了技能人才的积极性，又充分提高了技能人才的薪资待遇。针对技术工人进行的调薪，让近 600 名在岗的一线技能人员直接受益，该企业电力技能人才年收入可达到 8.1 万元，较改革前提高 28.7%。

湖北十堰市郧阳区“香菇小镇”香菇产业基地内，工人在车间摆放菌棒

“香菇小镇”指十堰市郧阳区杨溪铺镇龙泉社区，也是湖北最大的易地扶贫搬迁安置点，这里集中安置了1.5万名易迁户，配套建设了香菇生产基地和袜业扶贫工厂。

“以前在广东打零工维持生计，现在接一个菇棚一年能赚两万元左右。”杨溪铺镇村民杜昌飞说。2019年初，杜昌飞夫妇参加了由区人社局、区总工会等举办的香菇种植技术培训班，通过培训取得上岗资格，成为“香菇小镇”上的技能人员。

十堰市郧阳区是农业大区，有农村劳动力21万人。近年来，郧阳区抢抓“一户一产业工人”培养工程试点机遇，聚焦贫困户劳动力、城乡新增劳动力、下岗失业人员、自主择业人员等重点人群，摸底数、强培训、建平台、促就业，着力为每个家庭培养一名产业工人。

在“一户一产业工人”培养工程实施中，工会组织了解到陈秀娟的情况，介绍她就近到村里的扶贫车间上班，经过针对性培训后，每月有2500元的收入。

近年来，房县成立“一户一产业工人”培养工程领导小组，整合人社、农业、教育等10多个有培训任务的部门，建立健全一体化工作机制。同时，围绕特色产业，在培训竞赛上持续加大资金扶持力度，通过“定向式”“订单式”培训，针对有培训就业意愿的农村劳动力实施就业技能培训、技能提升培训，帮助其掌握一技之长。

党的十八大以来，《新时期产业工人队伍建设改革方案》《关于提高技术工人待遇的意见》等陆续出台，高技能人才的政治、经济和社会待遇得到提升。至今已有200余名高技能人才荣获“中华技能大奖”，3000

多名技能人才被授予“全国技术能手”称号，千余名高技能人才享受国务院政府特殊津贴。多年来，技能人才地位显著提高，拥有一技之长的技术工人越来越受到社会的尊重与认可。

形成重才、用才的发展之势

首钢技术研究院招聘将技能人才与科研人才“并驾齐驱”，技能人才同样受到重视，不仅能享受到较为优渥的薪资待遇，还能享受到独有的从初级工到厂级技能操作专家再到集团技能操作专家的职业上升通道。

“这样的模式，源自集团内部的‘三支人才’人才立交桥。”首钢技术研究院用户技术研究所所长李学涛说，“在首钢，博士、技师齐头并进，各类人才的薪酬分配、等级晋升互不冲突。这样为的是让技能人才也得到发展，提高技能人才工作的积极性。”

道依茨一汽（大连）柴油机有限公司发动机装调工鹿新弟是赫赫有名的“大国工匠”，曾七获省部级科技奖。他认为，当前，打通技能人才提升待遇“最后一公里”是让技能人才待遇得到真正提升、让职工队伍真正稳定的核心要素。

作为七获省部级科技奖的“大国工匠”，鹿新弟却始终无法评上正高级职称，这是他多年的遗憾。2021 年 7 月，随着支持技能人才成才的有关文件落地实施，鹿新弟多年的梦想成真。他说：“这充分说明，技能人才的春天已经到来，尊才、重才、引才、留才、惜才的人才发展之势将成为不可阻挡的洪流。”

4. 关爱“最熟悉的陌生人”

在 2020 年全国劳动模范名单中，有一位 80 后快递员，他叫张义标。

这位叫张义标的快递员还获得过首都劳动奖章、北京榜样提名奖、全国五一劳动奖章。

2007 年，20 岁的张义标从家乡江苏淮安来到北京，成了北漂一族。初到北京，张义标做过销售，当过广告编辑，还自己开过网店。2015 年 3 月，张义标加入北京顺丰速运，成为一名快递员。

当问到为什么选择这份工作时，张义标认为这和他的性格密不可分。“我比较喜欢在外面跑，不喜欢在一个地方坐一天。可能因为我是农村孩子，在家跑习惯了，我看快递小哥也是跑来跑去的，很喜欢。问需不需要人，后来就一直做下去了。”张义标说。

在工作中，张义标勤勤恳恳，任劳任怨，加班加点，仅用了一个月的时间，便熟悉了公司的各项终端、电脑设备操作和业务推广的技能，弥补了自己只有高中文化的不足。之后，张义标多次荣获顺丰公司快递操作

2021 年 12 月 29 日，张义标在北京市东城区东花市街道开展的
“小哥与独居老人有个约定”行动启动仪式暨“最美快递员”表彰大会活动现场

零失误奖励、新业务推广奖励以及快递收派实名认证百分百等多项奖励。2018 年初，他从一名普通的快递员晋升为仓管员，并于 2019 年 9 月 23 日光荣加入中国共产党。

2016 年，张义标在送快递过程中遇到一位孤寡老人，这位老人做过脊椎跟腿部手术，家中只有他自己一人，只能靠辅助器勉强挪动。见老人无人照料，张义标鼓起勇气与老人搭话，并经常利用派单间隙，帮助老人洗澡、打扫卫生、买药，陪老人聊天谈心。第一次给老人洗澡时，老人感动地说：“我已经有一年多没有洗过澡了。”从那时起一路帮到现在，张义标和老人的缘分已经持续多年。

张义标和客户的关系也十分融洽，在送件之后，看到有垃圾袋，随手就会帮忙带下去，或者帮客户买些东西带上来，都是常有的事。“有一些客户跟我特别熟，会让你进屋坐会儿，聊聊天什么的。”一个举动，一声道谢，双方的距离就这样拉近了。

2018 年 5 月，张义标报名参加了“顺丰莲花助学，爱在路上”壹点公益基金活动。他克服恶劣的天气和环境，来到位于甘肃偏远山区的 6 个家庭进行走访，对 6 户家庭的困难及需求进行了详细了解和记录，并将收集的材料交给顺丰公司，为 6 户家庭的孩子申请顺丰的壹点公益基金，让孩子们实现上学的梦想。张义标说：“我们走访的孩子基本都是初中生，不到现场去根本不知道有多苦。几乎可以说家徒四壁，很多都是父母在外打工，和爷爷奶奶一起生活，让人看了很心酸。但是孩子们都很上进，满墙贴着奖状。我们会把他们的情况做一个汇总，交给基金会，一直资助到他们上完大学。就业方面，公司也会提供岗位，帮助他们开启新的生活。”

对于自己所做的一切和外界的赞誉，张义标并没有太放在心上：“每个人都会有老去的一天，都会有需要别人帮助的一天。我愿意尽己所能，帮助他们。”

快递员是这些年涌现出来的新职业之一，快递小哥常年风里来雨里去，奔走在大街小巷，穿梭于车水马龙，勤勤恳恳、任劳任怨。一切美好生活靠奋斗来获得，无论是体力劳动还是脑力劳动，都值得尊重和鼓励。对快递小哥的赞许和推崇，其实就是对劳动创造幸福生活的赞许和推崇，擦亮了“劳动最光荣、劳动最崇高、劳动最伟大、劳动最美丽”的价值底色。

“快递小哥”的暖心驿站

习近平总书记非常牵挂快递小哥，2019 年元旦前夕，他在新年贺词中为快递小哥深情点赞。2019 年 2 月 1 日，习近平总书记在看望北京市前门石头胡同服务点的快递小哥时说，快递小哥工作很辛苦，起早贪黑、风雨无阻，越是节假日越忙碌，像勤劳的小蜜蜂，是最辛勤的劳动者，为大家生活带来了便利。

在庆祝新中国成立 70 周年群众游行中，快递小哥的身影出现在“美好生活”方阵，成为今日中国发展画卷中的一道亮丽风景；作为普通劳动者中的新职业群体，快递小哥频频进入公众视野。因此，全社会应充分给予这些奔跑在城市间勤劳的“小蜜蜂”“熟悉的陌生人”更多关心关爱。

2021 年 2 月 24 日，在深圳市龙岗区布吉街道，一个以“快递小哥”

深圳暖蜂驿站

命名的党支部揭牌仪式正在举行。这是深圳市首个“快递小哥”党支部，党支部的建立让快递员充分感受到了组织关怀和社会尊重。布吉街道在辖区 206 个快递服务站点摸排出党员快递员 10 名，推选出思想素质高、政治觉悟强、年轻有为的党员快递员担任“快递小哥”党支部书记。

同时，布吉街道还为快递小哥打造了“暖蜂驿站”，提供桌椅、药品、饮水、微波炉、修车工具箱、“蜂鸣信箱”等服务设施，确保紧贴快递员需求。此外，还通过遴选一批爱心商户、开展一系列走访慰问活动、创办一个“暖蜂学堂”、绘制一幅“暖蜂地图”、建立“多对一”指导服务机制、选树一批“先锋小哥”、建立一套奖励机制等措施，把关心关爱快递小哥工作做实做细做到位。

龙岗区委组织部副部长罗飞凡表示：“我们要感谢这些美好生活的创造者、守护者。从中央到地方到社会各界对快递小哥的关心关爱也在持续升温，我们成立党支部还只是迈出了第一步。接下来，要通过一系列‘组合拳’把关心关爱工作做出实效。”

“暖心关爱 15 条”

手机、电瓶车没电，可就近到“小哥驿站”充电；遇到困难纠纷找“小哥说事”工作室或者“快递小哥之家”求助；想要提升学历，有教育、人社等部门提供的继续教育绿色通道……浙江省宁波市宁海县推出《宁海县“快递小哥”关心关爱 15 条》，从政治生活、日常服务、典型激励、社会荣誉、利益诉求、法律援助、心理疏导、专项服务、福利保障、人身健康、子女教育、精准帮扶、技能提升、学历提升、婚恋交友共 15 个方面，对快递小哥进行关心关爱。

“太暖心了！没想到快递行业有这么多的政府部门在支持保障，对我们的生活、工作全方位地护航，这让我对快递行业更有信心，生活也更有奔头！”快递小哥朱家磊感慨。

为推动“暖心关爱15条”的落实，宁海县还成立了“快递物流行业党委”以及集士驿站党建联盟，通过组织共建、资源共享、信息联通、活动共办，共同破解集士驿站经营过程中的实际困难，推动实现快递进村、农产品进城、就业富民，助力乡村振兴和浙江共同富裕示范区建设。

对于奔跑在大街小巷、日晒雨淋的“城市小蜜蜂”，广东东莞也始终关注、关心、关爱这个群体。东莞共有快递品牌企业34家，快递网点遍布全市大街小巷，从业人员达到5.5万人，他们为市民群众追求美好生活提供快捷通道，是城市繁荣中不可或缺的力量。东莞市委“两新”工委、市邮政管理局等5个部门联合出台《东莞市快递员群体关心关爱成长成才共生共荣行动方案（2022—2024年）》（以下简称“莞爱邮才二十条”），通过党建引领、发放补助、提供服务、开展竞赛等20条措施，进一步提升快递员技能，促进快递小哥在东莞成长成才。

“莞爱邮才二十条”为快递员提升学历、提高技能、成家立业制定了一揽子激励与扶持政策，除了工伤保险、学历提升、生活助困等基本关爱外，更注重快递员社会地位的提升，将他们纳入评优评先、参政议政、人才认定等体系中，支持他们创新创业、扎根东莞发展。

“授人以鱼，不如授人以渔。”东莞市邮政管理局牵头每年举办一次全市竞赛，符合市总工会联合办赛要求的，按规定对优胜选手授予“五一劳动奖章”“东莞市职工技术标兵”等荣誉和称号；符合市人力资源和社会保障局联合办赛要求的，按规定对优胜选手授予“东莞市技术能手”称号，同时推荐参加全省、全国邮政行业职业技能竞赛。此外，还积极开展“圆梦计划”学历提升项目，每年为青年快递员开展一场“圆梦计划”宣讲会，对获“圆梦计划”录取的学员给予财政补助，支持优秀青年快递员学员参加“圆梦计划”骨干交流营活动。

东莞还依托村（社区）党群服务中心、“阳光雨”党群服务中心等组织平台，打造快递员群体“10 分钟服务网”，为快递员等户外作业群体提供避暑乘凉、歇脚充电、饮水就餐等服务，免费配备雨具、应急药品等，让快递小哥感受城市温暖。依托 12345 政务服务热线和 12355 青少年服务台，为快递从业青年常态化提供无偿的法律咨询援助、法律维权，在劳动权益、职场适应、心理健康、亲子关系、情感婚恋等方面提供咨询疏导服务，及时发现、受理在线咨询中涉及的快递从业青年被侵权个案。

与此同时，东莞依托“粤团聚”青年婚恋交友平台，吸引快递从业青年积极参加婚恋交友活动，为快递从业青年婚恋交友提供基础保障和适合群体特点的便利条件，让快递员群体真正感受到工会组织的关怀和保障，切实把快递员群体吸引过来、组织起来、稳固下来。

快递从业青年权益保障月

“建议将每年快递业务高峰期所在的 11 月，定为快递从业青年权益保障月。”在 2020 年江苏省两会期间，江苏省政协委员张水芳建言关爱快递小哥。

张水芳观察到，快递从业青年在工作中很大程度上是拼体力，很辛苦。特别是在业务旺季，他们的工作时长普遍超过 12 个小时。对于广大快递从业人员而言，现阶段存在住房难、技能提高难、维权难等问题，造成了快递从业人员的流动性高。快递末端网点员工的平均工作年限普遍在1年—3年之间，这使得行业社会保障制度缺失、从业人员技能不高等现象恶性循环，最终影响行业的高质量发展。

在张水芳看来，地方经济的发展离不开快递行业，仅靠邮政管理部门关心、关爱快递从业人员，力量显得有些薄弱。目前，社会各界呼吁关心、关爱快递员群体的呼声高涨。如果各级政府、各相关部门通力合作，共同发力解决快递从业人员的切身利益问题，将有助于避免人员流失，坚定快递从业者们扎根“第二故乡”的信心。

因此，张水芳建议，由团委、工会等组织建立工作协调机制，将每年快递业务高峰期所在的11月，定为“快递从业青年权益保障月”。同时，规范快递企业用工行为，由各地人社部门督促快递企业依法与劳动者订立劳动合同，鼓励支持快递企业为从业人员办理城镇职工基本医疗保险参保登记手续。

她还建议，鼓励支持快递企业为从业人员参加意外人身伤害保险、重大疾病险和其他专项商业保险，切实保障快递人员的生命健康权益。同时，建议住建部门充分考虑快递从业人员需求，鼓励支持快递企业为从业人员缴纳住房公积金。研究将快递小哥纳入住房保障范围，积极帮助符合条件的快递员申报经济适用房或者公租房。建议人社、教育等部门把加强快递从业人员职业技能培训纳入职业技能提升行动，将快递员、快件处理员等职业纳入政府补贴培训目录。协调安排经费，对快递职业技能培训教材开发、师资培训、职业技能竞赛等基础性工作给予支持。加强快递技能人才激励表彰工作，充分展现新时代快递从业人员的风采，营造技能成才的良好环境。

第三章

调节之手，促进更公平更正义

社会公平正义的标准在于保障人民群众在社会各领域正当、合理的权利，特别是在教育、收入分配和社会保障等关系广大人民群众根本利益的领域。要紧紧围绕更好保障和改善民生、促进社会公平正义深化社会体制改革，形成合理、有序的收入分配格局，完善以税收、社会保障等为主要手段的再分配调节机制。

1. 税收红利，从“纸上”到“账上”

税收，一头连着国家，一头连着老百姓。“税”字之所以吸引众人目光，正因为它是公民与国家的交汇点，是政治生活与经济生活的交织处。

我国的税收政策对有效实现社会财富再分配具有积极效应。2018 年，我国个人所得税改革终于迎来了期盼已久的大动作，新中国历史上覆盖面最广、力度最大，以减税为主题的个人所得税改革翻开波澜壮阔的画卷。除了对部分所得实行综合征税、优化调整税率结构、提高“起征点”外，本次个税改革首次围绕子女教育、赡养老人、治疗大病、买房租房、在职深造等与人民群众日常生活密切相关的支出领域增设了专项附加扣除，减轻税负压力，促进社会公平正义，增进人民福祉。

对广大纳税人而言，个税改革是一份诚意满满的民生大礼包，它可以让民众的收入更有分量。根据财政部数据显示，2019 年新个税减税政策给老百姓减负高达 4604 亿元，直接受益纳税人达 2.5 亿人，人均减税达到 1842 元。空前的减税力度，有力地推动了幼有所育、学有所教、劳有所得、病有所医、老有所养、住有所居等民生目标的长足进展，人民的获得感、幸福感、安全感不断增强，生活更加幸福。

在珠海横琴新区这个“特区中的特区”，港澳居民也共享到了内地税收政策的红利。澳门居民梁女士刚在珠海横琴新区看中并买下了一套新房，之后，她打开微信并实名认证登录“粤税通”小程序，在“房屋买卖”一栏填写证件号码等信息，只用手机点一点，就完成了原先必须到线下才能办理的契税缴纳手续。

“以前，港澳居民购买一手房难以做到线上自助办理，主要是因为身份信息不能自动匹配。”时任横琴新区税务局副局长的容梅介绍说。与内地居民不同，港澳居民在进行网上办税时实名认证用的是港澳居民来往内地通行证，而签订购房合同时使用的却是港澳居民身份证，两个证件的类型、号码都不相同，这就使得系统无法自动进行识别匹配，纳税人只能提供家庭证明到前台办理，这无疑较为费时费力。

随着越来越多的澳门居民在横琴置业，珠海税务部门认为非常有必要解决这一问题。经过一系列的技术攻关，与不动产登记部门协调对接，并通过升级优化一手房交易系统功能，成功实现了港澳居民来往内地通行证和港澳居民身份证信息匹配。2021 年 3 月，港澳人士在横琴新区购买一手房终于可以实现全程线上自助缴税。

其实，早在 2013 年，横琴就率先全面落实“港人港税、澳人澳税”，累计发放个人所得税差额补贴超过 1.5 亿元，实现港澳居民实际个税税负与港澳地区基本持平。

2019 年，“粤港澳大湾区个人所得税优惠政策”正式出台，这也预示着，横琴的成功经验被复制推广到了粤港澳大湾区内地 9 市。

自2021年起，横琴粤澳深度合作区境内外人才个人所得税税负超过15%的部分将予以免征。新个人所得税优惠政策的实施，将惠及在合作区工作生活的近万名境内外人才和澳门居民，进一步扩充了原有政策的受益群体，这也将更加有助于合作区吸引和引进那些具有全球视野、世界眼光的“高精尖缺”人才。

亿万市场主体是市场经济的“细胞”，也是中国经济发展的底气和韧性所在。减税不仅给普通老百姓带来了实实在在的好处，也会给亿万市场主体带来显著的红利。

为有效通过税收杠杆实现社会财富再分配，我国早在2012年就开始启动营改增改革，增值税抵扣链条被打通，长期困扰企业的重复征税问题得以有效缓解，企业税负大幅降低。近年来，我国又通过提高增值税起征点、减并和降低增值税税率、减免增值税小规模纳税人税收等一系列改革措施，推动增值税平均税率持续降低，进一步减轻企业税负。

“我们目前已经组建了一支30人的技术研发团队，研发费用占到全年销售收入的4%，这些投入可不是一笔小数目，国家对高新技术企业和研发费用上的优惠政策真的给了我们很大的发展底气！”广东左向照明有限公司主要负责人刘彦伟介绍说。

这家位于广东省中山市古镇的灯饰企业成立于2013年，作为广东省高新技术企业，长期致力于研发和制造智能消防应急和疏散指示系统、智能控制电气设备、民用消防物联系统等产品，自2017年连续四年获评“中国十大应急灯品牌”。

随着人们对人身安全、居住安全、环境安全等问题的日益关注，以及智慧城市建设步伐的加快，为了迎接即将来临的智慧消防建设的春天，左向照明公司乘势而上，加快推动企业向智慧消防企业转型，还同步筹划着企业上市的大动作。

仅 2020 年，左向照明公司就享受到研发费用加计扣除约 57 万元，高新技术企业所得税优惠 328.8 万元，两项合计达到 385.8 万元。在“制造企业研发费用加计扣除比例由 75% 提高至 100%，在 10 月纳税申报期允许企业自主选择提前享受前三季度研发费用加计扣除优惠”的政策加码下，左向照明公司 2021 年前三季度可享受的研发费用加计扣除就提高到了 91 万元。

“税务部门不断实施的减税降费优惠政策，为我们带来了真金白银的红利，我们计划继续加大研发费用的投入，将产业技术水平升级的步子迈得更大些。”刘彦伟难掩兴奋地说。

可以说，研发费用加计扣除优惠政策的再加码，税收优惠政策与优质服务的双重加持，不仅为这家灯饰制造企业带来了一场“及时雨”，更帮助它平稳驶上发展的“快车道”。

享受到税收“真金白银”红利的市场主体远不止左向照明这一家。

在北京，整个 2022 年北京冬奥会、冬残奥会期间，博奥生物集团生产的全集成新冠病毒核酸检测移动实验室在机场、奥运村、赛场等整个闭环内随处可见，他们所依托的，正是自主独立研发的全集成芯片实验室系统检测技术。

“企业科技创新和企业发展离不开国家政策的支持与帮助。”全国人大代表、中国工程院院士、博奥生物集团创始人程京表示。

2019 年—2021 年三年间，博奥生物集团有限公司累计享受各项税收减免 1248 万元，其中 2021 年研发费用加计扣除政策，直接减免所得税

332 万元，这些节省下来的税款被迅速投入各类技术研发项目中，形成了良性循环。

在哈尔滨，凯纳科技股份有限公司是一家成立于 1995 年的综合性、技术型国家级高新技术企业。2021 年，凯纳公司营业收入约 2.1 亿元，享受企业所得税优惠合计达 102 万元，享受研发费用加计扣除优惠 229.2 万元。

“公司发展壮大离不开自主技术创新，也离不开政府税收优惠政策的大力支持。特别是研发费用加计扣除比例的提高，给了我们一剂‘强心针’，为我们注入了资金‘活水’。”全国人大代表、凯纳科技股份有限公司董事长田立坤表示。

在福建，作为国家级专精特新“小巨人”企业的安泰新能源科技有限公司，2021 年第三季度就享受到超过 500 万元的研发费用加计扣除优惠。

“这项政策来得太及时、太关键了！有了这项政策，公司的资金压力明显减小，研发活动就能正常开展了！”说出这番话的，正是安泰新能源科技有限公司副总经理黄丽青。

她之所以如此感慨，是因为，受铝锭等原材料价格上涨等综合因素影响，公司成本不断提高，资金压力持续加大，甚至连组建研发团队的计划都差点搁浅。正当企业为资金苦恼时，研发费用加计扣除优惠政策犹如一场及时雨，为企业带来了转机。

在广西，税收优惠政策也让一家网红食品企业——广西轩妈食品有限公司“饮”到了资金活水。

这家公司的核心产品是轩妈蛋黄酥。成立后短短几年，轩妈食品从只有 10 多人的网红小微电商，发展成为在天猫、京东等平台铺设自营旗舰店，在广西南宁和浙江嘉善拥有两座8000平方米标准化生产基地，日产能达100万枚，员工总数超过400人的现代化食品企业。

虎年春节刚刚过去，轩妈食品公司就开足马力，一颗颗金黄油亮的蛋黄酥在流水线上快速移动、分装打包，通过多种销售渠道走进千家万户……

轩妈食品公司负责人韦福献介绍说，得益于这两年企业享受到的1000多万元税费减免，公司又加大投入扩建了12条生产线。

在济南，一家以“锻造”为主业的制造企业，成功生产出直径达16米的整体锻环，是济南新旧动能转换落实的代表之一。

“近年来，一系列税费优惠政策为企业快速发展注入了动力，增添了信心。”该企业法定代表人牛余刚表示。

三年多来，这家企业享受到的研发费用加计扣除等高新技术企业所得税减免不断增加，企业创新发展的动能被激活，从“制造”到“智造”的转型之路也越走越顺、越走越实。

在苏州工业园，一家机器人技术股份有限公司受益于新的研发费用加计扣除政策，其研发费用可以多加计扣除339.58万元。“一直以来，我们都在不断加强技术研发以攻克‘卡脖子’技术难题，提高产品的附加值和竞争力。新的研发费用加计扣除政策的落实，能更好激励企业创新发展，攻克难题。”

经济列车要跑得快，需要激发市场主体活力；而要跑得稳，就需要大企业“顶天立地”与小企业“铺天盖地”的勃勃生机。小微企业犹如中国经济庞大躯体里的“毛细血管”，发挥着吸纳就业、增强经济活力、满足居民消费需求的重要作用，是稳住中国经济基本盘的最重要力量之一。

帮小微企业一把，成为2021年国务院常务会议多次关注的焦点。一揽子政策的落地实施，目的就在于让小微企业既要活下去，还要活得好，活得精彩。通过税收红利的“精准滴灌”，众多小微企业、个体工商户等市场主体迅速发展，茁壮成长。

“十三五”期间，我国将增值税小规模纳税人起征点由月销售额 3 万元提升至 10 万元，小微企业减半征收所得税的年应纳税所得额上限从 30 万元分步提高到 100 万元、300 万元，并进一步加大优惠力度。2020 年又实施了小微企业和个体工商户延缓缴纳 2020 年所得税、阶段性减免小规模纳税人增值税等定向帮扶措施，助力小微企业应对疫情影响。

江苏南通，国家税务总局如皋市税务局办税服务厅工作人员正在为一企业办理留抵退税业务

“这几年，小微企业减税政策不断出台，增值税小规模纳税人起征点已提高到月销售额 15 万元，我们就基本不用缴税了。”来自武汉户部巷小吃街的一位餐馆负责人这样谈起自身感受。

“疫情影响下的餐饮行业，尤其是和旅游密切关联的海岛餐饮企业生存不易。国家接续出台的税费优惠政策，算是为餐饮‘寒冬’注入了一股暖流。”广东省阳江市海陵岛一家渔村的总经理梁桃感叹道。疫情防控期间生活服务业免征增值税政策和个体工商户减半征收经营所得个人所得税政策，让这家企业享受到了超过 45 万元的税收减免。

得知中央经济工作会议提出继续面向市场主体实施新的减税降费政策，帮助中小微企业、个体工商户减负纾困、恢复发展，梁桃更是笃定：“我对未来信心满满。”

数据显示，2021 年，支持小微企业发展税收优惠政策新增减税 2951 亿元，其中，仅小规模纳税人增值税起征点从 10 万元提高到 15 万元这一项政策，就新增减税 667 亿元，惠及纳税人 405 万户；而小规模纳税人增值税征收率由 3% 降至 1% 的政策，新增减税达 1853 亿元，惠及纳税人达 895 万户。

一分部署，九分落实。有了好的税收优惠政策，更需要各级税务系统坚持不懈、不折不扣地去落实落细。

税务部门连续多年开展“便民办税春风行动”，推出 100 条便民办税缴费举措，包括财产和行为税 10 个税种合并申报，近 90% 的涉税事项、99% 的纳税申报均可网上办理等多项措施，不断减轻办税负担。

在贵州，税务部门搭建制造业中小微企业缓缴税费数据应用平台，实时在线跟踪分析全省税费缓缴数据，及时辅导企业享受优惠政策。

在厦门，当符合条件的企业登录电子税务局申报延缓税种时，系统延期缴纳税款弹窗就会被触发并对企业发出明显提示，纳税人确认后即可享受。

在黑龙江，税务部门建立了省、市、县三级联动专项工作协调机制，建立电子税务局“申报即享受”缓税办理流程，方便纳税人直达快享。

在新疆，税务部门利用线上渠道，为纳税人推送减税降费相关政策信息、开通网上直播课堂，开展线下税企座谈会，甚至上门为企业做“一对一”政策辅导，让纳税人实现应知尽知、应享尽享。

2021 年，国家税务总局还与中华全国工商业联合会携手开展助力小微企业发展“春雨润苗”专项行动，推出“惠苗政策进万家”“助苗服务优体验”“护苗成长促发展”三大类主题活动 12 项行动措施，切实为纳税人、缴费人办实事。

“‘春雨润苗’专项行动，是一次基于顶层设计的联合行动，有利于实现两部门信息共享条件下的精准施策，让各项税费优惠政策和创新服务举措准确定位到每一个小微企业，对于提高财税政策效率、确保小微企业健康成长有着重大意义。”河南大学经济学院财政系主任徐全红这样认为。

全面建设社会主义现代化国家，离不开财政的支撑和保障，需要加快建立现代财政制度，让财政在社会主义现代化建设中发挥更大作用。国家通过对税收制度的系统性优化改革，在税收结构上，从间接税为主向直接税过渡，主要征收对象为财产所有者、资产所有者、大型企业及高收入群体，降低普通家庭的税收负担；在税收使用上，减少大型企业和国企的财政补贴，加大对普通家庭的保障性支出，加大对中等收入群体的个人所得税综合抵扣比例。对市场主体的慈善救助作出适当税收抵免，以逐步完善的二次分配制度，托举三次分配。

2. 社会保障，托起稳稳的幸福

为政之道，民生为本。

“我们建立起了世界上最大的社会保障安全网。”在党的十九大新闻中心举办的记者招待会上，时任人力资源和社会保障部党组书记、部长尹蔚民就民生保障相关情况介绍道。

这是一张稳稳守护亿万百姓的保障网。截至 2022 年年底，全国基本养老保险参保人数达 10.5 亿人，基本医疗保险参保覆盖面稳定在 95% 以上。在一个人口基数如此庞大的发展中国家，基本养老和基本医疗的覆盖能做到这么大，这即使在发达国家也很难做得到。2016 年底，国际社会保障协会授予中国政府“社会保障杰出成就奖”，高度肯定了中国政府在社会保障扩面上所取得的巨大成就。

社会保障卡的“前世今生”

在这张社会保障的大网中，有一张承载重任的小卡片——社会保障卡，这是全国第二张带有国徽的证件，是受《中华人民共和国刑法》保护的四大证件之一。一卡在手，走遍天下都不愁，是对社保卡的形象描述，它甚至可以对一个人做到“记录一生、保障一生、服务一生”。

到2022年年底，全国社会保障卡持卡人口为13.68亿，覆盖96.8%的人口。出生即参保，参保即发卡，这是人民群众享受社保权益的凭证，有了这张卡,就能实现在人社领域“全业务用卡”以及其他民生保障领域“一卡通用”。

就是这样一张“方寸之卡”，到今年，已经年满24岁了。

1999年，第一代社保卡发行，最先被启用的是医保功能，广大居民都是从问诊购药开始认识社保卡的。

2010年，全国持卡人数突破1亿。

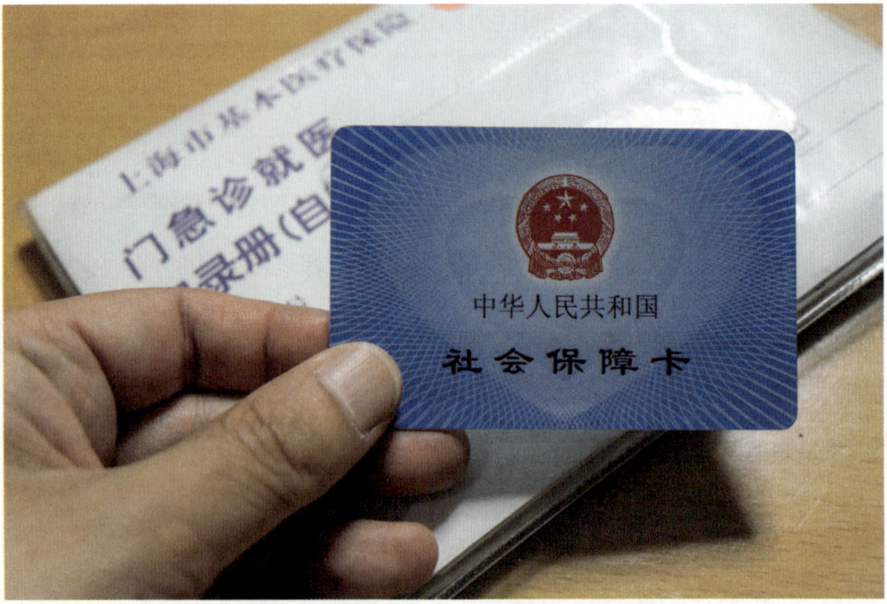

中华人民共和国社会保障卡和门急诊就医记录册

2011 年，第二代社保卡发行，金融功能加持上身。

2015 年，全国持卡人数达 8.84 亿，完成“十二五”规划目标任务。

2017 年，第三代社保卡发行。

2018 年，全国持卡人数突破 12 亿，并开始启用电子社保卡，全国有了社保卡服务平台。

2019 年，社保卡进入线上线下融合应用阶段，社会保障一卡通和惠民服务一卡通均已实现。

2022 年，电子社保卡领用人数 7.15 亿，全年累计访问量为 112.85 亿人次。

共襄二十四载，惠民近 14 亿。社会保障卡是与人民群众利益息息相关的民生卡，更是政府服务群众的便利载体，为亿万群众带来方便快捷，在传递着浓浓民生情怀的同时，也成为政府治理能力现代化的有力工具。

今天，这张小小的社保卡，承载了多达 160 项的应用目录清单，涵盖了人力资源和社会保障、就医购药、政务服务、惠民惠农补贴资金发放、交通出行、文化旅游、养老服务、残疾人服务、助学金发放等众多领域。例如，社保卡能让享受工伤保险、养老保险、失业保险等业务更方便，看病买药更是不在话下，还可以办理考试、培训、领补贴、领取待遇等社保事务，甚至还能持卡搭乘公共交通工具、逛公园……可以说只有想不到，没有做不到。

兜住兜牢兜好底线，托起困难群众稳稳的幸福

社会保障已经成为我国全体人民共享改革发展成果、走向共同富裕的基本途径与制度保障，它兜住了底线，托起了民生，增进了人民福祉。

在河南省商丘市城乡一体化示范区平安街道董庄新村，住着一户四代同堂共 8 口人的郭姓人家。他们原来生活在农村，后来商丘城市建设征用土地，他们搬进了政府补贴建成的安置新居。

家里最年长的是年过八旬的老夫妇，老爷爷腿脚不便，老奶奶半身不遂还无法说话；第二代是已知天命的中年夫妇，因为要照顾家里的老人没法选择固定工作，只能轮流就近打些零工；第三代是已到而立之年的青年夫妇，也是以务工为主；最小的正上着当地的一所小学。

这样的一家四代人，生活确实清苦，却因为人人都能享受到各类叠加的社会保障，少了很多后顾之忧。

爷爷奶奶每月能领到包括最低生活保障金、城乡居民养老保险金、河南省高龄津贴、重度残障补贴、生活困难补贴等，加起来差不多已经可以满足老人家的基本生活需要。此外，政府还将二老纳入居民基本医疗保险和大病保险，加上他们已经享受的针对困难群众的医疗救助，老人家看病需要自付的比例大约只有 5%。爸爸妈妈和青年夫妻都参加了城乡居民养老保险、医疗保险及大病保险。正上小学的孩子也享受着免费的义务教育。

在四川省乐山市井研县，吴丹如今已是当地小有名气的致富能人。但父亲一场突如其来的重病，几乎打垮了这个生性要强的姑娘。

“好不容易摘了贫困帽，老人一生病，差点又返贫了。”回忆起父亲刚生病的情景，吴丹仍心有余悸。

几年前，在精准扶贫政策的帮助下，吴丹成了建档立卡贫困户，通过政府组织去了深圳务工，每个月都能有稳定的收入，2020 年她家顺利脱贫摘帽。转眼进入下一年的年初，父亲却突发脑出血，导致瘫痪。面对从天而降的变故，吴丹不仅没法外出务工，沉重的经济负担更是压得她透不过气，返贫似乎就是一夜的事。

正当此时，驻村第一书记陈晓艳主动上门提供帮助。原来，驻村工作队一直都对像吴丹这样的脱贫户进行动态监测，一旦出现返贫风险，驻村工作队就会立刻启动相应程序上门帮扶。

很快，吴丹申请到了两万元的专项救助基金，解决了看病买药的燃眉之急。“感谢党和政府帮我渡过了难关！但想要以后的日子越过越好，我还要自己努力才行。”吴丹这样说，也这样做了。父亲病情好转后，吴丹就在村里帮助下，利用农村闲置用房，相继建起了两个加工电子元件连接器的扶贫车间。大半年下来，带动当地200多名妇女人均增收超过1.5万元，吴丹不但彻底脱了贫，更成了有能力帮助他人的致富小能手。

优服优享优基础，托举老年人的幸福生活

根据第七次全国人口普查数据，我国60岁及以上人口已超过2.64亿，占到了人口总数的18.7%，老龄化社会已经到来。在全世界范围，人口老龄化也是不可逆的发展趋势。

夕阳无限好，人间重晚晴。让老年人享受更加美好的晚年生活，既是子女应尽的义务，也是政府的施政所向。俗话说：“家有一老，如有一宝。”对于这块宝，国家可是下了大气力去精心守护，其目的就是要让每位老人晚年都能成为“最美夕阳红”。

多年来，我国养老金上调从未中断。进入2022年，已实现养老金“18连涨”。

“在中央财政收入有压力的情况下，依然提高养老金待遇，党中央保障和改善民生的力度不减反增，这是对民生的高度重视。”中国社会保障

学会会长、中国人民大学教授郑功成表示，这充分反映出中央通过社保制度安排，加大再分配力度，扎实推动共同富裕的明显信号。

从提高退休人员基本养老金，到提高城乡居民养老金待遇，再到养老保险制度改革……各地各部门正在加大力度推进老年人权益保障工作，不断提高保障水平，让银发一族更有获得感、幸福感和安全感。

2022 年 1 月 1 日开始，江苏省将城乡基础养老金最低标准由每人每月 173 元提高到 187 元，西藏将城乡基础养老金标准由每月人均 205 元提高到 215 元。可以看出，各地都在将上调保障标准作为政策发力点，持续发放礼包。

湖南省永州市是一个贫困人口较多且财力相对单薄的地区，但在养老保障这件最大的民生面前，依然努力做到不遗余力不留空白。

双牌县位于永州南部，是典型的山区县，有 3.2 万老年人，超过了人口总数的 15% 以上。近年来，县里投入 2000 万元，对全县的乡镇敬老院进行撤销合并重建，形成了三所区域性标准化敬老院，拥有床位 450 余张，全县 11 个乡镇实现了全覆盖。县民政局还对需要集中供养的特困老人进行统筹安排，打破之前敬老院养老服务的“地域界限”。

“院里现在有 80 多张床位，实现了分区服务、分级护理，坐式马桶、洗浴床、监控系统等各类软硬件设施一应俱全。还和开车不到 5 分钟车程的镇上卫生院签订了合作协议。”已经在麻江中心敬老院做了 4 年护理员的吕春波对合并重建带来的变化感受深切。

重建完成后，有来自 7 个乡镇的 45 名特困老人住进了麻江中心敬老院，其中，9 名老人生活可以自理，其余 36 名则属于失能或半失能。这样的收住能力，在过去是不可想象的。经过改制重建的努力，双牌县敬老院逐步实现了县域一体化、资源最优化、管理信息化和效应最大化。全县失能半失能特困老人集中供养率、敬老院床位入住率，从过去均不足 20%，分别提高到了 58% 和 80%。

来自麻江镇横江源村的特困老人陈桂香已八十多岁高龄，住进麻江中心敬老院多年，老人家左手残疾，还患有老年痴呆（阿尔茨海默病）。2013 年前后，老人原先所在村组完成了全村整体搬迁，但由于无亲属赡养，老人只能继续留在原地居住，交通极其不便。后来，村里在一所闲置小学给老人安置了住处，村干部和热心村民帮忙解决一日三餐。

“虽然基本生活解决了，但是老人精神状态不好，常常独自跑出去，带来的安全问题，一度让村里犯了愁。”横江源村村支书罗怀军介绍说。

2014 年下半年，在村委会的安排和帮助下，陈桂香老人住进了重建后的麻江中心敬老院。这样一来，不但解决了一直让村委犯愁的安全问题，还有专人护理老人的日常起居，生活质量的改善也就可想而知了。

近年来，双牌县还通过深入推进养老服务体系改革，探索出深受百姓欢迎的“互联网 + 订单式”养老服务新模式。在永州双牌县居家养老服务信息中心，有一块大屏幕，上面可以对全县三家中心敬老院和一家福利中心进行实时监控。另一头，市民用手机登录当地智慧养老管理平台，足不出户就能享受生活照料、康复护理、医疗急救、家政服务等多达 70 余项的“订单式”精准养老服务。

一只鞋，温暖一群人

这是一个特殊的群体，他们可能只需要一只鞋，也可能只戴一只手套，他们就是全国 8500 万残疾人朋友。

习近平总书记指出："让广大残疾人安居乐业、衣食无忧，过上幸福美好的生活，是我们党全心全意为人民服务宗旨的重要体现，是我国社会主义制度的必然要求。"

2022 年的北京冬残奥会选择了用"飞跃"作为会徽，代表着残疾人运动员们将坚强意志化作追梦飞扬的精神翅膀。身体的残缺给他们带来不幸，但美丽的花朵依然绽放心中，他们体验着生命的曲折和沉重，但追梦的脚步始终未曾停止。超越自我不断"飞跃"，不仅是全国残疾人群体的真实写照，也是中国残疾人事业发展的生动实践。

在以习近平同志为核心的党中央领导下，我国残疾人事业交出了一份温暖厚重的答卷，残疾人获得感、幸福感、安全感持续提升。

保障之"网"愈织愈密：截至 2022 年 9 月，残疾人两项补贴制度惠及 2711.2 万困难和重度残疾人。

保护之"盾"愈铸愈强：截至 2022 年 4 月，90 多部法律、50 多部行政法规为残疾人披上"法律铠甲"。

逐梦之"路"愈走愈宽："十三五"时期，全国有 57477 名残疾人被普通高等院校录取，新增 180 余万残疾人就业……

在 2022 年北京冬残奥会上，中国残奥体育代表团获得 96 金 60 银 51 铜总计 207 枚奖牌的骄人成绩，实现连续五届残奥会金牌奖牌双第一。

90 后的杨淑亭是个漂亮的姑娘，但 19 岁那年的一场车祸，让家住湖南邵阳城步苗族自治县的她高位截瘫。在经历了短暂的痛苦和迷茫后，小姑娘坚强地选择了重新"站起来"。杨淑亭最先从淘宝客服做起，之后又成立专业合作社、开办了企业公司，带动当地 1300 多名困难群众和残疾人稳定增收致富。

2022 年 3 月 4 日，杨淑亭在首钢园传递北京冬残奥会火炬

“她是一个乐观的人，一个非常美丽的女孩。”这是人们对杨淑亭的一致评价。

2019 年，杨淑亭应邀参加了第六次全国自强模范暨助残先进个人集体表彰大会，在人民大会堂，受到了习近平总书记的亲切会见。

杨淑亭先后获得“全国脱贫攻坚先进个人”“全国脱贫攻坚奋进奖”“全国三八红旗手”“中国青年五四奖章”等荣誉。2022 年，她成为北京冬残奥会组委会驻地第三棒火炬手。

从脱贫“领头雁”到残奥会火炬手，杨淑亭的每一步都“走”得坚定而有力。

小燕是来自杭州市富阳区春建乡的一个普通女孩，因为患病，23 岁的她身高还不足 1.3 米，看上去就像个小朋友。

“过去怕出门，没收入，没朋友，没意思。”

“现在有收入，有朋友，日子过得称心了。”

正是得益于杭州全面开展的“残疾人之家”建设，让小燕的生活变得越来越有奔头。

小燕所在的是春建乡一家制造企业的“残疾人之家”工作室，工作内容主要是拧螺丝帽，每天工作 5 小时，就能拿到 2200 多元的月保底工资。“残疾人工友都很珍惜这里的工作和生活。”在这家工作室，像小燕一样的残疾人工友有 20 多名。

这样的“残疾人之家”，杭州市已建成了 203 家，覆盖全市所有镇街。爱心企业通过就业扶持残疾人，当地政府则通过税收优惠激励企业。2021 年 1—10 月，杭州富阳全区享受安置残疾人就业增值税即征即退优惠政策的企业有 68 户，退税金额达 1.05 亿元。投之以桃，报之以李。企业将获得的税收优惠又投入改善残疾人工作生活环境上。小燕所在的这家企业，就针对残疾人专门建起了新的羽毛球场。

自强不息，追梦不止。中国梦是民族梦、国家梦，是每一个中国人的梦。我们需要一起努力，推动残疾人事业高质量发展，为残疾人朋友创造更好的追梦环境，一道奔向幸福美好的新生活。

保障和改善民生没有终点。习近平总书记在中央政治局第二十八次集体学习时强调，社会保障是保障和改善民生、维护社会公平、增进人民福祉的基本制度保障，是促进经济社会发展、实现广大人民群众共享改革发展成果的重要制度安排，是治国安邦的大问题。要实现共同富裕就必须加大社会保障再分配力度，把更多人纳入社会保障体系，为广大人民群众提

2020 年 12 月 25 日晚，“丝路戏苑”首场演出暨《千手观音》20 年纪念演出在京举行，
中国残疾人艺术团演员在北京东苑戏楼演出

供更可靠、更充分的保障，不断满足人民群众多层次多样化需求，健全覆盖全民、统筹城乡、公平统一、可持续的多层次社会保障体系，进一步织密社会保障安全网，促进我国社会保障事业高质量、可持续发展。

3. 慈善公益，助力一直在路上

《中华人民共和国国民经济和社会发展第十四个五年规划和 2035 年远景目标纲要》提出，要发挥慈善第三次分配作用，改善收入和财富分配格局。

乐善好施是中华民族的传统美德。积小善能成大爱，积小爱则成大德。促进共同富裕的道路上，需要社会各界的共同努力，需要我们每个人的爱心善举。

这群普通人，将滴水善举汇成爱的汪洋

50 多岁的张亚芬在宁波当地可谓家喻户晓，因为除了宁波市鄞州区供电公司客户服务中心营业班班长之外，她还有一个身份，就是众所周知的“宁波妈妈”。

从无微不至地照顾孤寡老人和失明老人，到结对帮扶家庭困难的学生，张亚芬 30 余载如一日，怀揣着一份大爱，将温暖和希望带给更多的人。

在她的感召下，婆婆、丈夫和女儿一家三代人都加入公益慈善事业中，甚至是同事、邻居也不甘落后，扶农济贫、助学帮困、志愿服务……

1986 年深秋的一天，大雨将至，张亚芬帮着农民抢收晾晒在路边的稻谷，农民夫妇为表谢意硬是要送给她一个大西瓜。就是这次的“举手之劳”，张亚芬真切感受到了“赠人玫瑰，手有余香”的快乐，从此她的助人之路就一发不可收了。

2008 年，张亚芬开始了助学之路，受助对象是家庭有困难的姐弟，如今姐姐已经上了高中，弟弟正在初中读书。孩子妈妈也在张亚芬的资助下开了一家小吃摊，日子越过越好。

2015 年，张亚芬又开始帮助一名 16 岁的脑瘫患儿，因为只有身体残疾的外公外婆照顾，孩子 16 年都没有站立过，更没走出过家门。张亚芬就同家人和志愿者一起轮流陪护孩子，成为他的“阳光使者”。

30 余载，张亚芳先后结对助力了来自全国各地的 20 多名贫困孩子实现上学梦，在孩子们眼中，她是最亲爱的“宁波妈妈”和“爱心妈妈”。

一人行善，众人相随。张亚芬的工作单位成立了“宁波妈妈”志愿者团队，还专门设立了“宁波妈妈”张亚芬爱心基金，公司党员志愿者纷纷加入，开展了帮助区内困难家庭电线改装服务、帮助农民工子弟小学打造德育教育基地和图书馆、开课教授中国传统文化和安全用电知识、赠送图书和电脑用品等一系列爱心公益活动。

张亚芬的女儿林茂华已经加入公益志愿队伍十多年，2020 年疫情来袭时，她和妈妈一起，带领“宁波妈妈”志愿者团队上网帮助农户无偿销售滞销草莓，累计实现销售额 180 余万元。

“‘宁波妈妈’绝不是我一个人。你是，他是，将来的这些孩子可能都是！”张亚芬说。

爱心如涟漪，张亚芬说得一点没错。如今，“宁波妈妈”志愿者队伍已经壮大到500多人，爱心基金募集的善款超过120多万元，绵延不绝的凡人善举终将汇聚成爱的汪洋大海。

在山西省晋城市，有个小姑娘叫刘雨墨，2007年出生的她，志愿服务的履历却相当惊人：在父母的引导下，6岁时开始加入志愿者队伍成为一名小小志愿者，9岁时获评山西省汇邦慈善基金会“优秀义工”，10岁时成长为一名“优秀义工组织者”，11岁就晋升成为“优秀义工队长”，13岁时获评2020年度全国“新时代好少年”“新时代山西好少年”“山西省十佳少先队员”等。

刘雨墨刚满13岁时，就已经累计参与了329次公益活动，志愿服务时长836小时，先后帮助过275户孤寡老人和困难家庭……说她是一位投身公益事业多年的“老义工”，一点都不夸张。

2014年的一次志愿服务活动，让小雨墨对奉献爱心的意义有了更加深刻的认识。当时，父亲带着年仅7岁的雨墨来到泽州县金村镇柳泉村，参加帮助老人的公益活动。在聋哑老人成大爷家，大人们忙着打扫院子、收拾屋子，心思细腻的小雨墨却发现成大爷很孤独，于是，她尝试用手势和表情陪成大爷玩耍，老人脸上很快露出灿烂笑容。

这种回应给了小雨墨很大的鼓励，她发现，就算是一个简单的陪伴动作，只要是发自内心，就可以给他人带来安慰和快乐。就这样，雨墨在心底种下了志愿服务的“火种”，并逐渐演变成一种生活态度。

2016年，刘雨墨所在班级发起成立“爱心银行”，她当仁不让地当选首任“行长”，带领着同学们收集废纸、饮料瓶，并将其卖掉换钱去帮助孤寡老人和困难家庭。两年之后，在学校和慈善组织的支持下，刘雨墨又发起成立了“城南四小义工队”，一对一帮助孤寡老人，参加义务植树活动等。

2019 年，晋城市文明办和市教育局还专门举办了一场“雨墨学雷锋志愿服务队城南四小学校分队”授旗仪式，号召全市中小学校成立“雨墨学雷锋志愿服务队”，学习刘雨墨同学的奉献精神，鼓励更多青少年参与到志愿服务中来，让滴水之爱汇成涓涓暖流。

“也许你的一个微笑，就是一种奉献。”刘雨墨做到了言行一致。这个稚嫩未脱的小姑娘，用自己日复一日志愿服务的实际行动，彰显着新时代好少年的朝气与担当。

这些企业，用爱心和行动践行社会责任

任何企业存在于社会之中，都是社会的企业。习近平总书记在企业家座谈会上就指出：“企业既有经济责任、法律责任，也有社会责任、道德责任。”

企业不仅是财富创造的主体，也是财富分配的重要一环。于企业而言，积极承担社会责任，对实现共同富裕具有重大意义。

站在“共同富裕”的时代潮头，有这样一批优秀的企业和企业家，努力用爱心和行动践行“共同富裕路上，一个都不能少”。

“企业家是社会经济活动中非常重要的主体，企业家精神也是宝贵的社会财富。”中国建材集团董事长周育先说。既要承担经济责任，也要承担社会责任和国家责任，这是企业家必须明白的道理。2020 年，武汉突发新冠疫情，中国建材集团第一时间站出来，克服种种困难为 38 个城市

的 83 家医院提供建筑材料，其中就包括有雷神山医院和火神山医院。

团结抗疫的路上，有中国建材这样的大型央企，也有像卓尔控股这样在湖北武汉扎根的民营企业。“企业家首先要热爱自己的国家、热爱自己的家乡。我们一直把社会责任作为企业基因。”卓尔控股董事长阎志说，新冠疫情发生后，卓尔迅速启动全球采购，第一时间将大量口罩和防护服等防护物资通过包机的方式运抵武汉天河机场，送达全省 556 家医疗机构。他们还依托物业、会展等业务优势，与地方政府一同建起 7 家应急医院和 3 家方舱医院。

2015 年 9 月，为积极响应党中央精准扶贫号召，国网慈溪市供电公司、慈溪市钱海军志愿服务中心和慈溪市慈善总会联合发起“千户万灯”残疾人贫困户室内照明线路改造公益项目，无偿为没有经济能力的残疾人、低保户开展家庭室内照明线路改造和维护，同时还开展各类爱心帮扶活动。

2019 年 5 月，国网浙江省电力有限公司组织全省 11 家供电公司红船共产党员服务队，联合社会各界力量，将“千户万灯”公益项目推广到全省，打造以“电”为核心的公益生态圈。

今天，“千户万灯”公益力量更是沿着电网线路无限延伸，触及西藏、吉林、贵州等地贫困家庭，累计改造 5200 余户，6 万多人因此受益。“我在放牧的时候，手机只敢拿出来报平安或紧急联系，多一分钟都不敢用。现在，这些都不成问题了！”来自西藏日喀则市仁布县然巴乡普热村的“千户万灯”项目受益人旦真群边说。

“千户万灯”项目点亮的是一盏明灯，照亮的是奔向未来的幸福之路。

这座城市，让公益成为一种生活方式

香港，城市总人口 700 多万，却拥有超过 127 万的注册义工，每年提供超过 2400 万小时的公益服务。这是一座慈善公益精神流淌在生活里，渗透在血液里的城市。

在香港，爱心公益是从“小”做起、从我做起的。“很多香港人在读书期间就会被鼓励去参与一些义工活动，像卖旗筹款、看望长者等。久而久之，做公益慢慢成为一种习惯。”阳光天使义工团的发起人陈丹丹就是这样踏上义工服务之路的。“在我们义工团里，最小的义工只有 7 岁，义工服务会让他快速成长。公益活动也会让我和义工朋友了解到更多社会问题，学会珍惜现有的一切，也懂得如何去关爱他人。”在回忆自己组织策划的近 20 次公益活动时，陈丹丹感触良多。

在香港，还有许许多多像天使义工团这样的义工组织。他们的公益服务几乎涵盖各种有需要的群体，从街头捐款到定期助学、助老、助环保、

陈丹丹和天使义工团成员看望独居老人

助体育……这些公益团体和内容丰富的公益活动，向社会传递着“为善最乐，不甘后人”的精神，推动全社会形成“全民慈善”新风尚。

在香港，公益可以一做就是一辈子。“一朝是义工，终身是义工。”80多岁的刘焯荣老先生，至今仍是香港新界义工团的义工，“我经常记住鲁迅先生一句话，‘人只会死，不会老。’所以我不认为自己老了，而是会继续做我适合的义工工作”。50多年间，老先生扎根香港大澳，访贫问苦，传授知识，救助病患，给偏远乡村送物资，为治水浸甚至过家门而不入……

在香港，慈善公益并非一蹴而就，学校的教育、政策的引导、社会的重视、公众的参与缺一不可。从入学面试到求职就业，义工实践都是很重要的加分项，甚至“香港小姐”的评选，都会将公益慈善贡献作为重要评判内容。香港《税务条例》规定，民众捐款超100港元给认可的慈善机构或信托团体就可以免税，多捐则会免更多。正是全社会的共同努力和行动，让香港人深信“施与受都是福”的公益精神，将这片土地滋养成爱的原野，温暖着维港两岸。

这个时代，以“互联网+”公益激发全民正能量

近年来呈现蓬勃发展态势的互联网公益，正以指尖公益消除数字鸿沟、以透明公益建立信任纽带、以理性公益推进慈善文明的特征，成为激发“全民参与”社会公益事业的强大引擎，成为畅通第三次分配的高效路径，成为助力实现共同富裕的新场域。

“近年来，通过民政部指定的20家互联网公开募捐信息平台，慈善组织募集的善款每年增长率都在20%以上，2020年募集金额更是达到82亿元，比2019年增长了52%。2019年和2020年，连续两年有超过100

亿人次点击、关注和参与了互联网慈善。”在 2021 年中国互联网公益峰会上，时任民政部副部长王爱文向社会披露了上述数据。

借助互联网平台，让公益向帮贫扶弱、向基层倾斜是其发展的重要特征。扶贫济困、教育助学、医疗救助、救灾救援、环境保护、基层治理等各个领域，互联网公益已经实现全覆盖。“‘互联网＋公益慈善’使人口众多、幅员辽阔的中国能够迅速推进人人公益，为解决社会问题、促进社会公平、促进城乡均衡发展提供了全新方案。”民政部副部长詹成付介绍。

今天，你的一次轻点手机屏幕完成移动支付的小动作，就可能救助到远方未曾谋面的某个人或家庭。

2019 年初的一天，北京的李女士收到了公益平台发给她的年度捐款总结报告。一年中，她通过平台捐出了 2320 元善款。“他才 6 岁，不幸身患右侧顶枕交界处肿瘤，救救我的孩子”“清华女博士为父亲筹款，结肠癌请不要带走父亲”“女儿才一岁，刚驻足这个世界，不想失去她”……每每看到朋友圈转发的这些令人心碎的求助信息，心地善良的李女士总是忍不住通过手机尽点微薄之力。自己也是一位母亲，李女士觉得“这也算是为孩子积福了”。

“敦煌供养人”“小朋友画廊”“迟到的婚纱照”“关怀深山独居老人”“共产党员一元捐”等网络公益项目中她都出了绵薄之力。正是通过互联网，李女士才知道，原来有那么多家庭和那么多群体需要关爱。

时间回溯到 2008 年，那一年，发生了牵动全国亿万人心的汶川大地震。抢险救灾期间，通过门户网站、论坛、微博、QQ 群等互联网渠道，赈灾捐款、网络寻人、哀悼祈福等活动凝聚起了救援的强大合力，各类公益基金会迅速通过互联网公益平台开通募捐通道，全国人民向灾区奉献爱心的重要通

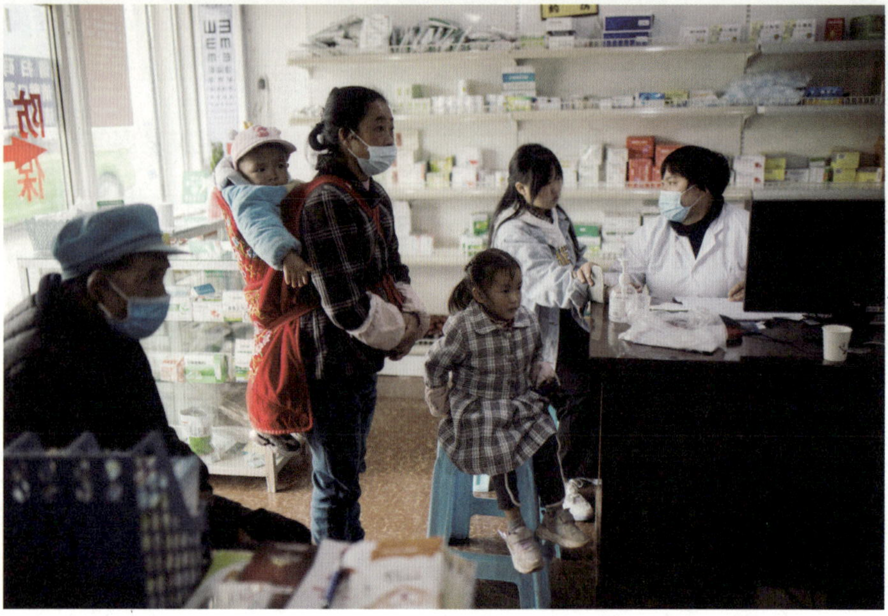

云南省昭通市永善县，坚守村里 23 年的村医牟昭敏通过手机和电脑，
为村里的一部分病人申请公益保险

道被打开。这一切，在互联网公益业内看来，是具有里程碑意义的。

尽管成绩斐然，但互联网是把双刃剑，尤其是在我国互联网公益还处于高速发展的现阶段，少数骗捐、诈捐等违法犯罪事件偶有发生，这不仅会严重损害公益慈善的公信力，更会打击百姓参与慈善公益的积极性。所以，政府需要完善管理，公众也需要擦亮眼睛，让我们一起共同维护互联网公益慈善新阵地，让互联网公益慈善行稳致远，为实现共同富裕添砖加瓦。

4. 协作支援，携手并进谋发展

作为具有鲜明中国特色的横向转移支付形式——东西部扶贫协作和对口支援，是推动区域协调发展、协同发展、共同发展的大战略，是加强区域合作、优化产业布局、拓展对内对外开放新空间的大布局，是实现先富帮后富、最终实现共同富裕目标的大举措，提供了解决贫困问题的中国方案，展示了实现共同富裕的中国智慧，开辟了人类扶贫开发的伟大创举。

不以事艰而不为，不以任重而畏缩。党的十八大以来，以习近平同志为核心的党中央高度重视东西部扶贫协作工作，相关省市深入贯彻落实习近平总书记重要讲话精神和党中央决策部署，完善结对机制，细化帮扶举措。在脱贫攻坚期间，东部 9 个省、14 个市结对帮扶中西部 14 个省市区，全国支援西藏和新疆，东部 343 个经济较发达县（市、区）与西部 573 个贫困县开展“携手奔小康”行动。

到今天，东西部扶贫协作已经走过数十年历程。从“两广一家亲”的区域合作，到“沪企入滇、滇品入沪”的共赢发展；从“鲁渝情深深”的组团式帮扶，到“山海情谊割不断”的闽宁模式；从之江（浙江）助力巴蜀（四川）情，到北京牵手内蒙古，一桩桩生动的实践和一个个温暖的故事，在华夏大地上不停歇地谱写着……

资金人才技术齐上阵，“输血”帮扶暖人心

扶贫协作和对口支援必须突出“真”字诀，既要“真心实意”地帮，还要“真金白银”地投。据统计，脱贫攻坚期间，东部 9 省市共向扶贫协作地区投入财政援助和社会帮扶资金 1005 亿多元，东部地区企业向扶贫协作地区累计投资 1 万多亿元。

2016—2019 年，广东省累计向广西、四川、云南、贵州 4 省（区）投入财政援助资金 159 亿元；江苏省累计向陕西省投入财政援助资金 46 亿多元；2019 年，北京市共投入扶贫支援资金 81.6 亿元，投入财政援助资金 64.05 亿元；自 2019 年起，广东省每年安排资金支持搭建东西部扶贫协作产品产销平台，将扶贫协作地区打造成粤港澳大湾区的“菜篮子”“米袋子”“果盘子”。

“功以才成，业由才广。”贫困地区往往存在“本地人才留不住、难培养，外部人才引不来、住不下”的困境，人才匮乏长期制约着本地经济社会发展。于是，来自东部地区的人才支援和帮扶，就成为输入受援地区的“新鲜血液”，产生观念互通、思路互动、技术互学和作风互鉴的良好效果。

2019 年 7 月，山东临沂外国语学校的禹方磊老师，奔赴 1500 公里外的重庆城口县实验小学，开始他为期一年的支教工作。“您为了可爱的宝贝们有多少个不眠之夜，多少个灯光长明，您用爱缩短着心与心的路程……”在支教结束后，看着家长们的声声祝福，禹老师潸然泪下。

“一个专家就可以带动一个产业。”在重庆市挂职的山东干部赵锋说。而来自山东烟台市农业科学研究院的姚建刚就是这样的专家，当他在重庆巫山县的扶贫工作期满时，受到了当地群众的热情挽留，于是，他又继续留下来、干下去。

协作支援工作开展以来，山城重庆结下的山东“亲戚”越来越多。为帮助协作区县打造一支留得住、能战斗、带不走的人才队伍，山东先后选派挂职干部 76 人、专业技术人才 2671 人，大力实施“组团式”医疗帮扶、教育帮扶等，不断提升重庆协作区县的教育、医疗和农业技术水平。

技术能够送进来，娃儿们也会被送出去学技术。“我在深圳读书学费全免，还享受其他各类补贴，学到高端物流服务、实操会计等专业知识，一毕业就入厂工作，每个月收入 4000 多元。”来自广西巴马瑶族自治县的青年杨秋月高兴地说。

在粤桂两省扶贫协作中，深圳技师学院、深圳市携创高级技工学校和巴马瑶族自治县合作，组织贫困家庭的初中、高中及同等学力毕业生开展职业教育培训，一毕业就安排工作，实现了就读、就业、脱贫一步到位。

广东佛山市通过与四川凉山彝族自治州的“两山”结对子活动，共投入超过亿元资金在“控辍保学”项目上，惠及 11 个贫困县失辍学学生 5 万多人，先后选派了 195 名教师到凉山开展支教工作，推动 48 所学校成功结对。

授人以鱼，不如授人以渔，“造血”支援助长效

“要突出目标导向、结果导向，不仅要看出了多少钱、派了多少人、给了多少支持，更要看脱贫的实际成效。”这是习近平总书记对东西部扶

贫协作提出的明确要求，也是一把重要的衡量标尺。

俗话说：“授人以鱼，不如授人以渔。”只有将输血与造血结合起来，让输血变造血，为受援地区的老百姓造一个在家门口就能端得住的饭碗，才能彻底提升精准扶贫能力。产业合作帮扶就是这个金饭碗，只有产业牵了手，致富路才能越走越宽。

“一片叶子富了一方百姓”说的就是浙江省安吉县溪龙乡黄杜村致力于“以茶富民”，走出一条经济与生态互促共进，绿色致富奔小康的故事。如今，这里已经从20多年前全县有名的穷村摇身一变，成为远近闻名的“白茶第一村”，白茶年产量过百吨，年销售额达到1.4亿元。

落其实者思其树，饮其流者怀其源。2018年4月，黄杜村20名农民党员给习近平总书记写信，汇报种植白茶致富的情况，提出愿意捐赠1500万株茶苗帮助贫困地区群众脱贫。习近平总书记对来信作出重要指示：“增强饮水思源、不忘党恩的意识，弘扬为党分忧、先富帮后富的精神，对于打赢脱贫攻坚战很有意义。”

截至2019年3月，黄杜村共捐赠“白叶一号”茶苗1665万株，种植面积达5377亩，覆盖西部三省四县1862户贫困户。在贵州普安县，2000亩获赠白茶苗长势喜人，已带动建成万亩白茶园，极大推动了当地白茶产业化发展；在湖南古丈县，当地将白茶种植和苗寨旅游结合起来发展特色产业；在四川青川县，小小茶苗在浙江技术人员的耐心指导和当地农民的细心照料下茁壮成长。

“白叶一号”这个当年来自浙江黄杜村的“脱贫茶”，跨越千山万水扎根西部，成了受援地区实现乡村振兴的“致富茶”，也成为两地人民的“感恩茶”“友谊茶”。“一片叶子富了一方百姓”的佳话还在继续。

“中国白茶第一村”浙江安吉县黄杜村

在产业扶贫协作中，安吉捐赠的是茶，福建种下的是草。

宁夏永宁县闽宁镇是福建与宁夏牵手共克贫困的起点。早在 20 世纪 90 年代，福建农林大学林占熺教授就带着他发明的菌草种植蘑菇技术来到宁夏，驻村帮助农民种菇增收，发展菌草种菇产业，这也是最早的闽宁对口扶贫协作项目之一。

“头一年我就挣了 7000 多元，以前哪里见过这么多钱？”20 多年前，刚从山大沟深的西海固搬迁出来的刘昌富，经过林占熺教授手把手地指导传授，在自家院里盖起大棚种菌草菇，成为第一批依靠扶贫技术和产业富起来的吊庄移民。

虽然已经过了知天命的年纪，但刘昌富仍然每天和福建农林大学的工作人员在菌草育苗棚里忙碌着，这是他的“大产业”。看着即将被播种到 300 亩大田里的郁郁葱葱的菌草苗，老刘的心里就甭提有多高兴了。

来自福建的“致富草”，还有晋江商人陈德启种在贺兰山下的酿酒葡萄，莆田老板林育清引到六盘山麓的南方艾草，这些草种为“苦甲天下”的西海固贫困家庭播下致富的新希望。

如今，一棵草已经发展成一条链，福建泉州人雷灿煌在同心县麻疙瘩村开辟了草畜一体化基地。“一只成年杜泊公羊体重可达 120 公斤，出肉率比普通羊高出 20%。”雷灿煌自豪地说。现在他的基地养殖了 8000 多只这样的杜泊羊，有这样的高产率正是得益于他引进试种了富含高蛋白的高效牧草。

思路决定出路，“活血”畅通振兴路

全面建设社会主义现代化国家，最艰巨最繁重的任务依然在农村，最广泛最深厚的基础依然在农村。在 2020 年底召开的中央农村工作会议上，习近平总书记指出，在向第二个百年奋斗目标迈进的历史关口，巩固和拓展脱贫攻坚成果，全面推进乡村振兴，加快农业农村现代化，是需要全党高度重视的一个关系大局的重大问题。从决战决胜脱贫攻坚到深度赋能乡村振兴，帮扶之路、援助之力持续聚焦换脑子转思维找出路，“输血 + 造血 + 活血”多措并举，新思路、新模式、新机制层出不穷，乡村全面振兴之路越走越宽。

在我国的行政区划中，有个基本单元叫“乡镇”，它们居乡村之首、立城市之尾，是重大决策部署落实到“最后一公里”的重要执行者，是促进城乡融合发展的关键节点，是实施乡村振兴战略、促进共同富裕的重要支撑，具有不可替代的承上启下的地位与作用。近年来，一方面，我国各大城市内生动力不断增强，城市化迅猛发展；另一方面，在各级政策的大力推动下，广大农村地区面貌焕然一新，呈现显著变化。而处于“夹缝”中的乡镇却成为城乡融合发展、乡村振兴的薄弱环节。

为实现一体推进县镇村发展，更好促进乡村全面振兴，广东在深入调研、充分论证的基础上，结合本省实际，创新性开启乡村振兴驻镇帮镇扶村工作，传承延续定点帮扶、对口帮扶和社会帮扶经验做法，完善结对帮扶关系，突出组团“一对一”结对帮扶；拓展帮扶领域，突出全域全覆盖帮扶；健全帮扶机制，突出帮镇扶村带户。

2021年6月，广东省印发了《广东省乡村振兴驻镇帮镇扶村工作方案》《关于做好乡村振兴驻镇帮镇扶村组团结对帮扶工作的通知》，将乡村振兴驻镇帮镇扶村工作作为巩固脱贫攻坚成果、全面推进乡村振兴的重要举措，作为全面推进乡村振兴的主抓手、主平台，从镇级层面统筹镇村产业发展、基础设施、公共服务建设，推动镇村一体谋划，强镇兴村，融合发展。

广东省的驻镇帮镇扶村工作采取“党政机关＋企事业单位＋农村科技特派员＋志愿者＋金融助理”的模式组团结对帮扶，实现全省全域1127个乡镇、近2万个行政村全覆盖。经过一年多坚持不懈的努力，全省7174个单位共选派8099名党政机关、企事业单位干部，4000多名“三支一扶”、科技特派员、金融助理等专业人才和1030名高校毕业生志愿者组团奔赴各地镇村，寻村情、找问题、谋对策、定规划，为乡村发展擘画美好蓝图。

一位驻河源市连平县溪山镇帮扶工作队的队长告诉记者：“从过去‘驻村帮扶’向‘驻镇帮镇扶村带富’转变，是将帮扶对象、帮扶力量、帮扶资源从行政村上提一级到乡镇，能更好地发挥乡镇上连县、下接村再接广大人民群众的纽带作用。”

肇庆市德庆县官圩镇驻镇帮镇扶村工作队副队长罗俊浩也从他的实际

工作中感受到："从镇级层面统筹镇村发展，能够更容易调配资源，集中力量办大事，使得产业发展规模更庞大、更有竞争力，也能更有效地降低产业风险。"

国务院发展研究中心农村经济研究部部长、研究员叶兴庆更是认为："广东这种综合性的工作队中包含各种类型的人员，在驻镇帮镇扶村的过程中，这种'组团式'的帮扶，可以为薄弱村提供系统性的解决方案，是一种帮扶机制的创新。"

帮扶工作队与基层干部群众同吃同住同劳动，用心用情用力，从相识到相知，从同事发展成挚友；从小事到大事，心往一处想，劲往一处使，又从挚友发展为战友。工作队的到来，不仅让广大基层有了更坚定的主心骨，更有了迎难而上创业干事的底气和决心。

这不，潮州市文祠镇的橄榄，就在帮扶工作队的帮助下再次香飘万里。文祠镇是远近闻名的"水果之乡"，这里出产的橄榄品质优良，不仅是"全国名特优新农产品"，更是当地老百姓的重要收入来源。但从前些年开始，受到下游加工产业变动的影响，市场对橄榄原材料的需求开始大幅降低，二三十年前可以卖到 25 元 / 斤的香黄橄榄，现在已经卖不到 8 元 / 斤。为解决橄榄产品的销售困境，帮扶工作队协助文祠镇委、镇政府重新制定橄榄产业发展规划，结合当地获批建设的省级现代农业产业园，为橄榄产业重新打通下游加工配套，在产业园中重新规划，推出橄榄酒、橄榄醋、橄榄茶等一系列创新产品，这些加工项目基本可以消耗全镇的橄榄产量，橄榄的收购价格也由此慢慢提升起来。

文祠镇驻镇帮镇扶村工作队队长邓广志充满信心地告诉前来采访的记者，别看一颗颗橄榄小小的，它们具有很大的经济价值、文化内涵和产业

广东潮州文祠镇橄榄种植基地内，果农站在近 10 米长的竹梯上采摘橄榄鲜果

前景，工作队的工作重点就是要将这些价值重新挖掘出来，打好橄榄的生态牌、文化牌和百年老树品牌，将“橄榄文化”做成“文化橄榄”，从小橄榄中打造出大产业。2021 年底，第一届潮州文祠橄榄文化节顺利举办，这也成为工作队复兴橄榄产业成功迈出的第一步。“通过线上线下全方位

的宣传，文化节提升了文祠橄榄产业知名度。”文祠镇党委书记蔡伟波兴奋地讲述，“在工作队的努力下，第二届橄榄文化节将进一步扩大规模，全面推动全镇橄榄产业升级，助力发展乡村旅游、休闲农业等新产业、新业态，让农民分享产业增值收益。”

近年来，消费帮扶也是乘着数字技术和电商快速发展的东风，成为东西部扶贫协作和对口支援的新亮点。国务院办公厅还专门印发了《关于深入开展消费扶贫助力打赢脱贫攻坚战的指导意见》，提出要扩大电子商务进农村综合示范覆盖面，在有条件的贫困地区设立电商产业孵化园，培育规模化电商企业；鼓励大型电商企业为贫困地区设立扶贫专卖店、电商扶贫馆和扶贫频道，并给予流量等支持。

常言道：“人心齐，泰山移。”消费帮扶，一头连着农村地区的“钱袋子”，一头连着城市居民的“菜篮子”“米袋子”“果盘子”，它的最大特点是运用市场机制，更加广泛、更加有效地动员和凝聚全社会力量共同参与到扶贫支援、乡村振兴这一伟大事业中来。正是这种“人人皆可为，人人皆能为”的特点，让消费帮扶成为我国多层次、多形式、全方位扶贫协作和对口支援的新路径。

“我要两只红鸭”“我要一瓶蜂蜜”……刚过早上九点，海口市琼山区甲子镇昌西村电商服务站内，乡村买手王传书的手机就跟上了闹铃一样响个不停，这些信息都来自他手机里的几个“消费扶贫直通车”微信群，好几个群的人数已经达500的上限了。

“传书负责收货，我负责发商品信息、统计订单，我们卖的都是镇里的土特产，质优价廉，回头客很多。”同在微信群里的村民吴文银边忙着手里的活边说。

“当初昌西定为贫困村时，贫困户人均年收入不到 3000 元，现在达到 14000 多元，贫困人口全部脱贫。昌西村的‘消费扶贫直通车’已经成为村民销售特色农产品的有效渠道。”驻村第一书记张夏龙说。

以产品为媒介，用消费搭桥梁，消费帮扶已经被越来越多人认可。时任国家发展改革委副秘书长的郭兰峰在 2020 年 11 月 24 日举行的国新办发布会上表示，“十四五”时期，我国将推动消费扶贫提档升级，助力脱贫攻坚成果巩固、乡村振兴，促进全体人民共同富裕。

第四章

共同富裕的路上，一个也不能掉队

实现共同富裕，既要把“蛋糕”做大，又要把“蛋糕”分好，一个也不能少。全面建成小康社会，一个也不能少；共同富裕路上，一个也不能掉队。让老百姓过上好日子、实现全体人民共同富裕，是一切工作的出发点和落脚点。

1.“数”说彪炳史册的人间奇迹

习近平总书记指出：“让贫困人口和贫困地区同全国一道进入全面小康社会是我们党的庄严承诺。”

国之称富者，在乎丰民。共同富裕是社会主义的本质要求，是中国现代化的重要特征，是人民群众的共同期盼。共同富裕是全体人民的共同富裕，共同富裕的路上，“一个也不能掉队”。

党的十八大以来，党中央团结带领全党全国各族人民，始终朝着实现共同富裕的目标不懈努力，全面建成小康社会取得伟大历史性成就，为新发展阶段推动共同富裕奠定了坚实基础。

带领贫困人口和贫困地区同全国一道进入全面小康，是全面建成小康社会最艰巨的挑战，却也是党中央定下的底线任务。不论是居住在深山、高寒地带，还是在灾害频发的区域，决胜全面小康不容一个人掉队。

8 年精准扶贫路、5 年脱贫攻坚战。党的十八大以来，在以习近平同志为核心的党中央领导下，中国采取一系列超常规政策举措，组织实施了人类历史上规模空前、力度最大、惠及人口最多的脱贫攻坚战，完成了消除绝对贫困的艰巨任务。

“全面建成小康社会，一个也不能少；共同富裕路上，一个也不能掉队。我们将举全党全国之力，坚决完成脱贫攻坚任务，确保兑现我们的承诺。”这段掷地有声、铿锵有力的承诺，来自习近平总书记在十九届中共中央政治局常委同中外记者见面时的讲话。

“民之所忧，我必念之；民之所盼，我必行之。”8 年来，每年新年首站考察扶贫已经成为习近平总书记的惯例，将扶贫作为治国理政的重要内容，总书记花的精力也最多。8 年里，总书记主持召开中央扶贫工作座谈会 7 次，调研扶贫工作 50 多次，全国 14 个集中连片特困地区都留下了总书记的深深足迹。

人民至上，一诺千金。党中央创造性地提出精准扶贫方略，通过实施扶贫对象精准、项目安排精准、资金使用精准、措施到户精准、因村派人精准、脱贫成效精准的“六个精准”，和发展生产脱贫一批、易地搬迁脱贫一批、生态补偿脱贫一批、发展教育脱贫一批、社会保障兜底一批的“五个一批”，推动实现脱贫。强化中央统筹、省负总责、市县抓落实的工作机制，五级书记抓扶贫、全党动员促攻坚。中西部 22 个省份党政主要负责同志向中央签署脱贫攻坚责任书，立下“军令状”。中央单位定点扶贫，东西部扶贫协作，全社会共同参与，集中力量办大事。“上下同心、尽锐出战、精准务实、开拓创新、攻坚克难、不负人民”的脱贫攻坚精神汇聚起排山倒海的磅礴力量。

2021 年 2 月 25 日，习近平总书记在全国脱贫攻坚总结表彰大会上庄严宣告：我国脱贫攻坚战取得了全面胜利！

2021 年 7 月 1 日，习近平总书记在天安门广场举行的庆祝中国共产党成立 100 周年大会上庄严宣告：经过全党全国各族人民持续奋斗，我们实现了第一个百年奋斗目标，在中华大地上全面建成了小康社会，历史性地解决了绝对贫困问题！

这是中国人民的伟大光荣，是中国共产党的伟大光荣，是中华民族的伟大光荣！

通过 8 年艰苦卓绝的奋斗和努力，我们交出了一份令人民满意、让世人瞩目的脱贫攻坚成绩单。脱贫攻坚的伟大胜利，是中国共产党团结带领全国各族人民接续奋斗，驰而不息，共同创造的又一个彪炳史册的人间奇迹。

怎样算脱贫？脱贫攻坚的标准，就是稳定实现贫困人口“两不愁三保障”：不愁吃不愁穿，义务教育、基本医疗、住房安全有保障。我们就围绕着这些标准，来看看这张闪亮成绩单里的每一科成绩吧。

中国脱贫攻坚的世界贡献			
国家级贫困县全部摘帽	贫困村出列	摆脱绝对贫困	中国对世界减贫的贡献率
832 个	12.8 万个	近 1 亿人	超过 70%

这份沉甸甸的、来之不易的减贫战绩，属于中国更属于世界。

2000 年，联合国将贫困人口比例减半列为“千年发展目标”的首要任务。中国是最早完成这一任务的国家。2015 年，联合国提出新的愿景，呼吁到 2030 年全球消除极端贫困。到 2020 年，中国如期打赢脱贫攻坚战，提前 10 年实现了这个目标。

1990 年，按照世界银行给出的人均每天支出 1.9 美元的国际贫困标准，中国的贫困人口占总人口的比例为 66.3%，全世界的贫困人口比重为 36.2%。到 2015 年，按照同样标准，中国贫困人口比例降至 0.7%，而世界贫困人口比例为 10.1%。

过去 40 年，中国共减少贫困人口 8.5 亿多人，成为世界上减贫人口最多的国家，对全球减贫贡献率超过 70%。

今天，全球仍有 7 亿左右极端贫困人口，许多国家贫富分化仍在加剧，中国则在实现经济高速发展的同时消除了绝对贫困，这彰显了中国共产党领导和社会主义制度的显著优势，为世界减贫事业贡献了中国智慧和中国方案，为推动构建人类命运共同体贡献了中国力量。

我国提前 10 年实现《联合国 2030 年可持续发展议程》减贫目标，赢得国际社会广泛赞誉。

投入	各级财政专项扶贫资金累计投入近 1.6 万亿元
收入	全国建档立卡贫困人口人均纯收入从 2015 年的 2982 元，增加到 2020 年的 10740 元，年均增幅 29.2%
教育	改造贫困地区义务教育薄弱学校 10.8 万所，每年为 3700 多万农村义务教育阶段学生提供营养餐，建档立卡贫困家庭辍学学生清零
医疗	2000 多万贫困患者得到分类救治，近 2000 万贫困群众享受低保和特困救助供养，2400 多万困难和重度残疾人拿到了生活和护理补贴
住房	易地扶贫搬迁人口超过 960 万，累计建成集中安置区 3.5 万个，安置住房 266 万套，790 万户、2568 万贫困群众的危房得到改造

这张成绩单里的其他科目成绩还有：

累计对 1021 万贫困妇女和妇女骨干进行各类技能培训。累计有 1120 万儿童实现教育和健康“全过程保障” 3689 万名贫困老年人生活和服务保障显著改善 700 多万贫困残疾人如期脱贫
新改建农村公路 110 万公里，新增铁路里程 3.5 万公里，新增供水能力 181 亿立方米
贫困地区农网供电可靠率达到 99%，大电网覆盖范围内贫困村通动力电比例达到 100%，贫困村通光纤和 4G 比例均超过 98%
307 家中央单位定点帮扶 592 个贫困县，军队定点帮扶 4100 个贫困村
12.3 万家民营企业参与“万企帮万村”精准扶贫行动，帮扶 7.28 万个贫困村

为了完成“一个也不能少，一个也不能掉队”的艰巨任务，我们付出的除了努力，还有巨大的代价甚至牺牲：

累计选派 25.5 万个驻村工作队、300 多万名第一书记和驻村干部，同近 200 万名乡镇干部和数百万村干部一道奋战在扶贫一线，走进祖国各地的深沟巨壑，向贫困发起冲锋
1800 多名同志将生命永远定格在了脱贫攻坚征程上，他们将生命献给了这一史无前例的伟大事业，生动诠释了共产党人的初心和使命
姜仕坤、余永流、吴应谱、樊贞子、黄文秀……这些“战士”的名字，我们将永远铭记

中国的脱贫攻坚战，以及这场战役所取得的消除绝对贫困的伟大胜利，是中华民族发展史上具有里程碑意义的大事件，是人类减贫史乃至人类发展史上的大事件。

“14 亿人过上小康生活是了不起的世界贡献。”中共中央党校（国家行政学院）教授刘恩东说，这在生产力低下的传统农业社会无法实现，只有在坚持人民至上、具有强大执行能力的中国共产党领导下走中国特色社会主义道路才能达到。

我们之所以拥有“实现共同富裕路上，一个也不能掉队”的信心和底气，正是来自脱贫攻坚任务的全面胜利，来自全面建成小康社会的伟大成就。

脱贫摘帽不是终点，而是新生活、新奋斗的起点；全面建成小康社会也不是终点，而是我们乘势而上开启全面建设社会主义现代化国家新征程的起点。

2. 增加农民收入是关键

小康不小康，关键看老乡；老乡富不富，关键看收入。

“任何时候都不能忽视农业、不能忘记农民、不能淡漠农村。”

“要更加重视促进农民增收，让广大农民都过上幸福美满的好日子，一个都不能少，一户都不能落。”

“农业农村工作，说一千、道一万，增加农民收入是关键。”

从农村插队到主政中央，习近平总书记对农民始终充满深厚感情，他对“三农”工作的殷殷嘱托，说到了农民的心坎里。

我国是农业大国，农业农村农民问题关系到国家发展、社会稳定。在全面建成小康社会阶段，最突出的短板在“三农”。随着脱贫攻坚深入推进、乡村振兴战略深入实施，我国农民收入大幅增长。在迈向共同富裕的新阶段，持续增加农民收入，改善农民生活水平，更好地满足广大农民对美好生活的向往，更是出发点和落脚点。

新疆哈密市伊州区陶家宫镇牙吾龙村，驻村工作队队员和村民一起采摘葡萄

农民兄弟的“钱袋子”越来越鼓

如果说“三农”工作是全局工作的靶心，那么农民增收就是靶心中的红点。

党的十八大以来，党中央、国务院高度重视、持续推进农民增收，不断培育壮大乡村产业，支持农民外出务工，持续深化农村改革，强化强农惠农富农政策，农民收入实现持续较快增长。

“十三五”期间，我国农民收入年均实际增长 6%，高出城镇居民收入增速 1.24%，已连续 11 年跑赢城镇居民收入增速。城乡居民收入比由

2010 年的 2.99 ∶ 1 缩小到 2020 年的 2.56 ∶ 1。

2019 年，农村居民人均可支配收入达到 16021 元，提前一年实现比 2010 年翻一番的目标。

2020 年，面对新冠疫情冲击，全国各地着力稳就业、促创业、兴产业，农民收入稳中有升，全年人均可支配收入达到 17131 元，实际增长 3.8%，较 2015 年增加 5709 元。

更为可喜的是，贫困地区农民收入在“十三五”期间年均增长达到 7.87%，高于全国农村平均水平 1.87%，与全国人民一道同步实现小康目标，迈向共同富裕。

作为高质量发展建设共同富裕示范区的浙江省，2021 年，农村居民人均可支配收入突破 3.5 万元，增速比城镇居民人均可支配收入高出 1.1%；低收入农户收入同比增长 14.8%，比农村居民收入增速高出 4%；同时，浙江全省已消除农村家庭年人均收入 9000 元以下的现象。这些数据表明，浙江全省农民收入增速展现出“三个快于”的喜人态势：一是农民收入增速快于城镇居民收入；二是 26 个加快发展县的农民收入增速快于全省农民收入；三是低收入农户收入增速快于全省农民收入。这是浙江高质量发展建设共同富裕示范区迈出的坚实步伐，也是着力缩小城乡之间、地区之间发展差距的丰硕成果。

农民增收的“四个轮子”越转越快

当前，我国广大农民收入增长主要来源于“四轮驱动”：家庭经营性收入、务工工资性收入、财产权益性收入和转移收入。其中，家庭经营性收入是“基本盘”，务工工资性收入是“压舱石”，财产权益性收入是“新亮点”，转移收入是有力补充。

如何让“四个轮子”更趋协调，跑得更快，各地各部门都在不断深化探索、实践和创新，可谓亮点纷呈、成绩斐然。

在杭州建德市钦堂乡，90 后的“农二代”王运是一名“农创客”，她的 2000 亩智慧稻田农业观光项目，全程机械化作业，病虫害绿色防控，各类数字化传感实施监控。深秋时节，一望无际的金色麦浪吸引着大批游客来到这里创作稻田画、体验泥塘摸鱼等，王运突破祖辈传统的“种粮观”，通过公司化、规模化运作发展绿色数字农业、休闲观光农业，直接带动当地几十名村民实现人均年增收上万元。

王运只是浙江省下大力气培育的数以万计“农创客”中的一员。在乡村振兴的嘹亮号角声中，越来越多的“农创客”返乡创新创业，成为广袤

毕业于武汉生物工程学院的 90 后“农创客”马婷佳回家乡浙江嘉兴创业，盖起食用菌大棚

乡村的一道亮丽风景线。“十四五”期间，浙江省还专门制定了小目标，五年内累计培育 10 万名“农创客”，辐射带动 100 万农民实现增收。

贵州正安，80 后老板赵山返乡办起了“贝加尔”吉他厂，创下年收入超亿元的佳绩；江西德兴，回乡创业的郑智刚正忙碌着建新工厂，带动更多人就近就业；山东菏泽，退伍军人李卫华回乡建造起创业孵化基地，成为更多年轻人孕育梦想的空间……2020 年，全国各类返乡入乡创新创业人员达到 1010 万人，比上年增加了 160 万人，同比增长 19%。据测算，一个返乡创新创业项目平均可吸纳 6.3 人稳定就业、17.3 人灵活就业，对于有幸参与其中的每个人而言，这是一项共同富裕的伟大事业。

随着城镇化和市民化步伐的加快，工资性收入已经成为新生代农民收入构成的“大头”。然而，2020 年春节前夕，一场突如其来的新冠疫情汹涌而至，上千万农民工被拖住了返岗复工的脚步，这不仅影响企业复工复产，广大农民工“钱袋子”也损失不小。

“还是干活让心里踏实多了啊！”“闲”不下来的贵州籍农民工曹玉国，在顺利返回浙江台州工作岗位后发出了由衷的感叹。

在做好新冠疫情防控的同时，许多劳务输入地和输出地迅速联起手来，各职能部门联动，通过包车接员工等方式，从家门口到厂门口点对点服务，让越来越多农民工顺利重返务工岗位。

在 2021 年初，人力资源和社会保障部等七部门还专门印发《关于做好农民工返岗复工“点对点”服务保障工作的通知》，对已有工作岗位和新确定工作岗位的拟外出务工农民工，根据需要组织开展对用工集中地区和重点企业“点对点”包车、专列、包机运输服务，支持成规模、成批次外出农民工安全有序返岗复工，重点保障脱贫劳动力、边缘易致贫人口外出和重点企业用工。

农民现在不但创业务农打工有钱赚，手里拥有的资源资产也变得越来越值钱。

“村集体经济收入多了，乡亲们的腰包就鼓了！”安徽省寿县小甸镇杨圩村的党支部书记张宇说。完成承包地确权工作后，村里300多户农民以土地入股的方式参与到村股份经济合作社中，而合作社则从小龙虾、瓜蒌到鲜食玉米，将每一种特色产业都发展得红红火火，村集体经济每年都能收入60多万元。

“我家12亩地入股到了合作社，年底有分红，务工有工钱，省事省心。”江苏省泗洪县双沟镇周冲村的陈勇说。周冲村地处丘陵岗坡地带，地势起伏大，村土地股份合作社将流转后的土地进行了整理，使其条块清晰，还配套了水利设施，通过招商引资引来龙头企业开展统一种植和收购，规模上来了，效益也就出来了。

自开展农村承包地确权登记颁证工作以来，全国有2亿多农户领到了土地承包经营权证，“三权”分置取得重大进展，土地承包经营权的物权得到了有效保护，农村基本经营制度得到进一步巩固和完善，广大农民得到了实实在在的实惠和收益。

强农惠农富农政策越来越给力！

农民增收离不开国家强农惠农富农政策的有力支撑，离不开促进农民持续增收的长效机制做保障。从2004年起，党中央每年都会制定发布一个以“三农”为主题的中央一号文件，出台一系列强农惠农富农政策。至今，党中央已连续出台了20个指导“三农”工作的一号文件，充分体现了党中央、国务院驰而不息重农强农的坚强坚定决心。

习近平总书记更是强调："要加快构建促进农民持续较快增收的长效政策机制，让广大农民都尽快富裕起来。"

广州市增城区是全市的农业大区，有"中国丝苗米之乡"的美誉，该区始终坚持以提高农民收入为核心，大力发展富民兴村产业。在 2021 年中国农民丰收节系列活动上，增城区委书记赵国生通过视频阐述了全区强农惠农富农新举措和新思路："增城将持续加大强农、惠农、富农力度，增设十亿农业产业发展基金，扶持百家农业专业合作社，开展千名农业人才培训，推动农业保险、补贴全覆盖，打造全域新乡村示范带。"

"政策给力，现在种地更有奔头！今年还要再添几台农机。"不断加码的强农惠农富农政策，让湖北省大冶市陈贵镇堰畈桥村的种粮大户程正春心里吃下了定心丸。这些年在各项惠农政策的持续扶持下，老陈通过发展适度规模经营，水稻种植面积不断扩大。2020 年，800 亩水稻总产量就超过了 50 万斤，刨去机械、人工和各项杂费，还剩下 20 多万元的纯收入。

谷雨时节，从南到北，新的耕耘已经开始，新的丰收正在孕育。全国各地正全面推进乡村振兴，让农业更强、农村更美、农民更富，并向着实现全体人民共同富裕的伟大目标破浪前进。

3. 革命老区打赢蜕变“翻身仗”

革命老区是党和人民军队的根，是中国人民选择中国共产党的历史见证，是新中国的摇篮。老区人民栉风沐雨、披荆斩棘，见证了中国革命和社会主义建设事业取得的伟大成就。

习近平总书记对革命老区深深牵挂。党的十八大以来，从滹沱河畔到宝塔山上，从遵义古城到沂蒙老区，总书记的“红色足迹”遍及各个革命老区，并殷切叮嘱“要把革命老区建设得更好”“让老区人民都过上幸福美满的日子”。

党的十八大以来，党中央、国务院出台了一系列支持革命老区振兴发展的政策文件，各地各部门不断加大支持力度，老区人民更是攻坚克难、砥砺前行，一幅幅人民生活更加富足、特色产业更加兴旺、红色文化更加繁荣、生态环境更加优美的老区新画卷在神州大地徐徐展开。

赓续红色基因，让老区精神永放光芒

习近平总书记在庆祝中国共产党成立 100 周年大会上的重要讲话中指出：“我们要继续弘扬光荣传统、赓续红色血脉，永远把伟大建党精神继承下去、发扬光大！”

红色凝聚着力量，象征着光明，引领着未来。红色基因丰富、积淀和厚重了民族历史，是中国共产党人的精神内核，是中华民族的时代精髓。

井冈山、瑞金、遵义、延安、西柏坡等红色革命圣地，在中国共产党走过的百年历史进程中发挥了巨大作用，为中国共产党的成立、人民军队的建立、中国革命的胜利作出了不可磨灭的贡献，也形成了弥足珍贵的红色资源和红色精神。奋进新时代的今天，这些革命圣地筑牢信仰之基，将红色基因融入血脉，坚持铸魂育人，用红色精神激发奋进力量。

在井冈山市茅坪镇坝上村，“红军的一天”特色体验项目让游客们身体力行感受急行军，制作和品尝红军餐，聆听广为流传的红军故事。写满革命史的八角楼的灯光、黄洋界的炮声，甚至是挑粮小道，都成为游客感受革命印记的“红色课堂”。每一个前来参观的人，内心都被深深震撼，精神备受洗礼。

红军烈士李筱甫之孙李祖芳老人作为江西省委党校井冈山培训基地的讲师，不仅坚守岗位义务讲解了 300 多场，更是带着展现井冈山精神的红色故事走向全国各地宣传讲解。

近年来，每年平均有超过 100 万人次前往井冈山，瞻仰革命烈士陵园、参观革命旧址、聆听革命故事、感悟红色精神。这片红色的土地，已经成为人民汲取信仰力量的精神高地。

在瑞金，90 多年前，中国共产党在这里创立了首个全国性红色政权。

江西吉安井冈山革命根据地

在江西吉安井冈山参加研学活动的游客参观井冈山革命博物馆

90多年后，革命老区人民再出发，通过在核心景区推出《选举》《打草鞋》《送别》等一大批情景再现互动演出项目，精心策划“缅怀”“学唱送郎调”等灵活多样的现场教学内容以及“重走长征路”等互动体验活动，以实际行动传承红色基因、彰显红色文化、弘扬红色精神。

在遵义，底蕴深厚的红色历史文化，承载红色记忆的革命文物、遗址遗迹，经典流传的红色故事，让“遵义红”再次走进千万人的心中，带着人们追忆历史，追寻初心。

在福建龙岩这片红土地上，古田会议光芒如炬。毛泽东、朱德、陈毅等老一辈无产阶级革命家进行的伟大探索和实践，点亮了中国革命的灯塔。

在延安，来自全国的基层干部在这里学习充电，感悟“为人民谋幸福、为民族谋复兴”的初心和使命，红色圣地成为一代代人的“精神补给站”。“青年人来延安的一个重要原因在于，他们想要从延安精神中寻找干事创业的激情和精神力量。”延安干部培训学院杨晓红教授如是说。

而西柏坡——党中央解放全中国的“最后一个农村指挥所”，一个永载党史的精神地标，以“进京赶考”出发地激励着当代人在新时代的赶考路上奋发新作为。

1949年3月，党的七届二中全会在西柏坡召开。面对党的工作重心将由乡村转移到城市等新的历史条件，毛泽东同志在会上提出“两个务必”——“务必使同志们继续地保持谦虚、谨慎、不骄、不躁的作风，务必使同志们继续地保持艰苦奋斗的作风。”“两个务必”深深凝练了中国共产党人的初心和使命，成为永远的“务必”。

“生在解放区，长在新中国，奋斗在改革开放的大潮中，安享晚年在新时代。”闫青海，一名70多岁的老党员，如今在西柏坡做起了义务讲解员。

福建龙岩，古田会议会址

他说自己经历了中国人民从站起来、富起来到强起来的伟大历程。年纪虽然大了，但还要发挥一名老党员的余热，坚持把西柏坡精神宣传下去，发扬光大。

70 多年前，毛泽东率领中共中央从这里出发“进京赶考”，一个崭新的中国向着世界昂首走来。

70 多年后，“赶考”之路仍未结束，中国共产党人继续前进，赓续西柏坡精神，踌躇满志地谱写着共同富裕新篇章。

推动振兴发展，让老区百姓安居乐业

习近平总书记指出，“现在国家发展了，人民生活改善了，我们要饮水思源，不能忘记革命先辈、革命先烈，不能忘记革命老区的父老乡亲”“让老区人民过上好日子，是我们党的庄严承诺，各级党委和政府要继续加大

对革命老区的支持，形成促进革命老区加快发展的强大合力”。

但是，革命老区大部分位于多省交界地区，偏居一隅，资源匮乏是制约老区振兴的“掣肘”。为加大对革命老区的支持力度，党的十八大以来，国务院先后批准了支持赣南等原中央苏区和陕甘宁、左右江、大别山、川陕等革命老区振兴发展的政策文件，部署实施了一批支持措施和重大项目。

2013 年起，中央国家机构及有关单位启动实施了对口支援赣南等原中央苏区工作。截至 2021 年，共有 93 个单位先后选派 4 批挂职干部赴赣南等原中央苏区挂职，出台了 200 多份对口支援工作计划或方案，推动赣南等原中央苏区如期打赢脱贫攻坚战，加快实现振兴发展。

进入新发展阶段，为支持革命老区进一步巩固脱贫攻坚成果，中央接续推进乡村振兴，政策不留白、工作不断档、投入不减力。2021 年，国务院印发了《关于新时代支持革命老区振兴发展的意见》，批复了《“十四五”特殊类型地区振兴发展规划》，明确了全国 12 个革命老区规划范围和 20 个革命老区重点城市，国务院办公厅印发了《新时代中央国家机关及有关单位对口支援赣南等原中央苏区工作方案》，新时代支持革命老区振兴发展的“1 + N + X”政策体系初步形成。

位于陕甘宁三省区交会处的庆阳市，曾经是甘肃省 58 个连片特困县之一，也是甘肃省唯一的革命老区。如今，这里不但发展起了苹果产业，还在活跃乡村经济、强化商贸流通上下功夫。这不，在赤城镇举办的农民丰收节上，就办起了以前在城里才有的特色农产品展示会。

“我手里这个苹果，如果按个儿卖，已经有人出价到 5 块钱了。像这么大的果子，我家里还有 200 多斤。”赤城镇白窑村村民张保瑛高兴的红脸蛋，就跟他手里举着的苹果一样红。

甘肃省庆阳市镇原县矮化密植有机苹果示范基地内，工作人员在分拣苹果

还有许多村民将自家产的土蜂蜜、核桃、自酿葡萄酒等特色农产品都搬到了现场，吸引众多参观者品尝和购买。

“以前在县城看见过这样的大型活动，没想到如今在家门口也能实现农产品的展销和流通。”万胜堡村村民张永忠边逛边说。

从祖国大西北看到祖国的南端，海南省定安县母瑞山这些年的巨变，也是革命老区“红”起来、富起来了的一个典型例证。

安定县的母瑞山，曾两度保存琼崖革命的火种，被誉为琼崖革命的摇篮，为琼崖革命“二十三年红旗不倒”作出了重大贡献。近年来，安定县在各级政策的大力支持下，提档升级建设母瑞山红色旅游景区，革命老区越变越“红”，老区人民的日子也越过越美。

在母瑞山经营饭店的谢艳玲也深切体会到了老区建设带来的红利。“虽然最后两天受台风影响没开门，但收入比起去年国庆还是翻了一倍。”2021年的国庆节，游客增加了，收入增多了，谢艳玲的心里更美了。

在广西百色田东县思林镇易地扶贫搬迁安置点江北小区，脱贫户卢文部不但住进了新家，还利用扶持政策办起了扶贫车间。“新家干净又宽敞，上学、看病都方便。从石窝窝搬到新社区，日子迈进了‘幸福’里！”

赣南革命老区，这里的父老乡亲为中国革命胜利作出了巨大牺牲和重大贡献，让老区人民过上富裕幸福的生活，是习近平总书记的深情牵挂和殷殷嘱托。进入新时代，赣南按照“六个第一等”要求推进高质量发展，加快建设革命老区共同富裕先行区。

而在江西于都，特色农产品赣南脐橙坐上高铁变身“高铁生鲜”，丰富了大湾区老百姓的“果盘子”，鼓起了老区人民的“钱袋子”。

在革命老区振兴发展的道路上，各地仍在不断涌现出好点子、好政策、好方法，在为百姓办实事、谋幸福的道路上，持续砥砺前行。

海南定安县母瑞山革命根据地

促进“红绿融合”，让老区开辟新的致富路

革命老区很多深藏于大山大江大河腹地，如何在迈向共同富裕的新征程中，保护绿水青山，筑牢生态屏障，很多地区也给出了生动实践。

作为全国12个重点革命老区之一，浙西南革命老区就在守护“红色根脉”和“绿色基因”的进程中，通过“红绿融合”实践和垂范共同富裕之路。

位于浙西南两省三县交界处的丽水市景宁县毛垟乡曾是闽东红军独立师二纵队的游击区，从这里开车去县城的60多公里路途，尽管山路迂回曲折，但青山秀水一路相随相伴。

“几年前，有专家来毛垟指导考察，得出我们这里非常适合种苔藓。于是我们‘无中生有’开始试种苔藓。”毛垟乡党委书记雷晓华说，“去年忙碌时，有100多位村民参与苔藓种植和生产，不仅增加了留守村民的收入，还为村集体增收开拓了新路。”

如今，毛垟乡毛垟村口的田野里，已经形成了20多亩的苔藓基地。2020年，毛垟村集体收入达到28万元，其中苔藓产业收入占了一大半。当地还发展起了苔藓民宿、苔藓农家乐等新业态，昔日的穷乡僻壤迎来了绿色蜕变。

“找到契合乡村发展的业态十分不易，我们就是希望通过‘以红引客，以绿留客’带动乡亲们致富增收。”雷晓华坚定地说。

浙西南革命老区还持续破解“改革”密码，通过体制机制变革守护共同富裕进程中的绿色家园。

在丽水市青田县章村乡吴村村，每当盛夏时节，30多亩莲藕园内的莲花竞相盛开，与穿村而过的河道共同构成一幅江南美景。这些都得益于该

浙江省丽水市景宁畲族自治县毛垟乡，村民在苔藓工厂栽培基地忙碌

乡从 2015 年起推行的“河权到户”改革。

“我们建立了集保洁、渔业、采砂、建设等于一体的河道开发与管理长效机制，努力实现政府、村集体、承包户、村民等多方共赢。”作为章村乡党委书记的李平自豪地介绍道。

在当地，辖区内的河道经营权被承包到户，全体村民一起参与进来经营和保护，政府治水也就变成了全民治水，美丽家园得到了很好的守护。

浙江宁波余姚，则从“红绿搭配”到全面振兴，打造全国革命老区共富样板。

余姚四明山革命老区是全国 19 块抗日根据地之一，近年来，余姚充分依托四明山区资源优势，一手发展红色旅游，一手壮大绿色经济，探索出“红绿搭配”的老区发展模式。

走进梁弄镇横坎头村，你就可以看到“发展红色旅游，利用绿色资源，壮大特色农业”的醒目标语。

“家乡有着不错的发展机遇，因此我返乡开办了一家红色主题的农家土菜馆。”村民黄徐不但是个“90 后”，还是个名副其实的“海归”，如今却摇身一变成了“厨娘”。在她看来，“能为家乡建设出一份力，就感觉实现了自己的价值”。

沿着蜿蜒的村公路，可以赏美景、品百果、观湖山、住农家、尝土菜……今天的横坎头村已经成了一个集历史文化、革命遗迹、自然风光于一身的旅游型美丽村落。

“展望新征程，我们锚定了打造全国革命老区共富样板的新目标。”余姚市委相关负责人介绍。为此，余姚市还专门出台了《加快打造四明山

浙江宁波四明山景区，游客在中村小溪戏水乘凉

革命老区新时代共同富裕样板区行动方案》，方案聚焦重点领域、关键环节，意在通过实施特色产业培优攻坚提升工程、强村富民增收攻坚提升工程、基础设施提标攻坚提升工程等九大重点工程，力争到2025年，四明山革命老区群众人均可支配收入达5.52万元，与余姚全市农民人均可支配收入基本持平，村级集体经济总收入和经营性收入年均增长10%左右。

面对山多、绿多、林多的现状，激活绿色资源成为赣闽粤原中央苏区振兴发展的一道必考题，多地通过赋予"靠山吃山"新内涵，给出了幻化"金山银山"的新答案。

福建省是集体林权制度改革先行省份，又是首批国家生态文明试验区。依托良好生态环境和林业资源，福建省将乐县常口村大力发展林业、脐橙种植等特色产业，经营漂流、民宿等乡村旅游项目，持续打通"绿水青山"转化为"金山银山"的新路径。

"以前靠砍树赚钱，现在只要保护好森林，空气也能变成'真金白银'。"常口村党支部书记张林顺说。2021年5月，全国首批林业碳票出炉，常口村的3197亩生态公益林通过折算碳减排量获得了14万多元收益。

4. 退役不褪色，退伍不退志

军营是一所特殊的学校，军人在这里锤炼了钢铁意志，培养了优秀品格。数以千万计曾经为国防和军队建设作出了巨大贡献的退伍军人，是社会主义现代化建设的重要力量。

退役军人安置得好不好、政策落实是否到位，直接关系着军人权益的保障、现役士兵训练积极性和适龄青年的参军热情。

党的十八大以来，以习近平同志为核心的党中央高度重视退役军人工作。习近平总书记多次发表重要讲话，作出重要指示，从组织退役军人免费接受职业培训，到大力扶持退役军人就业创业；从改进创新军队转业干部安置工作，到组建退役军人事务部；从逐步建设完善相关政策法规，到《中华人民共和国退役军人保障法》颁布实施，退役军人服务保障工作不断健全完善，广大退役军人的获得感、归属感和幸福感不断增强。

为充分发挥退役军人这个宝贵人力人才资源的作用，2021 年 8 月，退役军人事务部等16部门联合印发了《关于促进退役军人投身乡村振兴的指导意见》，提出要拓宽就业渠道、强化培育赋能、加强政策支持、优化服务保障。

为了推动退伍军人工作高质量发展，2022年2月，中共中央办公厅、国务院办公厅、中央军委办公厅印发了《“十四五”退役军人服务和保障规划》，提出了“十四五”时期退伍军人工作的六项目标：政治引领作用充分发挥、安置就业质量全面提高、抚恤优待制度更加健全、合法权益得到有力维护、服务保障能力明显提升、尊崇尊重氛围不断浓厚。同时还提出了八个方面的重点任务：一是完善退役军人事务管理体系，二是强化退役军人思想政治引领，三是深化退役军人安置制度改革，四是全面促进退役军人就业创业，五是积极提升军休服务管理水平，六是健全抚恤优待保障制度，七是深入推进英雄烈士褒扬纪念，八是充分发挥双拥工作政治优势。

自退役军人事务部系统组建以来，全国各地共举办退役军人专场招聘会2.5万余场，累计提供岗位1275万个，帮助226万名退役军人实现就业；组织适应性培训52.6万人次、技能培训82.1万人次，高职定向扩招80万人……毋庸置疑，这是关于退役军人就业安置工作的一份亮丽成绩单。

党和国家有着关心爱护退伍军人的优良传统，各级地方政府有着关爱退伍军人的责任担当。

浙江省退役军人工作系统深入贯彻习近平总书记关于退役军人工作重要论述，按照走在前列的要求，聚焦打造军政军民团结的“重要窗口”、退役军人全生命周期数字化管理保障模式、新时代枫桥式退役军人服务站、退役军人高质量就业创业高地和退役军人迈向共同富裕这具有鲜明浙江辨识度的五张“金名片”，推动全省退役军人工作高质量发展。

嘉兴市作为富庶均衡发展先行地区，自觉扛起“红船起航地”的使命担当，深入实施低收入退役军人家庭高水平全面小康计划。通过“结对帮扶”“志智双扶”“飞地抱团”等多措并举，帮扶援助困难退役军人，确保高水平小康路上退役军人一个都不掉队。

2020年7月，嘉兴市退役军人事务局和嘉兴市国资委就联合发布了《关于组织开展嘉兴国企暖心联盟结对帮扶退役军人活动的通知》，组织嘉兴市国资系统开展结对帮扶退役军人活动，为退役军人解决生活中遇到的实际困难，切实提高退役军人家庭生活质量，让退役军人深深感受到社会的关心和关爱。

嘉兴市为推动低收入家庭增收脱贫而创新推出的“飞地抱团”低收入家庭持股增收项目，也为区域内低收入退役军人家庭带来了持续增收新途径。该项目从激活城乡低收入家庭自愿性资产入手，通过将农村土地承包经营权、股份经济合作社股权、农房不动产权，以及公寓房资产入股乡村振兴“飞地抱团”或国资公司等具有稳定收益的项目，每年可获取入资资金10%的稳定收益。

2020年，嘉兴平湖和海宁两地共86户符合条件的低收入退役军人家庭全部参与了“飞地抱团”项目，共实现收益77.43万元，户均增收9000多元。

同样是浙江省共同富裕示范区，温州市人民政府于2022年3月出台了《关于进一步帮扶特殊群体推动共同富裕的若干政策意见》，明确提出要加大对困难退役军人的帮扶援助。要形成动态管理困难退役军人及

上海浦东新区，退役士兵在队旗前庄严宣誓

其他优抚对象“一本账”，为困难退役军人提供多主体供给、多渠道保障、多方式解困的帮扶援助。对低保中的退役军人，给予每人每月增发不低于当地最低生活保障标准 10% 的生活补助。因参与突发公共事件等应急处置工作殉职的退役军人，以及因战、因公牺牲的现役军人，给予其遗属一次性援助。县级以上表彰奖励获得者以及县级人民政府规定的其他困难退役军人，家庭出现重大变故导致困难，需要给予帮扶援助的，给予一次性援助。

在党和国家、各级政府的爱护关怀下，广大退伍军人更是永葆底色，坚持退役不褪色，退伍不退志。保家卫国，他们不曾后退半步；脱下军装，他们在祖国需要的各行各业继续讲奉献、当表率。在迈向共同富裕的新战场上，他们用实际行动向世人宣告，戎装虽脱但初心不改，无论在哪儿他们都敢打硬仗勇挑重担，他们永远是最可爱的人。

当兵保家卫国，退役扛起担当

2010 年退役后，衡飞带领着战友，从一间仅 20 平方米的擦鞋店开始创业。发展到今天，他们已经建起了面积超 3000 平方米的智慧工厂，拥有门店超过 40 家，带动就业 600 余人。

2018 年，衡飞在天津还成立了洗染业退役军人职业技能培训指导中心，为退役军人提供专业化标准化的培训，更多退役军人在他的带领下翻开了人生新篇章。

48 岁的宋伟是山东省邹城市后八里沟村的“兵支书”。1996 年退役后，宋伟打过工、创过业，从默默无闻的打工人做到了小有名气的企业家。但就在事业有成时，宋伟毅然决然选择回到家乡从零开始。2004 年，宋伟全票当选村党支部书记兼村委会主任。此后，他用数十年的时间带领乡亲们摆脱贫困，过上了富足的好日子。早年的后八里沟是出了名的贫困村，现如今已经建起高楼大厦、街心花园，摇身变成了全国文明村、中国美丽乡村。

2017 年，宋伟带领村集体实施股份制改革，成立股份经济合作社，年底村民人均分红 4 万多元。而宋伟却将自己的股权所得全部捐献给村集体。在他看来，“反哺家乡，带领全村共同富裕，是一个老兵最大的责任，也是最幸福的事”。

宋伟在带领全村共同富裕的同时，也将拥军优属贯彻到底。“发展经济，离不开党的好政策，更离不开军人军属的无私奉献。我们现在富裕了，绝不能亏待军人和军属。”

在后八里沟村，宋伟每年会给退伍老兵和入伍新兵组织迎送仪式，营造尊崇尊重军人的浓厚氛围。十多年来，村里共送出40多名优秀青年入伍，村集体先后安置退役军人就业超过200名，还扶持了10多名退役军人自主创业。2020年，宋伟当选全国“最美退役军人”。

张建辉来自河北衡水，曾经是天津市公安消防总队的一名消防战士。入伍期间，张建辉曾两次荣立三等功，还先后获得“优秀士兵”“优秀共产党员”等荣誉称号。

2004年，张建辉转业并开始了创业路，他通过努力开发出了在国内具有领先水平的电器火灾预警系统，事业做得风生水起。但致富不忘桑梓地，张建辉的心里始终装着家乡的父老。

2018年，张建辉与高校合作，在家乡利用农村闲置住宅建立了“鱼菜共生微工厂”，带领老乡共同走上了致富路。

张志勇不仅是位退役军人，还是无数受他资助过的孩子口中的“上海阿爸”，这位老兵，在公益事业上充分展现了军人的情怀和风采。

“当初当兵是为了保家卫国，回到地方我又得到了很好的待遇，有一份很稳定的工作。作为退役军人，能帮社会做一点是一点。”

十几年里，上海到云南这条路到底跑了多少趟，连张志勇自己都数不清了。他常年如此奔波，为的只有一件事，那就是帮助困难学生。

早在2002年，张志勇就开始资助困难地区学生上学。这么多年下来，接受他奖学金资助的学生超过800多人。张志勇和他的公益服务社累计为贵州、云南、西藏、甘肃、新疆等地捐款280多万元，捐赠各类物资580余吨，惠及5万多名学生和500多名老师。

俗话说，铁打的营盘流水的兵。每年都有大量新兵入伍，也有很多老兵退伍。他们就是千千万万退役军人的优秀代表，是建功新时代、奋进新征程的典型。他们戎装虽脱，但初心不改，使命在肩。他们秉承军队光荣传统，将个人理想融入共同富裕的伟大事业，用实际行动在人生新的“战场”上续写出一段段不平凡的华章，他们永远都是最可爱、最可敬的人。

第五章

共享改革发展成果，共绘幸福美好生活

让广大人民群众共享改革发展成果，集中体现了社会主义制度的优越性。为民造福是立党为公、执政为民的本质要求。只有坚持以人民为中心的发展思想，不断实现发展为了人民、发展依靠人民、发展成果由人民共享。

1. 教育改革增强人民的获得感

体育课堂上，教师通过“5G + AI”的方式采集学生心跳等运动数据；50 米测速跑道上，安装了测速杆，学生佩戴运动手环，更科学地开展体育锻炼；老师能够一边上课，一边通过学生纸笔采集到的数据了解到需要关注的习题；学生家长能够通过手机收到孩子体检和体测的最新数据……这些多元化、特色化的数字化转型新场景发生在上海市的中学校园里，智联物联数联，推动教育深度变革，助力学生自由全面发展。

2021 年 11 月 10 日，上海市教委发布《上海市教育数字化转型实施方案（2021—2023）》。作为全国唯一的教育综合改革国家试点地区，上海提出了创新教育场景示范应用、推进教育新基建、打造教育数字基座和创新教育资源建设模式等八项主要任务，致力于将上海打造成全国教育数字化转型标杆，建设高质量教育体系。

教育是最大的民生。在创新教育场景示范应用方面，上海市提倡学前教育重点发展智能监管、家校互动、游戏化的教学应用；基础教育重点探索“课堂教学1加1”和“课外辅导1对1”应用；职业教育重点整合基于职业环境与工作过程的虚拟仿真实训资源和平台；高等教育重点支持人工智能等新兴前沿科技的理论和应用研究；终身教育重点营造“人人皆学”“时时能学”“处处可学”的智能泛在可选的学习环境。探索教育数字化转型，应用数字技术，强化应用牵引、数据赋能，更新教育理念，变革教育模式，推进教育向优质均衡、个性多元发展，进入数字技术新时代，上海让我们看到了不一样的教育方式。

长宁区作为上海市首个教育数字化转型实验区，正在和宝山区、徐汇区一起，努力探索构建基于数字基座的教育新生态。在这场教育数字化转型的改革浪潮中，长宁区围绕“生态”“数据”“基座”三个主题，谋划了“1234N”的教育数字化转型蓝图。具体来说，即“一个基于数据、技术、应用协同的生态圈”“区校两级数字基座”“三类数字资源”“智慧空间、智慧学习、智慧评价和智慧治理的四大功能转型”“覆盖教育评价、教学管理、行政办公和信息服务等的N个应用场景”。

消除数据孤岛、整合多元应用、覆盖德智体美劳的课堂内外，上海将建设成为教育数字化转型标杆城市，形成一批高质量、可复制、可推广的教育数字化转型经验案例的示范场景，打造数据驱动的教育新生态。

“小课后”解决“大民生”

建好每一所学校，实现优质教育资源持续扩容是淄博市一直在致力做好的事。为了缓解中心城区日益增加的中小学就学压力，让每一个孩子都能得到优质、充分的教育资源，淄博市张店区科学规划，加大资金投入力度，开建包括北苑小学和重庆路中学在内的8所中小学，预计新增学位4600个，真正做到了家家童稚笑迎门，家门口乐享普惠基础教育。

淄博市在全市范围内开展课后延时服务工作，全市 353 所小学开设延时服务课程 3134 门，服务提供率达 100%，实现了课后延时服务全覆盖、零拒绝。暑假期间，全市展开丰富多彩的托管服务项目，累计开设暑期服务托管点 240 余个，将孩子监管的“空档期”，升级为综合素养再培育的“成长期”。聚焦人民群众对用餐质量的深切要求，578 所幼儿园、318 所中小学全面实施“校长陪餐制”，实现有就餐需求的中小学、幼儿园校（园）长陪餐全覆盖。

近年来，淄博市临淄区把教师队伍建设作为教育工作的“牛鼻子工作”来抓，以“教师之治”推动“教育之治”。探索师德建设的“临淄实践”，临淄区每年都要开展以“爱与责任”为主题的师德教育活动，定期组织师德报告团巡回演讲，把师德建设摆在教师队伍建设的重中之重，以师德教育促进良好师风，引导教师为学以德立身、以德施教。

加强教师队伍建设，临淄拿出了“临淄方案”。临淄实施教师专业技术岗位分级聘任，将教师岗位分为十三个等级，制定每级的考核标准和聘任条件，实现了优秀教师专业技术岗位等级的逐级竞聘。对于有晋升资格但是因岗位数量限制而得不到晋升机会的教师，特别实施教师专业技术弹性岗位，让教师能够及时享受到职称晋升的待遇。

对于乡村教师振兴，临淄也有自己的独特妙招。临淄实施乡村教师支持计划，以超出省定标准的 90% 设立 19 个农村特级教师岗位；组建城乡学校发展“共同体”，组织开展“名师送教”“学科教师交流”“管理教研一体化”等活动，实施农村教师“暖心工程”，不仅引领农村教师成长，还努力解决农村教师食宿、交通等后顾之忧。

山东省淄博市沂源县燕崖镇北安乐村，送教老师为一名残疾孩子做康复按摩

质量是教育的生命线，把教育质量摆在突出位置，纠正以往“唯分数”“唯升学率”的偏颇追求，坚决追求“质量第一”的教育，淄博一系列改革激活了“一池春水”，释放了无限活力。在教育质量方面，构建完善的学科教研体系。开展“新基础教育”试验，探索学校管理、课堂教学和学生工作的改革研究，将研究成果内化于课堂教学，建设现代新型学校。在素质教育方面，五育融通提升教育质量，开展德育一体化教学，实施十二年读书工程，落实艺体科技项目化管理，构建“文化＋劳动”的教育实践理路，不断完善高质量育人体系。

“智慧课堂”开出精准“药方”

从乡村到城市，从开齐到开好，安徽以智慧教育为突破口，梯次有序地推进智慧学校建设，不断提升师生信息技术应用能力，实现优质教育资源在更大范围内普惠共享，推动基础教育从基本均衡到优质均衡迈出坚实步伐。

行驶过蜿蜒盘旋的山路，再走过曲曲折折的小路，在大别山腹地就可以见到安徽省金寨县汤家汇镇瓦屋基村列宁小学。不同于以往人们对于山区学校的一般认识，列宁小学每个学生手中都拿着崭新的平板设备，讲堂前的大屏幕上显示着每一个学生的名字，每个学生都可能被教师立刻提问。

安徽省金寨县被称为“红军摇篮、将军故乡”，这里一共走出了59位共和国开国将军，但也曾被列为国家级首批重点贫困县，是优质教育资源最难抵达的边远山区。但是，到2019年底，金寨县实现了从小学三年级到高中三年级班级平板设备全覆盖。

位于蚌埠市固镇县任桥镇的杨罗小学，是一所典型的乡村小规模学校，目前仅有在读学生90余人，教师9人。一位在校老师这样介绍：“5个年级5个教学班，每个班12门课，9位教师根本不够。每位教师除了教一门主课外，还要上几门其他课程。”除了语文、数学、英语有科班出身的专门教师外，其他如体育、美术、综合等科目，都没有专业师资保障，“可以开齐国家课程，但无法开好国家课程”。杨罗小学面临的困境在当地不是个例。

2020年6月，杨罗小学智慧课堂系统部署安装完毕，智慧课堂人手一个平板，可以一键下载资源，也能实现教师和学生之间的即时互动。先进的教育方式彻底改变了当地教育资源贫乏的困境，教师可以通过智慧课堂平台找课件、找资源，不是专业出身的教师也可以依靠智慧课堂很好地给孩子上课。

这仅仅是安徽教育信息化发展的一个缩影。目前，安徽在线课堂为

安徽省淮南市八公山区工农小学，英语教师利用科大讯飞智慧课堂进行英语教学

4000 多个农村教学点开设了 70 万节课，涉及音乐、美术、英语等 8 个学科，受益学生 33 万多人，有效解决了教学点课程无法开好和教师结构性缺编等难题。从乡村到城市，从助力开齐课程到开好课程，从完善硬件配备到信息化与教育教学深度融合，安徽走出了一条信息化推动教育发展的进阶之路。

习近平总书记指出，实施乡村振兴战略是关系全面建设社会主义现代化国家的全局性、历史性任务。教育在乡村振兴中发挥着基础性、先导性作用，实现巩固教育脱贫攻坚成果同乡村振兴有效衔接，以振兴乡村教育赋能乡村振兴，是教育的职责和使命。

2020 年初，蚌埠市率先展开了市级统筹的智慧学校项目建设。面对智慧课堂设备的全面进驻，当地中心学校的一位校长认为，智慧课堂设备在课堂上的全面应用，不仅能够拓宽学生的视野，更打通了城乡教育的壁垒，能够为当地学生提供更加优质的教育。到 2020 年底，安徽 32 个县 2090 所小规模学校全部完成智慧学校建设，以信息化助力乡村教育振兴，正一步一步成为现实。

在安徽首个智慧校园建设基地，智慧课堂体系已经比较成熟。在智慧课堂的帮助下，学生可以跟随机器进行语文和英文课文的朗读，系统会纠正学生的错误发音并自动打分，为学生创建了一个标准的语言学习环境。而系统对之前数学课堂上一些难以展示的知识点也可以通过画面演示功能更直观地展示给学生。在大数据及人工智能技术的帮助下，系统可以很好地掌握学生的知识点学习情况，进而生成个性化知识图谱，帮助教师更进一步了解学生学习情况，灵活调节教学目标，提高学生的学习效率。

“因材施教进一步挖掘了学生的潜能。教师能够及时获取学生的课堂练习，基于大数据分析准确把握班级学情，有针对性地教。”在一次关于智慧课堂的测试中，智慧教育的作用更加明显。蚌埠当地一所中学在双向自愿原则的基础上，从开学新生中选取一部分学生组建信息化课改实验班，即智慧课堂班。在摸底测试中，智慧课堂班的平均成绩与普通班基本一致，但是随着各学科对智慧课堂的常态化应用，智慧课堂班与普通班的差距渐渐拉开，智慧课堂班总平均成绩稳定高出普通班 20—40 分。

智慧课堂的出现，不仅提升了课堂质量，也在助力教师成长。智慧课堂的出现，带来的最直观改变就是教师备课方式的改变。设备里有着丰富的资料，借助智能化设备备课，再也不用花大量的时间在找资料上了。同时，智慧课堂的出现能够帮助教师通过大数据技术分析和数据抓取建模，对课堂教学进行对比分析，重新审视课堂，找到教学症结所在。

“双减”背景下，怎样才能更好地开展教学工作，提升课堂教学质量，困扰着每一位教育工作者。而想要解决这个问题，当然离不开大数据的精准分析。在智慧课堂的帮助下，大数据系统能够全面收集学生练习数据，进而生成分析报告，让教师能够准确找到学生的薄弱点，进而开出精准“药方”。

习近平总书记指出，要坚持教育公益性原则，着力构建优质均衡的基本公共教育服务体系，建设高质量教育体系，办好人民满意的教育。办好每一所学校，教好每一位学生，建成公平、普惠、优质、均衡的基础教育体系，是全面贯彻落实义务教育法及国家关于县域义务教育优质均衡发展相关规定的关键举措，是建设高质量教育体系的重要抓手，是增强人民群众获得感、幸福感和满意度的必然要求，是教育部门和教育工作者义不容辞的责任和担当。

集团化办学让优质教育资源有序“流动”

对于如何坚持教育公益性原则，建设高质量基础教育体系，天津市教育委员会交出了一份令人满意的答卷。他们提出支持市直属学校帮扶远城区发展，统筹中心城区与环中心城区、远城区结成区域发展共同体，推进远城区区内城乡义务教育一体化改革发展，深化义务教育学校学区化办学、集团化办学等八大举措，努力创建一批“跨域突破、体制创新、运行畅通、成效突出”的学区、办学集团和区域发展共同体，促进全市形成基础教育优质均衡发展新态势。

中心城区与远城区结成区域发展共同体，是天津市实现区域联手、优质教学资源全面共享的重要一步。

宝坻区朝霞街道地处城乡接合部，基础教育师资力量相比于中心城区较为薄弱，教学水平亟待提高。2020 年 9 月，位于宝坻城区北部的宝坻区中关村小学正式投入使用。学校投建之初，便与教育师资力量雄厚的和平区岳阳道小学签订了共建协议，确立了共建内容。随着两校校际合作交流的展开，优秀的管理模式、丰富的教育资源以及优质的师资水平不断融入宝坻区中关村小学，整个学校发生了很大的变化，依靠岳阳教育集团以及岳阳道小学骨干教师建立起来的丰富的教师交流平台、资源共享平台，为朝霞街道的乡村教育带来了不一样的色彩，让宝坻区的孩子在家门口就能享受到优质的教育资源，而类似的区域间深度合作在天津市正形成长效机制。

集团化办学让教育变得公平而又有质量。随着天津市“基础教育优质教育资源辐射引领工程”的不断推进，各种区域内、跨区域或跨学段集团化办学的教育集团纷纷成立。而各区教育集团也在着力打破集团化办学过程中的体制和机制壁垒，致力于激发教育活力，实现农村学校和新建学校的整体优质发展。

乡村振兴，教育先行。再把目光聚焦到山东，这里正在打造振兴乡村教育的齐鲁样板。

“几年前，学区只有 3000 名学生。而现在，很多学生从县城回流大坞镇，学生总人数超过了 6000 人。”从沉寂到兴盛，山东省枣庄市大坞镇教育情况的转变，是从镇域学区一体化开始的。

在人口快速城镇化的今天，乡村教育如何留住学生，进而留住家长、留住人才，是教育改革必须直面的难题。山东省教育厅相关负责人认为，乡镇驻地学校以及幼儿园将会成为未来乡村教育的重要支点。所以，2021 年，山东省将目光投向了如何更好地建设乡镇驻地学校，拉开了探索乡村教育振兴新一轮的大幕。

在江苏宿迁泗洪县魏营镇中心小学操场上，进乡镇助学的大学志愿者与学生做互动游戏

乡镇教育强，则县域教育也会强。乡镇是“一手托两家”，左手看是乡镇之于县城，只有乡镇驻地学校的教育质量提升上去，才能稳定住本地生源，从而缓解县城的教育压力；右手看是乡镇之于村居，乡镇驻地学校的教育搞好了，也能够辐射带动乡村教育，更好地承接农村人口的转移。

乡镇驻地学校的高质量发展，有力阻断了教育的虹吸现象，能够更好地发挥乡镇作为服务农民的区域中心作用，促进乡村教育资源的集约利用。而乡镇学校的强盛，不仅仅需要外来的“扶”，更加离不开内在的“立”。除了实施集团化办学，山东省着力探索推进镇域一体的学区制改革和管理体制改革，对于镇域内的所有村办园和中心幼儿园，采用“镇村一体化”的独特管理模式，倒逼乡镇学校快速成长。

走在齐鲁大地，我们可以感受到那里乡镇学校所特有的质朴、活泼的生机。而山东作为全国乡村教育振兴先行区试点省份，以教育拢人心、聚人气、强人才，改善乡村教育办学条件，提高乡镇学校教育质量，在乡镇教育过程中种下深厚的乡土情怀，培养出全面推进乡村振兴的强大生力军！

2. 打通基层医疗服务“最后一公里”

“参加医疗互助，无事我帮人，有事人帮我，不仅是为他人献爱心，也是为自己留放心。”“即使自己没有生病、没有补偿，但是自己和村里只出一点钱，关键时候能够帮隔壁邻里解急救难，心里也是开心的，感觉邻里守望相助的传统美德又回来了。”江苏省张家港市村民一句句朴实的话语道出了乡村公益医疗互助给他们生活带来的幸福改变。

近年以来，张家港市政府注重组织引导，加强制度设计，积极推动开展村级互助帮扶和村级医疗互助，致力于全域开展互助医疗服务。到目前为止，张家港市全市 11 个镇（街道）199 个村（社区）全都开展了乡村公益医疗互助服务，有 60 余万人自愿参与，群众参与率达到 78%，其中累计 15 万人次享受补助，群众医疗负担整体减轻。实践证明，乡村公益医疗互助社会认可度较高，群众普遍愿意参与，能够很好地提高居民的幸福感和获得感，提高了农村医疗保障指数，能够让居民共享改革发展成果。

张家港市以港命名，依港兴市。长期以来，张家港市不断增加财政投入，努力完善基本医疗保障体系，但是依然存在基本医疗保险保障水平不高的问题，报销水平一直在 60% 左右徘徊。慈善救助和医疗救助受惠面较窄，只能向特殊困难群体提供。商业医保存在“病不保、老不保、价格贵”等问题，群众不能买、不愿买、买不起，而“大病生不起、治不起”的难点、痛点问题依然存在。

为解决民之所忧民之所盼，更好地发挥医疗互助“低成本、广受益、广覆盖”的优势，张家港市积极推行医疗互助项目，引导组织村委将乡村公益医疗互助进一步纳入加强乡镇公共服务的工作范围，减轻了群众医疗负担，让群众看病就医不再发愁。

按照“政府引导、乡镇负责、村级组织、专业服务、群众共建、社会参与”的原则，医疗互助以乡镇或较大规模的村为单位展开，建立专业服务平台。对于以镇为单位的医疗互助，各村互助资金集中到镇，实施“六统一”：统一实施期限、统一实施范围、统一补助标准、统一筹资标准、统一缴费时间、统一由镇发放补助金，真正做到了统一管理，统筹使用。而对于公益互助资金的使用，村民也纷纷表示“公益互助资金都是直接放在村镇账上的，没有人赚差价，全部补给大家，感觉很放心、很划算”。

为了给村镇居民更可靠、更充分的保障，不同于商业保险的“老不保、病不保”，只要是乡镇户籍居民，不论健康状况、年龄大小都可以参加乡村公益医疗互助。为了切实保障居民个人利益，最大范围让居民共享改革发展成果，乡村公益医疗互助由各镇根据本地区经济发展水平确定筹资标准，以群众互助出资为主，鼓励爱心企业家、乡贤和村集体量力资助，而对于部分享受最低生活保障待遇等特殊困难群体，乡镇因地制宜资助其参与。

浙江省湖州市长兴县水口乡中心幼儿园，卫生院医生为孩子讲解眼睛的成像和引起近视的原理

乡村公益医疗互助依托大数据，结合筹资标准、医疗消费水平、人群结构等因素，科学设计补助方案，资金收支整体实现了“收支平衡，略有结余”。而医疗互助坚持“小病小补、大病大补、同样病种同样补”的基本原则以及“只认标准不认人、一个标准一视同仁”的补助导向，基本实现了基本医疗不吃亏、高档医疗不占便宜的公平互助。而对于公开透明的严格管理，村民、干部也纷纷表示赞赏：“医疗互助公开透明，经得起盘问、上得了桌面，干群间关系变得更加融洽了，村干部的公信力也大大提高了，群众对村里的工作也更加支持了。”

目前，张家港市乡村公益医疗互助这一有益探索得到了国家的高度认可，相关做法和经验也已辐射至江苏、浙江、山东、福建、安徽、山西、江西等多个省份近百县区上千乡镇。张家港市探索出的这一乡村公益医疗互助模式不仅有效调动了村民参与医疗互助的积极性，给居民带来了切实可见的实惠，也在一定程度上弥补了当前政府基本医疗保障存在的水平偏低等问题，为其他地方改善居民生活、提高医疗保障水平提供了有益借鉴。

“服务地形图”提供精准医疗

“红点是高血压，粉色是孕产妇，黑色是老年人，糖尿病是蓝色……”走进山西省临汾市大宁县太德乡菇古村卫生院，一张“不一样”的地形图让人耳目一新，这就是太德乡率先创制使用的医疗卫生服务地形图。纵览这张服务地形图，图上村民户主姓名、居住情况、个人健康状况和道路分布都一目了然，而这样的“地图”每个村卫生院都有一张。

大宁县太德乡距离县城20公里，地处晋西“万亩垣”上，境内梁峁层叠，山峦逶迤，垣坡连绵，沟壑纵横，经济发展以农业为主。多年来，在脱贫致富奔小康的转变过程中，当地居民形成了重油重盐高热量的饮食习惯，食盐摄入量超标两到三倍，慢性病发病率明显上升，染上了发展进程中的“富贵病”，严重地影响了当地居民群众的身体健康。

太德乡卫生院负责保障近5000名群众的健康，而全乡乡、村两级卫生院仅有专业卫生技术人员11名。辖区内群众居住分散，外出人口众多，慢性病管理工作量大，尽管卫生院工作人员经常加班加点超负荷工作，还是经常出现遗漏现象。为了从根本上扭转“小病不治、中病忽视、大病依靠大医院”的现象，太德乡卫生院牢牢树立以患者为本的服务态度，在慢性病管理治疗过程中，按照提供一套随访服务、保证一份真实档案、确保一条就医通道的程序，创造性地构思并绘制了一套服务地形图，关注慢性病群众的治疗全过程，让更多农村慢性病患者从中受益，也提高了农村居民群众对慢性病管理工作的认可度和配合度。

在这张由太德乡卫生院院长带领团队设计出的服务地形图中，65 岁以上老年人、0—6 岁儿童，常住人口、流动人口，五保户、脱贫户、孕产妇、残疾人，高血压患者，严重精神障碍者，糖尿病和其他慢性病患者 12 项基础内容清晰标识。同时，服务地形图包含了每个自然村的基本概况和每户居民的居住位置，对辖区常住人口的住所进行准确定位，并及时更新信息。服务地形图每村一幅，对不同慢性病患者进行准确图例标识，让医护人员能够更精准地进行入户随访管理，对患者信息进行及时更新，做到“图中一目清，服务更精心”。

“郭院长医术相当好，服务也用心！在我们十里八乡都非常有名气，不止我们太德乡的村民喜欢找他看病，与我们相邻的隰县的几个村的村民也都来找他。”太德乡村民贺俊红说起时，还不忘竖起大拇指。因患有冠心病和高血压，太德乡卫生院的医生每个月都会对他进行入户访问，并及时更新服务地形图信息。对贺俊红这样的慢性病患者来说，卫生院的服务比以前精心了不止一倍。

从初春到深冬，从酷暑到金秋，从大堂坐诊到入户随访，一年到头，郭润生不是在出诊就是在出诊的路上。而像郭润生这样的乡镇医生，每天除了提供医疗服务外，还负责全乡居民健康档案管理、慢性病患者健康管理等基本公共卫生项目。服务地形图的创制也在提升工作效率、提高服务精准度和患者满意度等方面产生了显著效益。

如果说服务地形图的创立提高了服务精准度，让太德乡村民不再为慢性病发愁，那么山东威海推动优质医疗资源下乡就是让农村居民出门看病

“近不出村，远不出镇”，在家门口就能看好病、吃好药。

2021 年 12 月 28 日上午 10 时许，山东威海市一家村中心卫生室里，村民预约全身体检的电话再次响起，这已经是当天接到的第 4 个预约电话了。体检预约“扎堆”上门，是因为村中心卫生室新到了一体化诊断仪，可以开展常规体检，想要体检再也不用去市里的大医院了。村卫生室重新装修，新上了一批设备，村民在家门口就能看上病、看好病，得到优质医疗服务。威海市深入推进健康中国行动，立足本地实际和群众需求，完善医疗服务体系建设，全面推动优质医疗资源下沉，切实提升群众看病就医的获得感、幸福感。

为了让农村群众在家门口就能挂上专家号，威海市文登区组建多种形式的医联体，区内多所区直医院、镇卫生院分别与中国人民解放军总医院等多所国内知名大型医院开展合作，依托优质的医学资源、技术资源和专家资源，通过远程会诊等形式，把优质的医疗服务带到农村居民身边。同时，市内组织建设县域医共体和国家级医共体试点，将集团化整合型医疗卫生服务网络全面覆盖，城乡医疗资源共享、分工协作、同质化管理，实现了上下联动“零距离”。

一直以来，医疗资源分布不均，群众就医看病时间长、路程远的问题困扰着广大医疗工作者，为了解决这一问题，威海市推动医药进村，努力让群众“小病不出村，大病不出镇”。医生下乡走村串户，药品下乡邮递到家，护理团队直接登门，威海市推动各类医疗资源进一步下沉，打通了就医的“最后一公里”。

为了解决村医越来越少的问题，威海市文登区探索基层巡诊模式，配备专业化巡诊车，打造流动卫生室，进村入户为农村群众诊病治疗。同时

河北省张家口市涿鹿县蟒石口镇卫生院“流动诊室”医生行走在巡诊的山路上

为了解决农村群众取药不方便的问题，文登区联合邮政公司开展送药到家服务，对于巡诊队伍开出的处方药先交由医院工作人员按方配药，再由邮递员到药房取药快递到家。整个流程只收药品费没有快递费，且第一时间送药上门，极大地方便了群众。同时引导家庭医生团队为长期卧床和慢创病人免费提供治疗及护理等居家上门服务，真真正正做到了让农村群众在家门口就能享受到齐全的卫生健康服务。

“互联网＋医疗”飞入寻常百姓家

没有病床和医生，映入眼帘的是崭新的智能检测仪器、轻便的可穿戴设备和清晰明了的可视化终端，走进这间“无人”医疗小屋，按照设备提示操作，你就可以自助测量血压、血糖和血脂等多项身体指标，诊断报告也会随之打印出来。如果你对检测结果不太理解，按下一侧的呼叫按钮，医生就会出现在大屏幕与你在线交流并提供相关建议。

这一“无人”医疗小屋是近几年出现的“云医务室”，将健康照护的端口前移至人们身边，是远程医疗发展的成果之一。随着通信技术以及更加先进的可穿戴技术等的发展，远程医疗不再是一个概念，其在医疗照护、慢病监管和缓解医疗资源不均衡等方面发挥着越来越重要的作用。借助网络化信息平台，不同地区的医疗机构和患者，能够进行跨地域、跨机构的医疗活动，“少跑腿，省路费；少排队，省时间”的医疗，真正在家门口就能享受到。

除了“无人”医疗小屋，互联网的发展让我们能够享受到更为便捷的医疗服务。

“现在互联网服务都能到家中来了，像我们这种去医院不方便的人都能在家享受医疗服务，省去了到医院奔波排队，谢谢你们带来这样好的服务！”长沙县果园镇李先生在家中体验完智慧医养平台的康复服务包之后很有感慨。

2021 年 3 月，湖南省长沙县果园镇等地率先开展智慧医养试点项目，利用 5G、物联网、“互联网＋”和大数据技术，根据老年人对医疗和养老的综合需求，构建了智慧医养服务体系，提供包括养老、教育、医疗、健康、护理、康复等多项内容在内的一站式服务。智慧医养“互联网＋”服务平台，为广大老年人提供了更为优质的居家上门医疗护理康复服务，探索出了一条可实现、可推广、可复制的老年人看病就医的惠民之路。

医疗卫生领域越分越细、越分越均，“优质均衡”对于医疗领域来说不再是抽象的概念，而如柴米油盐一般融入了百姓寻常生活。让优质医疗服务流动起来，破解城乡医疗资源配置不均衡问题势在必行。不论是健康扶贫还是优质医疗资源下沉，结合“互联网+”技术将让更多人得到优质医疗资源，而这必须打通基层医疗保障“最后一公里”，切实解决居民“看病难、看病远”的问题，提升人民群众日益增长的健康需求。

江苏南通市内首家互联网医院、南通市第六人民医院提供线上就医便民服务，医生视频问诊

3. 建好一条路，带动一方富

一桥一路总关情，交通运输是“现代化”“共富裕”的重要基础支撑。

习近平主席在第二届联合国全球可持续交通大会上的主旨讲话中指出，“新中国成立以来，几代人逢山开路、遇水架桥，建成了交通大国，正在加快建设交通强国”“交通是经济的脉络和文明的纽带”“交通成为中国现代化的开路先锋”；强调我们“要加强基础设施‘硬联通’、制度规则‘软联通’，促进陆、海、天、网‘四位一体’互联互通”，“要顺应世界发展大势，推进全球交通合作，书写基础设施联通、贸易投资畅通、文明交融沟通的新篇章”。

“要想富，先修路。”近些年来，杭州市临安区在路网建设、物流体系和客运服务等方面下足了功夫，城乡交通运输一体化水平获得了质的提升，也因此获评全国首批城乡交通运输一体化示范县，为城乡融合高质量发展提供了有力支撑。

2021 年，临安区对 20 多个自然村的公交线路整体进行了调整优化，

第四届国际智慧交通产业博览会在浙江杭州开幕，参观者在体验交互设备

现如今这些农村公交不论票价体系还是优惠政策都做到了与主城区同城同待遇，70 周岁以上的农村老人也可以免费乘车了。在临安区板桥镇，通过老修理厂改建而来的公交站正式投入使用，农村居民在家门口就能坐上公交。经过严密的走访调研，公交线路也随之调整优化，以“一干多支”的形式运营，全面覆盖板桥镇 9 个自然村，1.4 万群众因此受益。农村居民纷纷评价：“以前班次少，现在增加了这么多班次，越来越方便了。”

农村公交线路优化调整给当地居民带来的幸福感，不只在于增加了线路班次，还在于乘坐公交可以实现“准点候车”。临安区全面进行数字化改革，乘客只要扫描公交站牌上的二维码，就可以准确掌握公交车的实时轨迹。“公交车在哪里了，我都可以看到，不用早早地等候在那里。”居民如此评价。

临安区推动城乡交通运输一体化，进行数智交通建设仅仅只是杭州市推动城市交通建设的冰山一角。

勇当开路先锋，杭州市把交通运输建设与谋划实施共同富裕专项行动充分结合起来，让交通成为杭州共同富裕的开路先锋。交通是人员流动的大动脉，在保证人员高效有序流动的同时，也要确保物畅其流，杭州因此加快构建市域高效联通交通网络体系。为加快城乡融合，杭州加速度构建城市、城际、城乡“三网融合”的市域一体公共交通出行网络；为提升全市公路路况质量，着力提升城乡交通运输服务品质；为促进快递进村、山货进城，杭州大力补齐农村物流短板，促进城乡共富。

为推进数智交通建设，杭州市以数字化改革为总方向，确立了“54115”的数智交通基本架构。其中包括“提效、增能、法治、安全、阳光”5大价值导向，包括交通服务、交通发展、清廉交通、交通善治4大领域，1个基础平台和15个重点建设场景。杭州市将持续深化数字化交通建设任务，打造更高水平的平安交通，推动城市发展。

“建好一条致富路”

“六盘山上高峰，红旗漫卷西风。今日长缨在手，何时缚住苍龙？”六盘山，红军长征路上翻越的最后一座大山，这里千沟万壑、层峦叠嶂、山路绵延，自古便与交通通达无关联，而是和深度贫困紧密联系在一起。

六盘山片区自然条件差、经济基础弱、贫困程度深、扶贫成本高。该片区包括陕甘青宁四省（自治区）的61个贫困县，其中甘肃40个县、宁夏7个县、陕西7个县、青海7个县，贫困发生率高达35%，是脱贫攻坚主战场。2016年的夏天，习近平总书记在考察宁夏时指出，就像六盘山是当年红军长征要翻越的最后一座高山一样，只有翻越了这座山，扶贫开发的万里长征才能取得最后胜利。

四川省凉山州国道 245 越西段成了越西县人民的致富路和乡村振兴之路

六盘山片区物产独特，有着深厚的红色文化和民族风情，还有着勤劳质朴的百姓，但落后的交通条件阻碍着这里的发展，只有畅通山路，这里才能找到出路，走上脱贫致富路！

小康路上绝不能让任何一地因交通而掉队。规划先行，资金扶持，党的十八大以来，六盘山片区累计建设超过 2100 公里高速公路和 4800 多公里国省道以及 3 万多公里的农村公路，有效破解了制约当地发展的交通瓶颈。

“原州区的蔬菜、德隆县的中药材和花卉、西吉县的马铃薯、泾源县的苗木、海原县的畜牧养殖、彭阳县的林果、同心县的羊绒加工等产业都因路发展起来。”六盘山片区以路兴业，以业增收，发展红色旅游、特色农业，“交通＋”特色扶贫之路越走越宽。

建好一条农村路，带动周边一方富。六盘山片区不断加快建设外通内联、通村畅乡、安全便捷的交通运输网络。一条条“四好农村路”通往偏远闭塞的乡村，带来了知识流、信息流，也带动了资金流，成为六盘山片区群众获得安全感、幸福感的重要载体。

宁夏回族自治区支持贫困地区建设产业路、旅游路、资源路，形成了六盘山片区县区“一小时”、周边省会城市“三小时”的便捷交通圈。随着“交通＋快递”扶贫工程的实施，甘肃省逐步完善了县、乡、村三级物流配送网络。依托物流，有着“中国苹果之乡”的平凉市静宁县的苹果畅销全国，甚至远渡重洋。

“以前老百姓去‘赶场’，远的走路要一两个小时。现在，建制村通畅率达 100%。”在与习近平总书记的一次座谈中，重庆市石柱土家族自治县县委书记蹇泽西将当地交通条件的改善向总书记作了汇报。就像对总书记作汇报时说的那样，交通在石柱县经济社会发展过程中发挥了至关重要的作用，从一下雨就泥泞不堪的碎石土路到平整结实的水泥路，从货物运输全靠背到村村通全面通车，越来越好的交通正在助力石柱县百姓大踏步奔向小康。

石柱县地势东高西低，境内海拔最低 119 米，最高 1934 米，群山连绵，峰坝交错，交通条件恶劣。但与此同时，石柱县境内遍布富含有机质的黄壤和紫壤，是种植辣椒、黄连和养殖蜜蜂的绝佳场所，但受交通条件制约，这些资源一直没有发挥出应有的优势。大山里公路不畅，大车进不来，农产品出不去，自然也就没有大企业愿意到这里投资设厂。

“路通了，人们的思想观念就会发生变化，也会更有精气神。”交通是阻碍石柱县发展的一座大山，大山挡住了人流、物流和信息流，也挡住了当地百姓的脱贫致富路。石柱县百姓心心念念翘首以盼的就是家门口能够通上公路。

重庆市石柱土家族自治县黄水镇

石柱县抓住了打赢脱贫攻坚战的契机，搭上重庆市“交通建设三年会战”的发展快车，精准规划，以路为先，绘出了一张交通扶贫的大蓝图，打通了脱贫攻坚的“最后一公里”。石柱县扎实推进“四好农村路”建设，畅通乡村路网“微循环”，实现了全县 1192 个村民小组通畅路 100%、通畅率 97% 的建设目标。交通设施的完善，让石柱居民走得出去，也让各地先进经验进得来，农村产业得以发展，生活质量不断提高，实现了完美蝶变。

“路修好了，脱贫致富有奔头。我们的山货能卖到山外，好日子还在后头呢！”“我在这住了一辈子，以前只有一条路，吃点盐都靠背，现在车子一拖就能到家门口，变化实在是太大了。”路修好了，石柱县的居民对交通条件的改善深有体会。

公路的畅通不仅仅是方便居民出行，更大大增强了村民脱贫攻坚的动力。段应飞是石柱县流水村的一名村民，其祖辈世代都在村里制作豆腐干，以前山里交通不便，小作坊制作的豆腐干想要销售到十里八乡只能靠肩挑背驮。段应飞曾在外务工，当看到家乡交通的变化之后毅然决定回乡创业。2017 年 2 月，他投资成立了黄豆专业合作社，建成了一个占地 2 亩的豆腐干加工厂，并在 2018 年上半年注册了“流水老场豆腐干”的商标。通过电商平台，他的豆腐干畅销全国，2018 年“双十一”当天营业额就达到 1.6 万元，交通再也不是制约当地发展的障碍了。

“石柱要吃得了‘黄连’苦，解决问题不怕‘辣’，这样群众生活才能比蜜‘甜’。”县委书记蹇泽西对未来的发展充满信心，石柱也在这条脱贫致富路上越走越远。

智慧交通有多“智慧”？

2019 年 9 月 19 日，中共中央、国务院印发《交通强国建设纲要》，明确指出要大力发展智慧交通，推动大数据、互联网、人工智能、区块链、超级计算等新技术与交通行业深度融合。推进数据资源赋能交通发展，加速交通基础设施网、运输服务网、能源网与信息网络融合发展，构建泛在先进的交通信息基础设施。构建综合交通大数据中心体系，深化交通公共服务和电子政务发展。

智慧交通是交通强国建设的重要内容，也是交通运输现代化的重要标志。随着信息技术的发展，大数据、互联网、区块链等技术与交通结合在一起，在优化交通管理系统、提升交通运行效率、改善群众出行效率和体验等方面发挥了重要作用。

当大数据与交通结合在一起，会产生什么样的火花呢？浙江省杭州市滨江区给出了答案。滨江区是拥有近70万人口的国家级高新技术开发区，曾一度因为车流量大、交通情况复杂而饱受交通拥堵之苦，特别是开发区内商业圈、医院和产业园等人流密集区域的道路拥挤更是久治不愈。

在大数据技术的支持下，滨江区分析区域内交通状况，判断出区域内存在公交出行率不足、部分路网不通、机动车出行占比过高等影响道路通行的问题，也随之提出“1 + X”的治理模式。“1”指任何一个场景的交通问题，“X”即是围绕主要问题的多个处理方法，进而形成学校、产业园、医院等不同场景的处理方法。比如说，针对区内大型单位较多、停车困难等问题，根据大数据分析，提出通过开通公交线路、地铁站接驳班车等方式减少私家车出行，改善停车难题。

与此同时，滨江区根据信息技术还建设了国内第一条数字化潮汐全可变单行线组织、4条数字化对冲式交通单行组织和多条路口可变转向车道。数据中心可以通过实时流量数据感知，实现对可变单行道路和转向车道的智能开关，实现道路资源动态利用最大化。

北京市延庆区的进京综合检查站执法平台建设项目充分利用了物联网、大数据等智能化数字技术，建设了包括环保综合应用系统、执法大数据中心等多个系统在内的应用系统，全面助推交通行业碳减排。借助该平台，相关部门可以实现精准的信息引导和政策公布，从源头减少超标排放车辆进京。同时，该检测中心可以实现排放尾气智能检测，全面提升环保检测效率，为环境保护树立牢固的“绿色数字屏障”。

广东在加速构建便捷、高效、安全、绿色、经济的现代综合交通运输体系进程中，不断加大智慧交通建设投入。2020 年，广东首条 5G 网络覆盖的新建高速公路——深圳外环高速公路一期工程正式通车。在 5G 技术的精准支撑下，广大司乘人员可尽情享受精准化交通运行服务、精细化道路管养、全流程应急指挥优化、车路协同应用等 7 大智慧应用场景。2021 年 5 月，深圳首条无人驾驶地铁列车试滑试验圆满完成。2021 年 11 月，广东省出台《广东省数字交通“十四五”发展规划》，提出到 2025 年，全省交通行业数字化转型取得显著成效，数字化交通发展水平居于全国前列。

2021 年 5 月 26 日，广东深圳首列“无人驾驶”列车地铁 20 号线测试

历史洪流滚滚向前，巍巍巨轮行稳致远。从“走得了”到“走得好”，从服务改善民生“最后一公里”到打通“微动脉”、畅通“微循环”，从“阡陌相交”到与“世界互通”……各地交通建设掀开新篇章，人民满意交通达到新水平，交通运输高质量发展。今天的中国交通建设，大道向前坦途阔，千帆竞渡展风流。展望未来，明日的中国将建成人民满意、保障有力、世界前列的交通强国，为实现中华民族伟大复兴的中国梦提供坚强支撑。

4. 文化惠民助力“精神共富”

“一个民族的复兴需要强大的物质力量，也需要强大的精神力量。没有先进文化的积极引领，没有人民精神世界的极大丰富，没有民族精神力量的不断增强，一个国家、一个民族不可能屹立于世界民族之林。”习近平总书记指出实现中华民族伟大复兴，既需要物质文明的积累，更需要精神文明的升华。传承文化，建设文化，伟大精神历久弥新。

“学术正人心自淑，教化行风俗斯美。”虞山书院学道堂门口以篆书写就的楹联昭示着这里的办学宗旨。2018 年 9 月，虞山书院正式揭牌，始建于元代的“文学书院”再度在江苏常熟重生。虞山书院的重建标志着常熟的文化传承走向了成熟，而门口的这副楹联也可以视为常熟在文化传承上的一个总结、一个昭示。

文化是有形的，也是无形的，是几千年历史的悠然回响，也是活在当下的精彩纷呈，是需要加以精心呵护的宝贵遗产，也是可亲近可接触的日常。常熟在文化传承上走向成熟，成为领略江南文脉的重要一环，甚至是

苏州常熟翁同龢纪念馆

中华文化留在当代的一个美丽剪影。

常熟是一座有书香的城市。“盛矣哉！以一邑之收藏，为中原之甲秀。”清代学者叶德辉在《常熟顾氏小石山房佚存书目》序言中如此惊叹道。光阴流转，从家族藏书到父子藏书、夫妻藏书再到兄弟藏书、个人藏书，与书有关的故事在常熟一代代发生，一幕又一幕。

藏书、读书、护书、献书，瞿氏家族和书的故事只是常熟文化传承的一个缩影。他们藏书，“宁舍腴田百十亩，不及秘籍一两橱”；他们读书，“读书不觉春已深，一寸光阴一寸金”；他们护书，面对军队振臂高呼：“军中可有读书人否？军中可有读书人否？”他们献书，“书贵流通，能化身千百，得以家弦户诵，善莫大焉”。郑振铎先生在收到瞿氏家族无偿献给国家的图书后深感震撼：“先生们化私为公，将尊藏宋元明刊及抄校本捐献中央人民政府，受领之余，感佩莫名。”瞿氏家族用于藏书的铁琴铜剑楼依然耸立于常熟古里镇，历经两百年沧桑，巍峨依然，而他们藏书献书的故事让这座城市书香弥漫。

创新不忘传承，传承而不守旧。常熟人不忘文化传承的同时，恪守“以古人之规矩，开自己之生面”的准则，对传统文化加以创新，努力让传统文化俏起来、美下去。

旗袍是中国传统服装之一，而位于常熟尚湖湖畔的凤禧文化艺术中心就以旗袍为主打产品。不同于传统旗袍样式，这里新近推出的一款“乔其书法纹样旗袍礼服”，布面上绣满了苏东坡的那首《蝶恋花·春景》，汉字的大小、深浅、格式都经过了精心的安排，古典与现代相结合，给人一种相得益彰的感觉。

为弘扬传统文化，常熟有一家餐厅特别策划了答题活动，如果能够正确回答问题，那么就餐就能享有一定的折扣。为了充分调动人们的兴趣，题面五花八门，如“马是怎么睡觉的”“常熟特产包括以下哪道美食”“清代摹习古法，掌握绘画基础用哪本书作为教科书”等。不止于此，这家餐厅的菜单也是精心设计的，如平日常见的“小炒肉套餐”，食材包括五花肉、杭椒和东北大米，不过因为食材来自各地，于是菜单配上汪曾祺的句子：“四方食事，不过一碗人间烟火。”再比如，一道简简单单的“蚝油生菜”，配上杜甫《立春》中的诗句，“春日春盘细生菜，忽忆两京梅发时”，美食美景，跃然纸上。

“常熟山上只有花升萝，三岁小囡也会唱山歌。山歌不是爷娘教，自肚聪明自己做。”白茆山歌在常熟传唱了几千年，当代常熟音乐人运用现代音乐器材，让传统山歌焕发出了不一样的风采。如原本曲调悠长、高亢苍凉，表达内心悲伤的传统山歌《隔河杨树着根青》，歌词经过改编之后就是“春耕号子应天响，布谷声声头上叫，绿水青山赛天堂，美丽乡村我家乡……”，这首歌也有了新名字《春天山歌》。不拘泥于传统，常熟让传统文化焕发出了前所未有的生机与活力。

“虞山的古城、山水、文化、民风，让常熟成为江南典型的休闲小城，文旅融合大有可为。”在参观完常熟文化建筑之后，联合国世界旅游组织观察员张骁明如此说道。常熟是国家历史文化名城，常熟虞山更有“中国

江苏常熟虞山尚湖旅游风景区

吴文化第一山”的赞誉。在这里，虞山画派、虞山诗派等以虞山命名的文化流派源远流长，乡土民俗、地域风情、传统工艺也得到了活态传承。当雅致的江南山水、独特的虞山文化、现代的旅游体验结合在一起，常熟发挥出了文旅融合多业态发展的乘积效应。

非遗传承与旅游结合在一起，既弘扬了传统文化，又强化和丰富了文旅融合产品的深度与内涵。常熟虞山度假区依托文庙，以及言子、仲雍、翁同龢等历代先贤名士的足迹和思想，打造出了一整套内涵丰富而又活泼有趣的江南礼学产品。在园区建设过程中，将藏书楼脉望馆设计为虞山古琴艺术馆，书香与琴韵的完美结合让人流连忘返；将琴川河等古城风貌与燕园、文庙、方塔园等园林古迹串联成线，将具有虞山特色的书画、绘画元素与园区建设结合起来，让游客在游山玩水的过程中就能体悟常熟历史人文；同时园区开发了“常熟·研学堂”等一系列产品，开展了启智礼、开笔礼等传统儒家文化礼仪体验项目，让度假区成为很好的文化传播场所。

虞山有着得天独厚的自然环境和独特的人文环境，结合在一起就衍生出了口味丰富的有机茶和悠久的茶文化。自 2013 年起，常熟虞山度假区定期举办虞山茶文化节、全民饮茶日等系列活动，吸引四方游客体验本地的灵山秀水。虞山茶文化的兴起还带动了“茶经济”，仅 2020 年，当地就涌现出 24 个茶叶品牌，极大地带动了“品茶 + 餐饮”“品茶 + 文创”等新兴业态和茶企、茶行等的发展。为了让茶文化、茶经济深度融合，当地还建设了茶文化中心，将茶叶制作、茶文化展示、休闲购物和游客购物等功能有机结合起来，带给游客不一样的文化体验。

文化塑造了一个城市的地域形象，也是一个城市的名片，是城市精神和风俗习惯输出与交互的丰富土壤。常熟将文化与旅游结合在一起，让城市精神和文化传统得以展示和交流，让当地的文旅产业向更深处发展，这是推动整个城市文明建设和文化传承发展的不竭动力。

“文化＋”助推乡村振兴

“白日放歌须纵酒，青春作伴好还乡。即从巴峡穿巫峡，便下襄阳向洛阳。”在河南省内乡县各处文化广场菊香书声活动现场，每天的读书声不绝于耳。内乡县于 2020 年开展菊香书声——“晨读晚诵”读书会项目以来，城乡互动，遍地书香。

内乡县位于河南省西南部，是河南省南阳市下辖县，自古便为“入关孔道”“秦楚要塞”，有“守八百里伏牛之门户，扼秦楚交通之要津”之说，是南北文化交融的重要连接地带和楚汉文化重要发源地。近年来，内乡县把公共文化服务体系建设纳入乡村振兴整体规划中，以文旅融合高质量发展为契机，建设文旅强县，围绕“文化靠民、文化为民、文化乐民、文化惠民”的目标，不断提高广大人民群众的文化获得感、参与感和满意度。

在内乡县，“握惯了锄头耕熟了田”的农民不再局限于田间地头，纷纷唱响了文化大戏，并且越唱越响，吹拉弹唱也不再是文化人的专利。经过充分调研，内乡县围绕读书、唱歌、戏曲、舞蹈等多个方面创新打造了“菊香书声”“舞动内乡”等文化活动，以“百姓文化舞台”为主题打造了“草根大舞台”“书香大舞台”“戏曲大舞台”等多个文化品牌。在内乡，群众文化品牌活动已形成了乡镇全覆盖，城区和乡镇实现了良性互动，提供了多元化的文化产品，丰富了居民日常生活。

新时代，面对新形势，内乡县利用好网络平台，让文化产业跃上云端，线下演出和线上播放的有机结合，让内乡县文化传播走得更远。2022 年春节、元宵节，内乡县创新制作出《元夕遇见宛梆》《张仲景》两个文旅作品，以小视角折射大时代、小切口呈现大主题。内乡县新设立了文化创意活动中心，将“菊香书声”“文化大舞台”等知名文化品牌搬上新舞台，充分利用抖音、快手等新式网络平台和新传播手段，举办“菊香书声”微信朗诵大赛、“七夕”文化直播节、“农民丰收节”等直播活动，充分利用优质文旅品牌，让内乡县文化产业走上“云端”，让老百姓在手机上就能看演出。

2021 年 12 月 17 日—19 日，广西博白县大良村迎来热闹的几天。2021 年博白县特色美食节暨博白县庆祝“中国农民丰收节”活动在大良村水楼前广场举办，这是一场共话丰收的乡村振兴盛宴。

大良村是离博白县城 4 公里的一个客家村落。近年来，在博白县委县政府的领导下，大良村以“文明和谐乡风美，生态宜居村庄美，文化铸魂艺术美”的要求开展了乡村振兴建设工程。如何提升农民幸福感？如何提高居民生活水平？博白县以客家文化为特色，走出了一条“博白模式”的乡村振兴发展之路。

乡村振兴，产业为体，文化为魂，博白县立足客家文化带动当地发展。大良村是博白县典型的客家村落，这里的大平坡水楼始建于民国，水楼周围有护河，圆拱门半露水面，微波荡漾，水楼便如虚浮水中，隐隐浮动，故名“水楼”。大良村以大平坡水楼为重点，以客家风情为主调，先后修建了客家风情宣传长廊、健康步道等设施。围绕王力故居，建设了集王力书吧、诗词文化园、书画文化沙龙、国学知识讲座等多功能于一体的文化艺术中心。

“村子变亮了，生活变好了，现在我们走的是水泥路，住的是楼房。”当地村民骄傲地说道。改造后的大良村，一户一特色，一步一景观，处处洋溢着文化的气息。“下一步，我县将着力凝聚乡贤力量，做好乡贤聚力助推乡村振兴大文章，着力做好客家特色引领文旅融合大文章，挖掘提升客家美食产业和客家乡村文旅产业。”博白县委对博白县未来的发展充满希望和无限动力。

惠民博物馆，让群众有更多文化获得感

“人们在这里不仅可以探究工业历史遗存变身现代化博物馆的奥秘，还可以开启一段‘时光之旅’，品读城市文化。”漫步在浙江省宁波市奉化江畔的奉化博物馆内，市民李先生如此赞叹道。

曾经冒着黑烟，用来炼钢、发电的工业厂房在废弃多年后，摇身一变，成为具有工业特色的奉化博物馆，以一种崭新的面貌回到了人们的视野。在第十九届（2021 年度）全国博物馆十大陈列展览精品推介初评榜单上，2020 年正式开馆的奉化博物馆从全国 200 多个参评项目中脱颖而出，而其送展作品“山海交响——奉化历史文明展”最终跻身全国十大陈列展览精品行列，是 2021 年度全国唯一获此殊荣的区级博物馆。

奉化博物馆园区有 3 个常设展区和 5 个临时展览区。馆内展示了奉化从新石器时代的河姆渡文化到秦汉、唐宋、明清、民国各个历史时期的文化特色、历史沿革和民俗风情。馆内有文物珍宝藏品 6 万余件，包括各种精美的瓷器、玉器和名人书画，涵盖家族文化、宁波帮文化等。其中，作为奉化博物馆的基本陈列馆，“山海交响——奉化历史文明展”以编年体史诗的形式，用文物、文献和历史遗存的组合，打造了一部奉化历史立体

教科书，让文物说话，还历史原貌，重新演绎了奉化的历史演变进程，让观众看到宁波城市文明的脉络。

“通过体验学习，学生不仅了解到奉化东汉熹平四年墓的发掘故事，还了解了散落在奉化各地的优秀石刻作品，见证了宣纸变拓品的奇妙过程，学习了小拓包的制作方法……”奉化区的一位小学教师表示，博物馆已经成为他们学校的第二课堂。依托平台资源和优势，奉化博物馆以“展教合一”的理念策划开展各种素质拓展教育活动，自 2020 年开馆以来，举办专题教育活动 300 余场，先后成为宁波市爱国主义教育基地、宁波市中小学研学基地等，取得了良好的社会反响。

奉化博物馆

第六章

城乡携手并肩 奔向共同富裕

城与乡，要在共融中共荣。统筹推进城乡区域协调发展，既是解决发展不平衡问题的内在要求，也是构建新发展格局、实现高质量发展的重要途径，对巩固拓展脱贫攻坚成果、促进全体人民共同富裕具有十分重要的意义。

1. 让“美丽乡村”承载更多“乡愁”

习近平总书记指出：“我们既要绿水青山，也要金山银山。宁要绿水青山，不要金山银山，而且绿水青山就是金山银山。”

“金秋更映枫叶红，严冬依然傲霜雪。”浙江安吉，一个被白居易称为“此州乃竹乡”的美丽地方。隆冬时节，走在浙江安吉的乡村，竹海绵绵，苍翠欲滴。放眼望去，不论是河谷平原，还是山地丘陵，到处都是生机勃勃，绿意盎然。

就是这样一个美丽的地方，10 多年前依然在采取炸山采石的方式发展本地经济。而也正是在这里，习近平总书记提出了“绿水青山就是金山银山”的科学论断。当地人意识到了开采资源的粗放式增长模式不能带来真正的富裕，因此痛定思痛，关停了矿山，坚定走绿色发展道路，致力建设美丽乡村，才有了今日的美丽图景。

当谈到安吉美丽乡村建设的时候，安吉县委领导这样介绍：“能收获这幅图景，源自我们坚持“生态立县”不动摇，保持战略定力，持续护美

浙江省安吉县天荒坪镇余村

绿水青山。”安吉七山一水两分田，只有坚持人与自然和谐共生，牢筑“绿水青山就是金山银山”的生态意识，才能建成四季有景、处处皆美的美丽乡村，才能在绿色发展理念引领下，将“绿水青山”源源不断变成“金山银山”。

“生态立县”千好万好，但是想要落到实处却也是千难万难。其中，最为关键的问题就是究竟如何将生态资源转化为资本，绿水青山怎样才能转化为金山银山？如果不能解决这个问题，生态立县就只是一个口号。

在“生态立县”如何落实这个问题上，安吉县以绿色发展理念为引领、以农业产业发展为支撑、以美丽乡村建设为依托，探索出了一条城乡融合、三产联动、农民富裕、生态和谐的科学发展道路，打通了绿水青山和金山银山的转化通道，打造出了宜居、宜业、宜游的安吉样板。

在安吉，你不仅可以体验到村落文化博物馆，也可以领略到“春赏花、夏嬉鱼、秋品果、冬食笋”的休闲农业四季歌。因地制宜打造“休闲农业+”，推动乡村休闲旅游与农业融合发展、互融互促是安吉打造美丽乡村，做好生态立县的关键一步。打造美丽乡村，从“千万工程（千村示范、万村整治）”到“三大革命（厕所革命、垃圾革命、污水革命）”，安吉实现了全县美丽乡村建设全覆盖，打造县域大景区。另外，根植文化底蕴，强化产业融合，安吉实现了休闲农业与乡村旅游的有机统一。一方面，注重农耕文明、田园风光、村落建筑、乡村生活等乡土元素的保护，强化经营乡愁、经营文化等理念，丰富乡村休闲旅游的内涵与人文体验。另一方面，依托农业产业资源和山水风光，延伸乡村旅游产业链，大力发展涵盖研学旅行、农事体验等的分享经济、体验经济。

做美绿水青山，做大金山银山。创新突破，充实休闲农业与乡村旅游的要素供给，创新休闲农业与乡村旅游相融合的安吉模式，是安吉不断将绿水青山变为金山银山的根本所在。坚持一张蓝图绘到底，统一规划、统一品牌、统一运营，在精准规划上发力，在精准扶持上聚力，因地制宜制定消防治安管理办法，是安吉发展的底气所在。创新要素供给，丰富载体建设，以“一乡一节”推动本地特色文化活动进入旅游市场，每年举办“畲村三月三”“过个安吉年”等特色乡村节庆活动，立足村情，在保留乡村原生态的基础上，推出乡村品质游等内容，则是安吉休闲农业与乡村旅游融合的关键所在。

世外桃源的“四个不出村”

“我们村连垃圾桶都带二维码，比大城市的生活都先进！”安吉县孝丰镇横溪坞村的村民这样介绍道。在他们看来，正是因为实施了“垃圾不出村”“矛盾不出村”“办事不出村”“创业不出村”的政策，整个横溪坞俨然成了陶渊明口中“土地平旷，屋舍俨然，有良田、美池、桑竹之属”的世外桃源。

横溪坞村面积 8.5 平方公里，是典型的江南花园式山区村。一座座农家小院坐落在绿水碧山间，青山隐隐水迢迢，近看则是错落有致的休闲设施，到夜晚，整齐明亮的路灯又为静谧的村庄增添了几分烟火气。

建设大美乡村，横溪坞村致力于“垃圾不出村”。第一步，村委会向每户村民发放带芯片及专属二维码的分类垃圾桶，村垃圾收集员每天定时上门处理垃圾。第二步，对回收垃圾的资源再利用，秸秆、树叶等直接作为农田肥料，厨余垃圾被集中收集送至沼气池，一般的可回收垃圾则会送到村里的手工艺作坊由村民做成工艺品。第三步，村里还专门为垃圾分类设置了积分奖励制度，鼓励村民进行垃圾分类。这“三板斧”下去，横溪坞村彻彻底底做到了村庄零垃圾。

“无论如何一定要找出一条带领村民致富的道路！”横溪坞村村委会将这句话牢记于心并付诸实践。依靠资源优势，抓牢白茶、毛竹两大产业，横溪坞村基本实现了“创业不出村”。2005 年，横溪坞村成立了村属白茶加工厂，创建了安吉白茶品牌，全村三分之二的村民在家种植白茶，在家门口实现就业。2015 年，又成立了安吉县首家毛竹股份专业合作社，对农户种植的毛竹统一经营、统一管理、按股分红，大大提高了农民收入。在年轻人创业方面，横溪坞村开设了“创业驿站”，固定安排讲师讲课。依靠村集体经济、吸引投资和鼓励村民创业等多种方式，横溪坞村成功将大部分劳动力留在了村里，村民“创业不出村”。

为了调解村民矛盾，改善邻里关系，横溪坞村将 8 个自然村进一步整合为 4 个“网格”，每天都有网格员走访。同时，村委会特别安排在村里德高望重的“老娘舅”调解村民矛盾。因为有着专门的调解队伍，还有完善的村规民约，横溪坞村书写了连续12年零违纪、零事故、零刑案、零上访、零投诉的纪录，也形成了“小事不出户、大事不出村”的良好风尚。

让每个村民都能够体验到“最多跑一次”的服务，公事私事、大事小事一起办。党群服务中心、群众说事室、两代表一委员工作室3个群众事项代办点全天候开放，代办员随时准备为村民服务。整个横溪坞村已经形成了“村民有事，村干部跑腿”的机制。专门为老人设立爱心专线，足不出户就可以领到养老金；水电费网上缴费不习惯，村干部代为办理……一桩桩、一件件，横溪坞村以实际行动践行了“办事不出村”。

干净整洁的生活环境，人与自然和谐相处的良好氛围，井井有条的管理秩序，横溪坞村村民过上了世外桃源般的生活。拥有良好生态环境的横溪坞村是安吉美丽乡村建设的一个侧影，“四个不出村”实践也为建设美丽乡村探索出了一条可行之路。

从“美丽中国”到“山水乡愁”，农村美不仅是中国美的应有之义，更是中国美的重要基石。农村是我国传统文明的发源地，乡土文化更是深深植根于每一个宗庙祠堂、每一片乡野土地。除此之外，农村为城市提供了生态屏障，其涵养水源的绿色植被功能，精心呵护着污染日益严重的现代都市。“小桥流水人家”似的乡村游，早已成为城市居民感悟生态之美和独特人文美的重要场所。打造农村美，建设美丽乡村，不是涂脂抹粉，而是需要内外兼修，既要做好基础设施建设，又要搞好生态文明；建设美丽乡村不会一蹴而就，而要系统推进，在逐步加强农村环保基础设施建设的同时，强化农民的环境保护意识。只有这样，才能建设一个人与自然和谐共生，既有田园风光，又有现代农业的美丽乡村。

既看得见绿水青山，又摸得着金山银山

湛蓝的天空，洁白的云朵，苍翠的树木，鲜艳的花儿……这是江西省横峰县。走在这片土地，你可以感受到一幅幅秀美的农村画卷正在你眼前徐徐展开。

横峰县是方志敏精神的首创地和“清贫精神”的发源地，也是一个以“敢教日月换新天”的斗志和只争朝夕的精神为建设“幸福新横峰”的梦想不懈奋斗的地方。近年来，横峰不断推进“秀美乡村，幸福家园”建设活动，在全国美丽乡村建设中大放异彩。良好的乡村生态环境成功搭上了乡村振兴战略的快车，乡村旅游、度假等农村经济新业态应运而生。活起来的山山水水让横峰找到了实现乡村振兴和经济发展的独特路径，也成了横峰人实现幸福美好生活的重要支点，更是横峰“秀美乡村”建设的起点。

横峰县姚家乡有一个远近闻名的“好客王家”——王家自然村，从“有女莫嫁王家郎，上年吃了下年粮”到民风淳朴被赞誉为“好客王家”的华丽转变，一切都源于横峰秀美乡村建设。2016 年，横峰县开展“秀美乡村，幸福家园”创建活动，将秀美乡村建设与脱贫攻坚、全域旅游、生态建设、精神文明建设等紧密结合，作为县域发展的重要突破口，走出了一条“脱贫与发展”共融、“里子与面子”并重的乡村建设之路。

走进王家村，五彩的风车欢快地旋转着，绿树红花布满房前屋后，一派烂漫春光、生机盎然的景象。立在田野上的展板非常醒目：“产业兴旺、生态宜居、乡风文明、治理有效、生活富裕。”为了建设秀美乡村，王家村成立了好客王家农旅文化发展有限公司，将土地和山林统一规划、统一经营、统一管理，村民按股分红。现如今，涵盖农耕体验、丛林穿越、自然风光体验等项目的“农旅综合体”初步形成。村民不仅有了可观的收入，

江西上饶横峰县青板乡祝家塘村千亩高山白茶基地，采茶工们在采摘白茶

还能欣赏秀美风光。

横峰种葛历史悠久，加工技术成熟，被称为“中国葛之乡”。葛根全身是宝，与人参齐名，药食同源。横峰积极挖掘“中国葛之乡”的品牌文化优势，以葛根为主要产品实施农业产业强镇项目，完成了葛文化馆、葛文化村、标准葛粉加工厂、葛标准种植示范基地等项目建设，依托上饶市创建国家中医药健康示范区的契机，组建了绿色生态葛研究所和药用植物园，因地制宜重点发展葛根、中药材、油茶、果业等具有地方特点的高效特色产业，形成了以葛根为主的“1 + N”产业体系。

既要“面子”，又要“里子”，横峰建设秀美乡村，既看得见绿水青山，又摸得着金山银山。近年来，横峰坚决打好三大保卫战，确保蓝天、碧水、净土安全。该县出台三个“一律”，一是工业项目一律落户经开区，二是全县一律不得新增选矿企业，三是全县一律不办化工企业。垃圾处理方面，落实了城乡一体化垃圾处理模式，分批次建设了生活污水处理设施。纵览横峰，这里的生态不断变好，环境更加宜居。承载着我们儿时乡愁的乡村，不仅仅应该是记忆里的村庄，还应该是天更蓝、水更清、村更洁、人更美的现代新农村。

大都市中的田园风光

一湾碧水，波光粼粼，河岸水草悠悠，红花绿草，远处亭台楼榭，村民悠然自得，一派田园风光。美丽乡村建设活动开展以来，广州市番禺区始终坚持绿色发展、生态优先的理念，把生态文明建设融入一点一滴，乡村生态环境也随之发生了翻天覆地的变化。水流婉转绕芳甸，村景如画入眼来，一座座村落如同一位位婉约动人的女子，略施粉黛，变得更加美丽动人。美丽乡村建设，不仅乡村环境更美了，乡风更加淳朴了，乡村振兴的路子也越走越宽了。

番禺区丹山村，漫步于此，新铺的沥青道路宽阔平坦，道路两侧的建筑立面也粉刷一新，一幅幅家风家训、红色革命事迹、文化习俗的多彩墙绘也让人眼前一亮，山脚下也应景地修建了休闲栈道。走在沙墟一村，河涌水清岸绿。沙墟公园增添了灯光球场，翻新了地面，新建了特色乡村公厕，打造了文化长廊，乡村面貌焕然一新……一座座乡村都发生了脱胎换骨的变化。

“十三五”期间，番禺区致力于美丽乡村建设，将其作为新农村建设的重要抓手。修碧道、建公厕、种花草，积极开展人居环境整治，村里昔日的臭水塘变成了今天的荷塘景观和生态公园，藏污纳垢的闲置地变成了绿化休憩区，行走在秀美的乡村就如同徜徉在美丽的景区。

突出特色，让美丽乡村散发岭南味道是番禺区建设美丽乡村的一大秘诀。走进沙湾街北村，可以看到曲韵悠长的三稔厅、印刻历史的文峰塔、庄重静谧的留耕堂……古色古香古韵的建筑散布四周，岭南风情迎面扑来，仿佛时光回转，梦回从前。“一村如一景，一村一特色”，番禺区在提升乡村绿化、美化品质方面下足了功夫，以“绣花”劲头修缮古建筑，有效改善了农村人居环境，留住了绿色，留住了乡愁。

强化治理，番禺乡村迎来了华丽蜕变。番禺区的美丽乡村建设正从注重整体规模的“大写意”逐渐向精雕细琢、聚焦重点的“工笔画”转变。番禺区强化城乡融合治理，在市级美丽乡村建设的基础上，实施连片建设项目，将“城中村”打造为都市型美丽乡村，建设了番禺首个城乡融合型美丽乡村群。正是由于追求精益求精，并善于总结提高，番禺美丽乡村建设的质量不断提高。

番禺区建设美丽乡村，不仅仅局限于改善农村人居环境，提升居民收入、打造现代农业更是关键。一直以来，番禺区致力于农业农村改革，加快现代都市农业发展，基本形成了以“水产养殖＋蔬菜种植＋花卉种植”为主、观光休闲农业和乡村旅游业同步发展的现代农业体系。番禺区一直以来凝聚着推动乡村振兴战略实施的强大动力，引领农村可持续发展，当地农民稳定增收，幸福感、参与感、成就感不断提升，擘画出了一幅生态宜居、产兴业旺、农旅融合的最美乡村壁画。

乡村的自然美与城市的现代美，应高度统一到美丽中国的建设中。美丽中国，不能仅仅是城市美，更应该包括农村美。这种美，不能只美一时、美一处，而应该各地乡村共同建设，各美其美，要久久为功，持续建设。在这个基础上，传承乡村文明，既保留田园风光，又建设现代农业，实现人与自然和谐共生，才是真正的美丽乡村。

2. 织牢城乡融合的关键纽带

小城镇是“城市之尾、乡村之首”。发展小城镇对于缓解大城市病，承接大城市富余资源，吸纳农村剩余劳动力，辐射带动乡村发展，缩小城乡差距，破解城乡二元体制，实现城镇化均衡发展具有重要作用。

“浏阳河，弯过了九道湾，五十里水路到湘江。江边有个湘潭县……”一首地地道道的湖南民歌，让这座湘江边的城市家喻户晓。“湘中明珠”“湘莲之乡”“天下第一壮县”“楚南粮仓”……这些赞誉，也让“农业大县”湘潭县的名声传遍大江南北。

2020 年 6 月，国家发展改革委公布《关于加快开展县城城镇化补短板强弱项工作的通知》，同时公布了 120 个县城新型城镇化建设示范名单，在湖南省入围的 5 个县和县级市中，湘潭县以“小组第一”的身份，牢牢占据湖南省上榜县市的“C 位”。入围新型城镇化建设示范名单的城市主要分布在东部沿海省份，也有一部分位于东中部省份，另一部分位于西部和东北地区。这些入围建设示范名单的县和县级市，均达到了三个基本要求：财政实力较强，发展基础扎实，政府债务率较低。

小城镇贴近农村、联系城市、量多面广，是推进乡村振兴战略实现的“第一平台”，也是农村人口城镇化的“蓄水池”。在乡村振兴和新型城镇化两大战略的加持下，小城镇在城乡融合关键节点中的作用越发重要。《国家发展改革委关于加快美丽特色小（城）镇建设的指导意见》中指出，建设特色小城镇要强调“夯实城镇产业基础，完善城镇服务功能，提升城镇发展品质，优化城镇生态环境，促进城乡发展一体化”。同时，住房和城乡建设部也提出“培育特色小镇要突出特色，防止千镇一面，以产业发展为重点，依据产业发展确定建设规模，防止盲目造镇”。

湘潭县位于湖南省中部偏东、湘江下游西岸，县域总面积 2134 平方公里。湘潭有着优越的区位优势，在地理位置上紧邻长沙、株洲。近年来湘潭打通了东西南北四大通道，形成了以高铁、城际铁路、高速公路等为脉络的“大交通”格局。从全国范围来看，湘潭与长沙、株洲形成了良好的城市互补，长株潭城市群发展劲头十足。而如此有影响力的城市群，也正是特色小镇的优质栖息地。

银田镇的银河、花石镇的湘莲、棋梓镇的水府庙……这都是湘潭人民耳熟能详的地方特色。好看的皮囊千篇一律，而有趣的灵魂万里挑一。特色小镇的建设不应该是统一的青砖绿瓦、飞檐流角，而应该是各有各的趣味，有着自己的定位、特色和文化印记。从 2018 年开始，湘潭市用 3 年左右的时间，打造 10 个小镇，不是单纯意义上的风景区，也不仅仅是行政区域上的“乡镇”，而是特色产业的集聚地，是地方特色文化的传播地，也是产业升级的源泉。

“湘莲甲天下，潭莲冠湖湘。”早在 1995 年，在国务院发展研究中心、中国优质产品开发服务协会和中国农学会联合举办的首届中国特产之乡命名大会上，湘潭县就被称为“中国湘莲之乡”。

从湘潭县城出发，走县道约半个小时的车程，映入眼帘的便是湘莲特色小镇——花石镇。市场里商贾云集，人来车往川流不息，刚一走进花石镇，便可以看到全国最大的莲子集散中心；连片的莲田花枝招展，荷花映日、莲叶飘香，全国最大的湘莲标准化种植基地就在这里；依山傍路，鳞次栉比，众多的莲子企业集聚于此，形成了全国规模最大的莲子加工产业集群……这个因“莲”而生、以“莲”为业的特色小镇，以莲为媒，走出了一条“莲味”十足的特色发展之路，先后获得了“湖南省首批农业特色小镇”“湖南省农业产业强镇”“全国重点镇”等荣誉称号。

莲全身都是宝，莲子能食用、莲芯能入药、莲花供观赏、莲叶能泡茶、莲藕能做菜……湘莲品质过硬，花石人种莲的热情和传统也经久不衰。湘潭市被称为“莲城”，湘潭县被称为“莲乡”，花石镇更是湘潭县产莲规模最大的乡镇。花石镇盛产莲，其主要产品“寸三莲”更是因为形、色、质、味俱佳被赞誉为“莲中之皇”，是湘莲中的上上之选。“寸三莲”因三粒莲子直径相连为一寸而得名，其品质上乘，很早之前就是皇室贡品，盛名远扬。

花石镇水库旁连片种植了万亩湘莲，每到夏天，荷叶圆舞，清香漫野，游客如织，这不仅仅是当地人眼中的万亩湘莲高产示范基地，更是夏日听荷、纳凉赏景的绝佳场所。湘莲种植示范基地采取了“企业 + 基地 + 农户”的订单合作模式，先由政府集中流转土地，企业认领之后再分片承包给种植大户。这一种植模式将当地村民的种植积极性充分调动起来，在拉动就业的同时，种莲这门传统技术也朝着产业化、现代化、规模化的方向前进。

“我们的莲子酒每一滴都是莲子的精华，酒后不上头、不上火、不口干，在享用美酒的同时，还能享受天然，享受健康。”走进花石镇的一家酿酒工厂，干净的厂房。繁忙的流水线便让人眼前一亮，靠近几步，浓浓的酒香便扑鼻而来，让人沉醉其中。这家湖南省目前唯一拥有企业标准的莲子酒酿企业，将传统酿酒工艺与现代化技术充分结合，既保留了莲子酒的独特口感，又创造了良好的经济效益。如今，从这里出产的莲子酒远销北京、广州、深圳等地，2019 年的产值就已超过 2000 万元。

现如今，湘潭县花石镇以莲种植为主导产业，实现全产业链发展。在生产、加工、运输及营销等领域已经初步建立了全链条产业化体系。荷叶茶、磨皮白莲、莲子酒、藕粉等众多莲产品的开发打造，不仅为消费者提供了更多的产品选择，带来了更多的经济收益，也有效地促进了当地物流运输、餐饮服务、印刷包装、电子商务等方面产业的发展。

“出淤泥而不染，濯清涟而不妖。”莲因其独特品格，成为中国文化中君子的象征。三湘大地爱莲已久，一部湘潭发展史，也是湘莲发展史。如今的湘潭县，不局限于将湘莲产业进一步做大做强，更是致力于进一步将莲文化发扬光大。湘莲成功入围“湘九味”品牌中药材。突破单一的种莲文化、廉洁文化，莲文化正向媒体艺术、医药保健等方面全方位延伸。莲文化在湘潭代代传承，熠熠生辉，其文化氛围也越来越浓，影响越来越大。

盛夏荷塘美，湘莲采摘忙，在湘潭县花石镇，莲农在采摘莲蓬

近年来，花石镇结合自身特色和优势，将湘莲种植与乡村旅游结合起来，以文化带动旅游，以旅游促进发展，实现了多赢多收。“接天莲叶无穷碧，映日荷花别样红”，“最喜小儿无赖，溪头卧剥莲蓬”，莲味十足的花石镇正以崭新的面貌、动人的风采迎接着四方宾客的到来。

一路奔跑一路歌，湘潭特色小镇的建设不单单只有花石小镇，特色小镇的建设也为新型城镇化添砖加瓦。在新的历史起点，湘潭县将以城镇化为核心，以城乡统筹为支撑，以产城融合为引领，做好公共服务体系建设，将县城建设为宜居宜业、生态文明、强工富农的示范城市，让美丽乡村拥有“美丽经济”，让你我“记得住乡愁”，让湘潭成为更多人的诗和远方。

“半城山色半城水，市强邑精圩镇美”

沿着小河、新安江一道碧水溯源而上，漫步“山腰水乡”的靓丽小镇，坪塘赏花，城头赏景，水东理学寻踪……走在云城区腰古镇，沥青路面宽敞整洁，沿街的停车线整齐划一，一条“绿道＋碧道＋古驿站”的美丽乡村、美丽圩镇相互交织融合的全域旅游路线正在眼前缓缓呈现。

近年来，广东省云浮市深入开展美丽圩镇建设行动，以提升美丽圩镇建设集聚度、认可度、美誉度全方位带动提升城市品质形象、承载力和首位度，以“美丽乡村”打造全域“美丽圩镇”，齐心聚力打造诗意栖居融湾“大花园”。

在云城区前锋镇罗坪村的种植基地里，连片的温室大棚内整齐堆放着大大小小的发财树、绿宝等绿植，一眼望去，满目葱绿，一派生机盎然。

“全市镇域经济发展动员大会提出要坚持产业先行，构建特色差异化产业化的镇域产业布局，明确了镇域经济可持续发展和高质量发展的实践路径。”前锋镇镇长表示前锋镇要继续按照市委确定的“中心镇、农业大镇”的方向发展，锚定“镇域经济示范镇”目标定位，持续优化花卉、南药等特色产业布局，加快推进“一村一品、一镇一业”项目建设，推动新型城镇化和乡村振兴互促互进，为进一步做大做强镇域经济打下坚实基础。

前锋镇是云浮市的农业大镇，近年来，前锋镇充分发挥资源禀赋和生态优势，引导农户调整产业结构，大力发展花卉特色产业，全力打造“诗意田园、大美前锋”特色小镇和云城南部片区绿色发展“新引擎”。2019年，前锋镇入选广东省“一村一品、一镇一业”专业镇，2020年被评为第十批全国“一村一品”花卉产业示范镇。

前锋镇积极探索“党组织＋企业＋基地＋合作社＋农户”的“五环联动”发展模式，适时引导域内农户种植花卉苗木，持续打造农业产业转型升级新样板，打造前锋特色生态农业品牌。前锋镇累计种植花卉苗木10000余亩，主要作物有铁兰、竹柏、兰花、发财树等，年产值可达5000多万元。同时，前锋镇紧抓高速建设和现代农业产业园落户等契机，立足本地花卉种植核心产业，着力打造四大花卉种植示范基地，持续发展壮大特色优势产业，激活镇域经济发展新动能。

“昼出耕田夜绩麻，村庄儿女各当家。”随着生活在城市里的人们对农村生活的向往越来越强，“农旅融合”“农旅一体化”的概念也随之发展。放下锄头，吃上旅游饭，近年来，前锋镇的村民也慢慢由传统的农耕产业发展到观光产业，踏上了乡村振兴之路。目前，前锋镇积极探索走出了一条“产区变景区、产品变商品、农房变客房”的乡村农旅有机结合之路，打造出了集“研发、生产、加工、销售、电商、物流、休闲、养生、观光”于一体的现代农业产业带。村民也纷纷反映：“乘着乡村振兴的东风，我们村这两年变化很大，变得越来越美了，来这里旅游拍照的人也越来越多。”

“环境干净、容貌整洁、风景秀丽、管理有序、社会平安……”走进云浮市南盛镇，一派欣欣向荣、群众安居乐业的和谐景象。

南盛镇是典型的山区镇，群山环绕，曾是享誉四方的“中国沙糖橘第一镇”。近年来，因黄龙病、黄化病等原因，沙糖橘产业发展困难，南盛镇加快产业转型升级，通过多种经营模式发展南药种植以及康养产业。现如今，在山地上种植的各种南药随风起舞，摇曳生姿，康养产业大踏步前进，南盛大地焕发出勃勃生机。

南盛镇山地面积达 17.5 万亩，地处高速口一侧，区位优势明显，拥有观音山、朝阳渡槽、卧龙湖、成觉寺等旅游景点，旅游资源丰富；依山傍水，生态资源、林地资源丰富。如何将“沉睡资源”变闲为宝？如何合理利用这部分资源培育资源经济新业态、发展镇域经济？南盛镇以“一湖一渠一山”的人文名片，推动一产“接二连三”，形成三产融合发展机制，全力打造“康养文旅小镇”，全镇发生了翻天覆地的变化。

“只有形成集群和规模，镇域经济才有竞争力。”南盛镇由于规模小，很容易受到其他镇街“虹吸”效应影响，镇域经济一直发展不足。近年来，南盛镇着力抓好“园区经济”，加快现代农业产业园建设，努力培育休闲农业、康养农业、创意农业等新业态。目前，南盛镇正因地制宜规划以南药为主的现代农业集聚区，探索链式产业集群，着力延链、补链、强链，加快形成适合本地发展的“雁阵式”产业集群。

如何发展镇域经济，进一步提升镇域经济内涵？南盛镇结合自身区位优势，围绕“农业 + 康养 + 文旅”“工业 + 康养 + 文旅”两大主要产业链，利用数字化技术逐步推动镇域经济“百花争艳”，逐步形成了“互联网 +

农业”“互联网＋旅游”“互联网＋金融”等新兴业态。南盛镇正把自身资源优势和市区与湾区的市场需求“对接”起来，充分利用镇街民俗文化、自然资源和特色产业等优势，利用“旅游＋”等模式，丰富乡村旅游产品，让游客感受南盛更多的惬意与悠闲。

美于青山绿水之间，俏于特色产业灵动。云浮市以美丽圩镇建设作为解决城乡发展不平衡、不充分，推动新型城镇化的重要抓手，全面优化和提高镇人居环境和发展水平，推动乡村振兴和新型城镇化相互促进，努力走出了一条更高效率、更高质量、更可持续、更加公平的发展路径，形成了以工促农、以城带乡、城乡融合的发展新格局。

3. 开辟产业富民的新路子

谷雨过后，万物生长。2022 年 4 月 21 日，安溪开茶节在福建省泉州市安溪县感德镇举办。与此同时，首届中国茶科技创新大赛、2022 安溪铁观音短视频大赛、“观茶韵 · 茶香美”国际摄影大赛也随之启动。

“宿雨一番蔬甲嫩，春山几焙茗旗香。”安溪是中国乌龙茶之乡，也是名茶铁观音的发源地，更是“中国藤铁工艺之乡”。安溪已有上千年的产茶历史。勤劳勇敢的安溪人民在充分发挥地域优势的基础上，不仅开发出了乌龙茶加工技术，还培育出了品质优异的世界名茶——铁观音，也创造了独具特色的安溪茶文化。

安溪与茶有缘，因茶而兴，也因茶而富。茶产业是安溪县最大的支柱产业和富民产业，全县 120 万人口中约 80% 从事与茶有关的行业，全县茶园面积达 60 余万亩，茶叶年产量达 6.2 万吨，农民年均纯收入中约有 56% 来自茶产业，茶产业真正带领安溪人民发家致富。

青山远黛，碧水清流。盛夏时节，在茶乡安溪，片片茶园苍翠欲滴，好似为茶山披上了一块块绿毯。在茶庄园里，各地游人寻名山佳茗，得茶香茶韵，看非遗茶技，听茶农说茶，尽享茶趣。

近年来，安溪模仿学习葡萄酒庄园经营模式，在全国最早探索茶庄园业态，打造出了集生产、加工、旅游、休闲和文化等多种模式于一体的“茶庄园+”综合体新业态。在安溪县委县政府的推动下，茶庄园模式蓬勃发展，展现出前所未有的活力与魅力，成为安溪惠农创收的新途径，也推动茶产业向二、三产业融合，建立起多元化、立体化的全产业链。

从一开始的卖茶到现在的卖风景，安溪已经建成了 22 家茶庄园，供游客体验茶文化，享受茶乐趣。安溪“茶庄园+”，每年吸引全国各地游客达 120 万余人次，旅游收入达 12 亿元。

茶产业早已成为安溪县第一大富民产业和支柱行业，但是对于这里以茶为生的茶乡群众而言，藤铁工艺产业是创收致富的另一重要支柱。

安溪县被称为“世界藤铁工艺之都”，在尚卿乡灶美村的一个物流点里，工人正忙着将一个个包裹分拣装车，将形制各异的藤铁工艺品源源不断地送往全球各地。

“一根网线、一台电脑，在家里也能赚钱。”尚卿乡有藤铁工艺品加工基础，顺应互联网发展潮流，安溪县政府号召外出务工青年返乡，开网店销售藤铁工艺品。现如今，灶美村全村 308 户人家陆陆续续开办了 1000 余个网店，年销售额达 3 亿多元。以灶美村为起点的藤铁产品产业链吸纳了大量当地居民就业，并在一定程度上产生了“乡村带动乡镇、带动县城”的发展效应。2020 年，安溪县全县家具工艺品全产业链总产值达 200 亿元，产品远销 50 多个国家和地区，行业市场份额占全国 90%。

在安溪，除茶叶、藤铁工艺品等传统产业转型有道，发展强劲，新兴

安溪铁观音茶叶制作工艺展示

产业也在悄然兴起，为安溪发展注入新动能。

一帧帧电影画面静静闪过，清晰而又富有质感，让人在重温经典中找到记忆中的美好……在数字福建（安溪）产业园的中国电影资料馆安溪数字资源中心，经过修复后的老电影《上甘岭》再现银幕，质感提升，音色动人。

在数字化、智能化浪潮发展之下，按照“一步到位、抢占高端”的思路，安溪建起了数字福建（安溪）产业园区，形成了一条以大数据、区块链、物联网、人工智能等信息技术为核心的产业发展脉络，培育影视大数据、电子商务等产业链条，推进数字产业化。

一个个发展镜头，揭示着安溪县澎湃而又富有活力的农业农村新业态，借力“数字+”，安溪县多措并举，“新”“老”产业齐发力，掀起了阵阵创新创业热潮，构建起了多点支撑的产业发展格局，唱响了高质量发展的辉煌乐章。

月亮山上的“非遗走廊”

月亮山麓芦笙悠扬，鼓声铿锵冲破云霄，热情的歌舞欢迎着四方游客。2020 年 7 月 31 日，从江县大歹苗寨开园仪式在大歹村芦笙坪举办，这条山脊上的非遗走廊向世人打开了山门。

近年来，贵州大力挖掘整理乡村“好手艺”、发展文化内涵丰富的乡村旅游、提升乡村文化产品供给与服务，厚植文化振兴的土壤，不仅保护传承了乡村优秀传统文化，也让农民文化生活更加丰富，乡村经济更加繁荣。

大歹苗寨位于月亮山山脊之上，距离从江县城 29 公里，因为山势险峻、交通不便，这里成了千年前原始部落的活化石，保留了上千年的古老传统。在苗语中大歹叫“得老”，是老苗寨的意思。走进寨子，古朴的寨门流露出历史的沧桑，传统吊脚楼依山而建，青山隐隐，古木葱茏，村寨错落有致，风情古朴。在这山脊之上，勤劳的苗家人开辟出了大片的梯田，日出而作，日落而息，秀美的田园风光和悠久的农耕文化相得益彰。

“通过调研，我们发现这个仅有 2000 多人的村子，除了非遗曲艺类代表性项目外，其他非遗 9 大类代表性项目竟然全都有。除此之外，附近的小村寨也有不少非遗项目。”贵州省非物质文化遗产保护中心和传统工艺贵州工作站多次组织专家到大歹村进行田野调查，提出了以非物质文化遗产整体性保护促进大歹村乡村振兴的保护开发思路，各个村落的非遗项目得以串“点”联“线”，形成了一条文化旅游的“非遗走廊”，而这条山脊上的非遗走廊——大歹苗寨，也被越来越多的人熟知。

最近几年，大歹村修好了村内的硬化路面，公路修通之后，大歹苗寨修建了手工坊、有民族特色的民宿、扶贫餐厅等相关配套设施，整个村寨焕然一新。以旅游扶贫为牵引，依托苗歌、苗绣、苗俗庆典等特色民族资源，大歹村大力发展乡村旅游，在相关部门的帮助下打造出了集苗族文化非遗体验、探秘古史、教育研学、特色产品加工、亲子度假等多种功能于一身的苗族非遗文化体验基地、教育研学度假福地。

曾经的月亮山，一度是贫困的代名词，现在的大歹苗寨，发展了旅游，带动了当地的经济，原本山脊上的古老村落，也以不一样的姿态出现在人们眼前。从一开始妇女见到生人就关门闭户，到现在年近八旬的老太太主

贵州从江丙妹镇大歹苗寨云海景观

动邀请游客参观自家房屋，大歹村村民的观念发生了历史性的转变，从一开始守着山日夜劳作，到现在也摸索起了商品经济的门道，一点一点学习如何做生意。非遗项目的开发让原本闭塞落后的村落有了新的变化，旅游经济的出现为村子插上了腾飞的翅膀，大歹人走出了一条属于自己的富裕之路。

“回到唐代，和李白喝酒，再去宋代，找东坡散步，不去别的地方，邀他们来荔波洪江……”《洪江的夏天》这首诗歌是诗人雁西对全世界发出的邀请。这里的“洪江”位于被称为“地球绿宝石”的黔南州荔波县，这个人口一度大量外流的“空心村”、深度贫困村，现在却成了人们寄托心中的乡愁和诗意栖居的理想之地。

洪江村位于荔波县朝阳镇西南面，2020 年被评为贵州省省级乡村旅游重点村。群山环绕中的洪江村，中间零星散落着一些并不高大的房屋，一条小溪淌过山径流出村庄，碧水蓝天，勤劳的人们在田间耕作，古朴恬淡。

近年来，洪江村结合当地独特的村落资源提出了“艺术洪江、非遗洪江、生态洪江、匠人洪江”的发展定位，废旧屋变身文创房，闲置地变身生财地，“空心村”变身“网红村”，走出了一条“唤醒山水、激活老屋、打造艺术村落”的乡村振兴之路。

过去的洪江村，基础设施薄弱，道路狭窄，村庄环境差，没有多余的资金改造基础设施。洪江村地形以山地为主，耕地面积少，人均耕地面积不足 1 亩，山地不适宜种植果木等经济作物，农业机械化难度大，有三分之二的村民外出务工，是一个典型的“空心村”。这些年来，洪江村以传统村落遗存和村民闲置旧屋为媒介，先后邀请了美国、西班牙、瑞士等国内外 200 余位艺术家来到这里，进行艺术创作和房屋改造，全面激活闲置、

贵州黔东南从江县，苗族群众在大歹苗寨景区开园仪式上表演节目

破败的老屋，重塑传统村落的人文价值和产业链，艺术和传统在洪江发生了奇妙的“化学反应”。

“我刚来洪江村的时候，和村民打招呼的时候他们的眼神里全是闪躲。现在，村民都很热情，眼中有光，看到外人还会主动问：‘请问你是什么家？’”如今的洪江，已经成为许多艺术家挥洒热情、开疆拓土的首选。艺术家心怀对乡村的向往和热爱而来，被这里的质朴所打动，把作品留在这里，寄托心中那一份乡愁，也把村庄装点得更加美丽。三五老人在村口的藤椅上晒太阳，对往来不断的艺术家和游客也早已习惯，这是艺术文明和农耕文明的对话，两种文明的碰撞潜移默化地改变着当地居民的思想观念，艺术的影响激活了村民建设乡村的自信和梦想，也点燃了心中的匠人精神。

洪江村不仅有着好山好水好空气，更有着多民族共生的村庄历史和绚烂多彩的传统民俗文化。在洪江，家家户户都会给当地老人送福马（为过寿老人制作的吉祥物），老人过寿时，整个村子的人都会为老人家送一碗油、一碗米，祝福老人幸福安康。这种代代传承的敬老文化也被称为“福马文化”。艺术家来了之后，把福马从吉祥物变成了工艺作品，福马从图腾文化变成了实体雕塑。

洪江村的坚持和探索，大大增加了当地居民的收入，也有力带动了当地文旅产业的发展。随着艺术家的入驻，洪江的旅游产品也由原本单一的山水风景转变成了多元的文化欣赏。如今星罗棋布的洪江布依族建筑，如艺术活动广场、文艺交流中心、美术馆等，早已成为洪江一道亮丽的风景线。而洪江村的成功实践也告诉我们，保护乡村文化根脉、保留农耕文化独特性、增强农村群众文化自信，对推动乡村振兴至关重要。

根植农遗，“稻鱼飞四方”

金秋如画，稻香鱼肥。2021 年 9 月 27 日—28 日，第八届“全球重要农业文化遗产”（中国）工作交流会在浙江省青田县举办。同时，全球重要农业文化遗产保护与发展联盟和促进乡村振兴协作网同步成立。来自全国各地的农业农村部门负责人和企业代表、农业文化遗产专家齐聚一堂，共商让古老厚重的中华传统农耕文化在乡村振兴的壮阔蓝图中焕发出新的生机活力。

农民丰收节刚刚过去，青田县一个小山村里依然是一派繁忙的丰收景象。金黄色的梯田在阳光的照射下泛起层层波浪，沉甸甸的稻穗压弯了腰，肥硕的稻香鱼在田间游来游去。“新米饭撞鼻头，红田鱼满盘头”，村里的男女老少在田里割谷收鱼，繁忙而又喜悦。以稻养鱼，以鱼肥田，稻鱼共生，青田县九山半水半分田，而这套有名的稻鱼共生系统在青田县已经延续了 1300 多年，并因其深厚的生态理念和优秀的生产功能于 2005 年入选第一批全球重要农业文化遗产名录。

“草木荣华滋硕之时，则斧斤不入山林，不夭其生，不绝其长也；鼋鼍、鱼鳖、鳅鳣孕别之时，罔罟、毒药不入泽，不夭其生，不绝其长也；春耕、夏耘、秋收、冬藏，四者不失时，故五谷不绝，而百姓有余食也。”中国数千年的农耕历史文化沉淀出了灿烂辉煌的农业文化遗产，而其中蕴藏的生态智慧、文化价值依然指导着我们如何可持续发展，在文明长河里熠熠生辉。青田鱼灯舞等一大批非物质文化遗产是人与自然和谐相处的典范，更寄托了人们对美丽乡村、美丽生态的向往和追求。

“我们坚持让农业文化遗产‘活起来’，将农业文化遗产价值全面融入乡村振兴各领域。”依托全球农遗金字招牌，青田县一方面大力实施稻鱼产业品牌化发展，提高产品附加值；另一方面积极挖掘产品中的生态和文化价值，打造农遗研学实践基地、农遗文化旅游园等，带动周边休闲农业、科普教育、文化节庆等多态融合发展，打通了农遗价值转化通道，打造了“共富路上”的青田农遗样板。

“农，天下之大业也。”在这片神州大地上，我们已经全面建成了小康社会，实现了第一个百年奋斗目标，历史性地解决了绝对贫困问题。在新的历史起点上，我们要接续推进乡村振兴，加推实现农业农村现代化，以更有力的举措，汇聚更强大的力量，在全面建设社会主义现代化国家的新征程上，奋力绘就乡村振兴的壮美画卷！

4.“城乡一体化”共富同行

依山而建的古朴民宿参差错落，岁月斑驳的红石渡穿行而过，吸引来自四面八方的游客。靠着农家乐，雷洞村民宿老板杨胜杰一年收入十多万元，“咱农村有好环境，饭菜也好吃，很受城里人欢迎！”行走在河南省许昌大地，如雷洞村般民富村美的“富春山居图”处处可见，而这也是许昌建设城乡融合共同富裕先行区的重要成果之一。

作为二〇三五年远景目标之一，党的十九届五中全会首次提出了“全体人民共同富裕取得更为明显的实质性进展”。从“让一部分人先富起来”“先富带后富”再到“共同富裕”，共同富裕一直是我们党带领全体人民不懈奋斗的初心和使命。全面建成小康社会关键在于“全面”，扎实推进共同富裕重点在于“共同”。如何探索出一条中国特色社会主义共同富裕道路，当前乃至更长一段时间我们的主要任务是解决城乡之间和区域之间不平衡不充分发展的矛盾，而建设城乡融合共同富裕先行区将是一次重要探索。

“许昌的县域经济各具特色、竞相发展，具备良好的基础。我们将协同推进以人为核心的乡村振兴战略和新型城镇化战略，强化以工补农、以城带乡，推动形成城乡互补、工农互补、共同繁荣、全面融合的新型工农城乡关系，以建设国家城乡融合发展试验区破冰引路，探索乡村振兴的‘许昌模式’。”许昌市委书记介绍说。2019 年，许昌全域被确定发展为“国家城乡融合发展试验区”，是河南省唯一入选地级市，全国仅 11 个。2020 年 10 月，国家城乡融合发展试验区现场会在许昌召开，许昌作代表发言。

“许昌之于河南，如同浙江之于中国。要把‘试点’变成‘亮点’，许昌重任在肩。”许昌探索建设城乡融合共同富裕先行区，不仅仅契合自身发展的内在需求，更是为全省推进共同富裕积累经验、树立模板。

“同权同价、同等入市，这是头一遭。”推进城乡融合共同富裕，需要打破体制机制障碍，持续深化推动改革。在谈及许昌市首宗成功出让的农村集体经营性建设用地，鄢陵县社区党支部书记说：“仅净收益这一项，社区入账 3000 万元，我们发展的底气更足！”盘活土地资源，为城乡融合发展增添新动能，2020 年许昌市农村集体经营性建设用地入市交易达 12 宗 400 余亩，成交额 3.44 亿元。

“推进城乡融合共同富裕，不是城区一隅，而是许昌全域。”建设城乡融合共同富裕先行区，要统筹城乡、协调发展，切实解决农村发展不充分、城乡发展不平衡的问题。要以城乡融合为抓手，以缩小城乡居民收入差距为目的，坚持生态、文化、产业“三篇文章”一起做，促进农业强、农村美、农民富，真正做到有产业、有就业、可持续。

走进许昌长葛市石象镇种业基地，温室大棚成排并联，一串串辣椒压弯枝头，豆角、黄瓜、茄子等瓜果蔬菜长势喜人。当前，长葛正着力打造石象镇“种业小镇”，通过引入中国农科院等科研机构和种业企业，建立试验基地，加强技术攻关，强化新品种孵化，着力破解种业“卡脖子”难题。“育种号称农业‘芯片’，一年试验的辣椒培育组合多达上千种，但最终能够成功进入市场的成熟品种只有2到3个。”石象种业基地一家公司的负责人这样说。育种需要高投入，同时也有高收益，辣椒种子按粒卖，一粒卖5毛钱，7克就能卖500元。

目前，在石象镇种业基地，仅该公司一家就拥有400亩蔬菜育种基地，同时通过土地流转和土地入股等方式，建立了占地面积5000亩的小麦、玉米育种基地，通过“育繁推”一体化的种植方式，带动5000余户农民增收，玉米和小麦种子覆盖黄淮海地区，蔬菜种子行销全国。围绕“育繁推”一体化目标，许昌支持种业企业发展，全市通过国、省审定的小麦、大豆、玉米主粮作物品种达33种，持证种子企业29家。除支持种业发展外，许昌市大力实施“藏粮于地”“藏粮于技”等，大力推进高标准农田和集中连片高效节水灌溉示范区建设，对区域内高标准农田实现专种、专收、专储、专用。

蜂蜡、蜂王浆、蜂胶、花粉等蜂产品琳琅满目，在货架上整整齐齐地摆放着，巢础、摇蜜机等蜂机应有尽有……长葛市佛耳湖镇岗李村，一个地理区位并不算优越的中原农村，现如今，依靠蜜蜂形成了年产值达7亿元的“甜蜜事业”，全村八成农户从事蜂产品和蜂机具的生产销售，产品远销国内外。

1983年，作为村里最早一批走南闯北收蜂蜡的农民，李满长创办了全镇第一家蜂产品加工厂，现如今已发展成河南省长兴蜂业有限公司。“通

荒地出新湖，河南许昌市芙蓉湖春日碧水蓝天景观美

过跨境电商，年出口蜂蜡 3600 吨，蜂产品远销 100 多个国家，销售额达 2000 万美元。”公司董事长说。近年来，许昌正打造集生产研发、休闲餐饮和旅游观光于一体的“蜂业小镇”。在地方政府的支持下，蜂产业已经实现从点状到片状分布，抱团发展，全市有蜂产品企业 200 多家，蜂蜡年加工量占全国总产量的 85%。许昌市正推动蜂产品产业集群，实现从小变大、由散变强，带动本地十多个村 3 万余人就业创收，实现年产值 50 多亿元。

许昌城乡融合发展正成为其推动乡村振兴的重要抓手，一个个产业园在许昌市政府的精心建设下正成为城乡产业协同发展的重要平台，也正在成为联通城乡的产业之桥。许昌正全力推动城乡融合共同富裕先行区建设越走越细、越走越精，为全省推进城乡融合实现共同富裕提供“许昌道路”，努力为全国共同富裕建设作出新的更大贡献。

“无差别城乡”

农村居民人均可支配收入连续17年位居全国第一，2020年城乡居民收入比1.61 ∶ 1，继续保持浙江省全省最低，这是红船启航之地——浙江嘉兴亮出的城乡均衡共富“成绩单”。带着温度的数据，是群众获得感、幸福感最直观的映照，更是一份深情无比的嘱托。

2004年的春天，时任浙江省委书记的习近平同志专门用了4天时间到嘉兴实地调研，提出要“逐渐缩小城乡差别，使城乡居民共同富裕、共享现代文明”，并提出“嘉兴完全有条件成为全省乃至全国统筹城乡发展的典范”的殷切期待。嘉兴牢记重托，接力奋斗，攻坚克难，坚韧求进，踩准统筹城乡综合配套改革的鼓点，在全国地级市中率先出台城乡一体化发展规划纲要，擦亮城乡融合发展示范区名片，久久为功，“成为典范”。坚持城乡融合、区域统筹，嘉禾大地奏响了富庶均衡协调曲。

“嘉禾一穰，江淮为之康；嘉禾一歉，江淮为之俭。”自古以来，嘉禾稻香鱼肥，有“天下粮仓”的赞誉。而在现代农业的田野上，产乡融合、数智双驱，嘉兴妙笔不断，向我们展示了农业现代化的新内涵。城乡差距大，最根本的原因在于城乡产业发展差距大。如何推进农业产业现代化？嘉兴用躬身力行的实践，向世人展示了“天下粮仓”的时代答案。

统筹城乡为农业升级带来了难得的契机，2017年，平湖市广陈镇成立了浙江省第一个农业经济开发区，用“二产理念、三产思维”发展农业，展开了“产乡融合”的农业发展实践。现如今，农业经济开发区覆盖了嘉兴所有县，曾经的偏远农村，也成了世界农业龙头企业争相入驻的宝地。在农业经济开发区里，服务、资金、政策、人才资源汇集，基础设施、管理机制和公共服务齐备，生产、旅游等多元业态融合发展，展现出一条美丽风景带动美丽经济、新型农业带动美丽乡村的一二三产融合发展道路。

走进嘉兴市南湖区湘家荡的一家数字农业工厂，数字化、科技感十足的现代农业景象迎面而来：各类无人车、运输机器人往来穿梭，30多个车间里温、光、水、湿、肥实现智能化控制。这样一间小小的数字农业工厂，每平方米蔬菜产量是普通大棚的8—10倍。而这是嘉兴发展数字农业、数字赋能现代农业的缩影。近年来，嘉兴开展“数字农业”建设，利用物联网、大数据等数字技术助推农业发展。“高大上”的农业应急指挥系统、智慧农业云平台推动农业转型升级，数字农业与现代产业要素的相互结合，成就嘉兴农业“蝶变”图景。

城乡融合发展，绝非“削峰填谷”“削足适履”，而是要拆掉挡在城市和农村之间的“墙”，走一条乡村发展潜力充分释放、城乡要素双向流动的新型城乡协调均衡发展之路。

2008年是嘉兴统筹城乡发展的“拐点之年”，这一年，嘉兴率先出台《打造城乡一体化先行地行动纲领》，在全域实施以“两新”为总抓手的城乡统筹综合配套改革行动，实施以优化土地使用制度为核心的“十改联动”，挥动了打破城乡发展壁垒的“组合锤”。

“这里环境好，设施齐全，聚集了很多有活力的年轻人，我承包了30亩地，打造了一条集养殖、采摘和加工于一体的蚕桑全产业链条。”张静惠是上海人，是嘉兴市农创园第一批青年“农创客”，在这里，她和小伙伴找到了发挥才华的天地。

一子落而满盘活，嘉善全域推进农房集聚，原本分散四处的宅基地集零为整，成为供给产业发展、集镇培育的土地要素供给重要来源。走进嘉善县姚庄镇社区，别墅式民居整齐分布在街道旁，这里是嘉善2008年率

浙江省嘉善县姚庄镇横港村渔民的新房

先开展的民居改造集聚试点之一。10 多年时间，姚庄镇 80% 的居民实现了集中居住，宅基地被复垦整理，按一定比例来发展工商业和建设社区。进城农民“以地换大棚”，在农业现代产业园的农业“标准厂房”里，实现了“带着承包地进城”的梦想。2016 年，嘉善各村腾退“低小散”企业获得的土地指标“飞”入大云镇，建起了占地达 300 余亩的中德生态产业园，突破了原先低效的土地资源、地域限制，在工业园区组团发展产业经济，“飞地抱团”发展模式闻名全国。现如今，“飞地抱团”项目遍布嘉兴，全市累计完成“飞地抱团”项目 100 余个，“抱团”模式从开始的跨村，发展成跨镇、跨县、跨市、跨省。

城乡统筹，就是把乡镇发展和城市发展作为一个有机整体来对待，把农业和工业、城市和农村作为一个整体来规划，让乡村和城市能够互惠一体、互融共生，实现全体人民的共同富裕。

“一脚油门，就能从浙江到上海。”在嘉兴，经常可以听到这样一句话，“城乡空间规划一张图”和“人口和生产力布局一盘棋”。从“多规合一”到全市“一张图”“一盘棋”，城乡基础设施一体化、公共服务一体化大踏步前进，城乡差距显著缩小，现代化网络型田园城市布局更加合理。得益于2020年底全面贯通的姚杨公路，家住嘉善县姚庄镇的徐丽华实现了“上班到上海，生活在农村”的梦想。十八年磨一剑，嘉兴在全省率先实现了城乡供水、供电、路网、网络等基础设施互联共通，实现了各城镇15分钟上高速、中心城区30分钟直达、周边城市60分钟互通的“153060”目标，为嘉兴农村插上了腾飞的翅膀。嘉兴城乡均衡发展主要体现在两个方面：一是城乡居民收入差距小，二是基本公共服务均等化程度高。打破城乡二元结构，不仅仅要提高农村居民收入，还要从教育、医疗、就业、养老等方面实现城乡居民均等化。早在2004年，嘉兴就提出“六个一体化”，市政设施和公共服务向农村不断延伸，城与乡的界限变得越来越模糊。而随着城乡“无缝对接”，嘉兴农村的碧水蓝天正散发着前所未有的魅力。

保障，曾是城与乡最大的鸿沟。2007年以来，嘉兴全域全面推行城乡居民社会养老保险全覆盖，是最早实现“全民医保”的地级市。现如今，嘉兴农民人手一张市民卡，村民可以享受和城市居民一样的医疗保险。除此之外，嘉兴统一了城乡最低生活保障标准，构建了城乡一体的社会救助体系，所有嘉兴农民过上了“老有所养”的日子。

行远自迩，踔厉奋发。嘉兴市委提出，要以红船启航之地的政治担当走好新时代的赶考之路，推动嘉兴从“统筹城乡发展的典范”跃升为“共同富裕的典范”，嘉兴“城乡大融合”的脚步不会停止，嘉兴的城与乡必定在未来不断交融，在交融中携手共进。

城乡融合是城乡发展的重要方向，也是推动乡村振兴的有力举措。在城与乡的交融中，城市让乡村更美好，乡村让城市更向往。相信在不远的将来，城乡融合发展将成为生动的现实，乡村不再是城市繁荣的背景板，农民也不再是共享红利的旁观者，而是共同交融在中华民族伟大复兴和现代化建设的亮丽风景线中。

第七章

共同富裕要靠共同奋斗来实现

幸福生活都是奋斗出来的，共同富裕要靠勤劳智慧来创造。共同富裕等不来，也喊不来，必须是拼出来、干出来的。实现共同富裕目标，需要全国人民共同奋斗，只有人人参与、人人尽力，才能真正实现人人享有。

1. 拒绝躺平，步履不停

“未来属于青年，希望寄予青年。一百年前，一群新青年高举马克思主义思想火炬，在风雨如晦的中国苦苦探寻民族复兴的前途。一百年来，在中国共产党的旗帜下，一代代中国青年把青春奋斗融入党和人民事业，成为实现中华民族伟大复兴的先锋力量。新时代的中国青年要以实现中华民族伟大复兴为己任，增强做中国人的志气、骨气、底气，不负时代，不负韶华，不负党和人民的殷切期望！”习近平总书记在庆祝中国共产党成立 100 周年大会上如此寄语新青年。

时光走过了一个多世纪，104 年前，一腔热血的青年掀起了反帝反封建的五四爱国运动，倾尽全力，推动了近代以来中华民族追求民族独立和国家发展进步的历史进程；104 年后的今天，新时代的青年正在为梦想拼搏，为中华民族伟大复兴而奋斗。100 多年来，五四精神始终如一，薪火相传，生生不息，点亮未来。

青年精神是什么？是生而不凡，打破常规。从第一个百年奋斗目标的实现，到消除绝对贫困的千年梦想，这一代中国青年的成长，有着理想主义和乐观精神的光芒；是生而不悔，追逐理想。在2020年这注定不平凡的一年，众多中国青年奋斗在脱贫、抗洪、战“疫”一线，接过新时代的接力棒，义无反顾地展现出责任和担当；是生而不惧，奔涌向前。新时代的青年敢于追梦，永不止步，将个人价值的实现与国家命运同频共振。中国青年始终有一份向上的力量，点点星光，汇聚星河，他们在向世界发出自己的声音，向世界宣告“我们来了”。

“红富士按1，奶油富士按2，桃子按3，大黄杏按4……”在某电商平台的一个直播挑水果现场，主播站在琳琅满目、色彩纷呈的水果前面，吐字飞快地对着屏幕前的观众推销当季新鲜水果。

虽然正是吃苹果的季节，但是一些进入直播间的客户却选择了买一箱梨。在这家平台的网店里，卖得最好的不是别的，正是香糯可口的太婆梨，而这家店现在也冲上了该平台梨子类目畅销榜第一名。

这家店铺的老板叫于本诚，出生于1998年，来自山东烟台大于家村，他将网店销售额从零做到超3000万元，并成功带动了周边几百名村民就业。而这种叫作“太婆梨”的水果，也和这名年轻人的创业经历紧密联系在了一起。

在以前，于家的太婆梨主要出口到俄罗斯，销路稳定，且太婆梨相对小众，于家就一直延续着父辈的经营理念，并没有开辟新的零售渠道。但危机说来就来，2019年8月，俄罗斯方面暂停进口中国梨果类和核果类作物，太婆梨的主要销售渠道也因此中断。家里本来用于出口俄罗斯的150万余斤太婆梨，只能滞留在冷库里，每天都在加速腐烂。刚刚大学毕业的于本诚听闻了家里的消息，毅然决定放弃就业回家帮助父母渡过难关。

年轻的于本诚做出了一个大胆的决定，在网上卖梨，出口转内销。做出这个决定并不容易，没有支持也没有经验，刚开始，于本诚在电商平台上注册新店铺，一个人充当运营、推广、销售，一切从零开始。辛苦可想而知，每天早上 7 点，于本诚准时坐在电脑前，一边回复消费者的问题，一边学习电商运营知识，一直到晚上 12 点，整个人基本上没有离开过电脑桌。但是成果也是喜人的，日销量从最初的 0 单慢慢增加到 3 单、5 单，再到 300 单。从第一次参加秒杀活动，一下出售 600 件，不到 2 小时，太婆梨就销售一空，再到后来，每天基本上能够卖出 1000 单。2020 年，于本诚迎来了自己的高光时刻，借助“抗疫助农”活动，他很快就清空了库存，累计卖出太婆梨 250 余万斤，不到一年的时间就追平了父亲打拼多年实现的销售总量。

“我觉得这是一个充满无限可能的时代，电商为我们这一批年轻人的

山西运城芮城青年姚乔升正在花椒地里直播卖花椒

创业打开了巨大的想象空间。”于本诚说。而他的成绩，也得到了父亲的认可，还带动了当地很多年轻人一起加入水果电商。未来，于本诚计划在销售鲜果的基础上进一步提高产品价值，探索产品深加工，推出梨罐头、梨膏、梨茶等高附加值产品；进一步完善太婆梨品质培育技术，打造太婆梨物流集散中心，申报国家地理标志产品，改善传统梨种，进一步带动更多农民致富。

和于本诚有着相似的经历，同样出生于1998年的浙江义乌人滕智越，采用新的经营理念和经营方式，发掘出茶叶这一古老行当里的巨大潜力。

滕智越戴着一副宽边眼镜，有着一股书卷气，常被人称为“小滕”。小滕是地地道道的“茶三代”，爷爷是老一辈茶农，父亲早在十几岁就去广西做茶叶生意，而那里被赞誉为“中国茉莉花之乡”，有着完整的茉莉花茶供应链，母亲则在浙江发展茶叶零售渠道。年轻的滕智越从很小起就想把大山里的制茶手艺带给外面更多的人。人们很难将这个小伙子和“大老板”联系起来，但是在过去的几年时间里，他和他的团队将网店的销售额成功做到了近3亿元。

刚满二十岁还在上大学的小滕就开始了自主创业，他先入驻了一家传统的电商平台，但是由于竞争激烈，不到三个月就亏损了数十万元。2018年3月，不甘心失败的小滕决定转战另一个网络销售平台。吸取以往经验，并结合市场调研信息，小滕决定重点投入中高端茉莉花茶市场。创业初期，滕智越和女朋友负责店铺的所有工作，有时候还会去人声嘈杂的网吧，别人打游戏，他俩在电脑上看后台数据。当时两人都还在学校读书，只能在宿舍发货，茶叶放在宿舍，为了不打扰同学，他们在宿舍的阳台偷偷打包和发货。从第一个月仅有二十单，到后来的每天几单、几十单……小滕和

江西宜春大学生创业生态农场直销店，大学生李俊楠（左）、邓万冬（右）通过直播带货

女朋友只觉得“努力没白费”。

2020 年，对滕智越个人和他的小店都是极富挑战性的一年，疫情防控期间，店铺推出了很多促销活动。“很多消费者在尝试了我们的产品之后，对我们的店铺产生了信任，回购率可以达到 40%。”滕智越说。也正是在 2020 年，小滕自己找到货源，店铺产品扩张到其他茶叶品类，线上销售额达到 3 亿元，较 2019 年销售额增加了一倍。

滕智越将自己在大学里学到的知识学以致用，凭借自己的努力和汗水成功实现了“弯道超车”，短短几年就在该平台上开辟了新的销售渠道。几代茶农怎么也不会想到，大山里古老相传的种茶、采茶、制茶手艺，到了滕智越这一代人，和互联网结合在一起，擦出了不一样的火花，有了不一样的色彩。

新青年，在田间地头，在火热的生活里。于本诚依靠电商平台追平了自己父亲多年打拼实现的销售总量，滕智越将大山里的制茶手艺带给了更多人。比起用双手和汗水打拼江山的父辈创业者，现如今的青年创业者更加懂得依靠互联网，更能够理解消费者。在属于他们的新时代，他们不仅很快赶超父辈，也在将更加优质的产品，更加注重细节的消费体验带给更多人。

穿上防护服，就是战士

突如其来的一场疫情，打乱了我们的脚步，生活也暂时按下了暂停键。但也是在这场抗击新冠疫情的战役中，我们看到了以 90 后为代表的青年们挺身而出、担当奉献的精神面貌。

武汉市致全市青年团员的一封信中这样写道；“新冠疫情发生以来，在疫情防控最前沿，全市广大团员青年积极响应团组织号召，一支支青年突击队迅速集结，一份份‘申请书’按满手印，一个个‘小红帽’点亮街头，在医疗卫生、工程建设、物资保供、运输保障等疫情防控的重点领域，主动请战，冲锋在前，为坚决打赢疫情防控武汉保卫战发挥了生力军和突击队作用。”抗击疫情，青年先行，曾经是“温室”里的“宝宝们”，向险而行，贡献出生生不息的中国力量，树起了疫情防控第一线的青春榜样。

2020 年 1 月，在北京上大学的 00 后女孩谢小玉回老家武汉过寒假，面对突然暴发的疫情，这位女孩主动穿上红马甲，为 200 多户居民买菜、送药、取快递，成为东湖新城社区中最年轻的志愿者。最忙的时候，小玉一天要跑二十几次，根本没有时间坐下来休息。疫情防控期间，武汉全面实施网格化管理和封闭式管控，在抗击新冠疫情的阵地上，青年志愿者和社区防控人员一道，为居民处理大事小事，尽己所能，成为武汉这座英雄城市上的亮丽风景线。

当武汉正处于疫情防控的最紧要关头，一批批医疗队满载爱心驰援而来。而为援汉医疗队做好后勤服务，是武汉青年团员义不容辞的责任。2020 年 2 月 13 日晚，仅用了 4 个小时，武汉市团委就集结了 60 余名青年志愿者，组建了“大白”支援服务队，为援汉的“白衣天使”开展送餐、运送物资等服务。而为了能给援汉医疗队员送上他们来汉后的第一份热粥，支援服务队员四处奔波着……

“我们的小团队中有不少女同志，她们有的孩子小需要照顾，有的父母患病，但姐妹们依然坚守岗位，没有一个人当‘逃兵’。”水岸星城社区党委副书记吴磊这样介绍自己的队伍。吴磊是位 90 后，2012 年来社区工作。武汉疫情刚暴发时，接到社区中心医院通知，水岸星城社区有与新冠感染者密切接触者，吴磊立马带着工作人员上门走访，讲解隔离政策。在武汉市，还有众多青年志愿者奋战在疫情防控一线。在家中，她们是孩子，是学生，是宝贝女儿；在疫情面前，她们是战士，是英雄，是白衣天使。

习近平总书记在给全体 90 后党员回信中写道：“在新冠肺炎疫情防控斗争中，你们青年人同在一线英勇奋战的广大疫情防控人员一道，不畏艰险、冲锋在前、舍生忘死，彰显了青春的蓬勃力量，交出了合格答卷。”全国 4.2 万多名驰援武汉的医务人员中，有 1.2 万多名是 90 后。奋斗是青春最亮丽的底色，一大批年轻医护人员奋斗在抗疫一线，而千千万万个 90 后、00 后奋战在工地、社区、工厂以及运输保障等各条战线……广大青年用行动证明，新时代的中国青年是好样的，是堪当大任的。

青年兴则国家兴，青年强则国家强。从五四运动至今，这个道理在中国发展的历程中得到了无数次的验证。在任何时代，青年都是最富行动力与创造力的群体。

也是这帮青年人，以朝气蓬勃，敢想敢为，以先行者的姿态，做着各种看似“吃力不讨好”的尝试。

随着社会的发展，越来越多人认识到知识更新和事业拓展的重要性，也不再把目光局限于单一工作，开始以多种职业体验来获得个人价值的提升。在互联网这一广阔舞台上，越来越多的年轻人选择做一名“斜杠”青年。

“从新东方到单口喜剧，从内核上说，我其实在做一件事，就是满足我的表达欲。”毕业于浙江大学能源与环境系统工程专业的刘旸，是一名地地道道的理科生。但是英语不错并且从小喜欢演讲的他毕业后选择去新东方当一名老师，一干就是 9 年。一次偶然的机会，刘旸调回北京工作，恰逢国外单口喜剧在国内兴起，多年的讲台经验让他毫不费力地成为一名单口喜剧演员。现如今，刘旸很享受站在某个小剧场的聚光灯下，妙语连珠之后观众爆发出的阵阵笑声。

大学毕业后的戴安妮不仅是一名国企职员，还是民宿老板和公众号运营者。“我的工作性质是内敛的、向内收的，经营民宿和写公众号推文对我来说是一种向外探索的过程，对本职工作来说也是有益的补充。”以应届毕业生身份进入国企工作的戴安妮，工作时间相对比较固定，有一定的时间和精力做自己喜欢的事情。

除了自己的本名之外，任宇佳还有两个常用的称呼：一个是小鱼老师，一个是 Mandy。叫小鱼老师的时候，她是一位翩翩起舞的舞蹈老师；而叫 Mandy 的时候，她是一位在北京 CBD 外企公司工作的白领。任宇佳如此评价自己的选择：“不是有一种流行说法，要把自己当作公司的 CEO

来经营自己的人生，是这个社会给了我们更多选择，我们才有机会同时做其他更多的事情。”年轻不止一面，不设限的人生更加精彩。互联网浪潮之下，新兴产业不断涌现，自由职业者越来越多，“斜杠”已成为当今时代的潮流。

就像诗人塞缪尔·厄尔曼在其作品《青春》中说的那样：“青春不是年华，而是心境；青春不是桃面、丹唇、柔膝，而是深沉的意志，恢宏的想象，炙热的感情；青春是生命的深泉在涌流。”面对青春的呼唤，年轻人以行动注释青春；面对社会的托付，年轻人用坚守回报信任。广阔天地，千千万万平凡而又不平凡的中国青年，在以自己的行动谱写着令人惊叹的青春赞歌。

2. 奋斗是青春最亮丽的底色

“一勤天下无难事。”习近平总书记指出：“征途漫漫，惟有奋斗。我们通过奋斗，披荆斩棘，走过了万水千山。我们还要继续奋斗，勇往直前，创造更加灿烂的辉煌！”幸福生活都是奋斗出来的，共同富裕要靠共同奋斗。在通往共同富裕的道路上，我们进一步发挥主动性、积极性、创造性，共同创造、共同建设、共同奋斗，脚踏实地、久久为功，让全体人民都能够通过辛勤劳动，共享改革发展成果和幸福美好生活。

新中国成立70周年之际，经过全国广泛推荐评选，278名个人、22个集体获得了“最美奋斗者”这一称号。而这些“最美奋斗者”，都是我们耳熟能详的劳动者。

“最美奋斗者”袁隆平，也是“共和国勋章”获得者。他的一生都在追寻着“两个梦”：一个是“禾下乘凉梦”，另一个是“杂交水稻覆盖全球梦”。一顶草帽、两腿泥泞，他在几十年的时间里，致力于提高杂交水稻亩产，对中国、对世界都作出了极重要的贡献。“一日三餐，米香弥漫，饱食者当常忆袁公”，“稻禾无忧，国士深耕犹思千万家”，这是袁隆平先生去世后，人们对他的评价。一生躬耕田野，杂交水稻浸入了他的血液里，只求天下不再有人饿肚子，袁先生的一生，美得不可方物。

“最美奋斗者”陈景润，也是“改革先锋”。他在旁人觉得枯燥无味的代数方程式中发现了美，也在破解世界难题“哥德巴赫猜想”中创造了旁人不能体会的美。昏暗的煤油灯，6 平方米的逼仄小屋，装满草稿纸的麻袋，是他摘取“数学皇冠上明珠”的见证。现在的年轻人也许不了解数学家陈景润年轻时丰神俊朗的模样，但是他不懈奋斗的精神一直在流传，激励着一代代年轻人发奋图强、攀登科学高峰。陈景润的一生，是奋斗的一生。

“最美奋斗者”张桂梅，也是“七一勋章”获得者。在十多年前《光明日报》发起的“寻找最美乡村教师”活动中，她就以扎根大山奉献教育

2021 年 6 月 29 日，张桂梅在北京人民大会堂金色大厅的“七一勋章”颁授仪式上

的精神获得了“最美奋斗者”这个朴素亲切而又令人崇敬的称号。她扎根深山 40 余年，无惧病痛缠身，不负生命韶华，让一个又一个大山里的女孩见识到外面的精彩世界，让她们绽放美丽的青春，拥有美好的未来。蹒跚的步履，贴满膏药的双手，刻满沧桑的脸庞，张桂梅给我们展示了奋斗者最美的形象。

世界上不是缺少美，而是缺少发现美的眼睛。有的美，美在刹那芳华，美在那一瞬间的呈现；有的美，美在求而不得，美在追求的路上；而劳动的美、奋斗的美，可能不如“夏花绚烂”，但是更能动人心弦、夺人心魄，更能持久永恒。

习近平总书记指出：“只要有坚定的理想信念、不懈的奋斗精神，脚踏实地把每件平凡的事做好，一切平凡的人都可以获得不平凡的人生，一切平凡的工作都可以创造不平凡的成就。”而有一个年轻人扎根青海十余年，矢志奉献，将自己原本平凡的人生变得不平凡，创造出了伟大的成就，活出了不一样的精彩。

“太冷了，仪表装置都冻了。”“排查管线流程，安排解冻剂、加注泵车，1 小时内完成解冻！”正值冬季保障供能关键时期，位于青海柴达木盆地的涩北气田突遇寒潮，气温骤降，供能受阻。连日来，一个红色的身影频繁来往于每个井场，认真排查每一个温度表、流量计、压力表，机智处理各种紧急情况，确保气田稳定生产。而这个穿着红色工服、指挥沉稳的年轻人，是中国石油青海油田公司采气一厂总工程师黄麒钧，他扎根茫茫戈壁已经十几年了。

“要么留在东北，要么就到西部去！”从小生活在东北林区的黄麒钧，年少时生活艰辛，吃过很多苦。上高中时，为了供他读书，母亲把家里唯一的房子卖了。在校学习期间，黄麒钧非常勤奋，经常看书到半夜，为了不影响室友，就把被子卷起来，以免台灯的光散到外面，而他也就这样顺利入读本校研究生。来到毕业季，站在人生的十字路口，黄麒钧并未彷徨，而是早早认定了两个关键词——“东北振兴”和“西部大开发”，立志在奉献国家中实现自己的人生价值。坐了 60 多个小时火车，经过近 4000 公里，黄麒钧来到了青海油田敦煌生活基地。

“涩北气田最特殊、最典型的技术难点就是出砂，每口气井平均一年要出几十吨砂。砂子粒径中值在 40—70 微米，和头发丝一样细，更像是泥，治砂难度之大堪称世界之最。”涩北气田，是全国海拔最高、气候最恶劣、条件最艰苦的气田，同时也担负着为青海、甘肃、西藏、宁夏四省（自治区）供气的艰巨任务。工作期间，黄麒钧跑得最多的就是这里。

“凌晨两点，开始井下作业。”为了掌握一手资料，即使最冷的时候，黄麒钧也要到现场收集数据。深夜的井场，寒风凛冽，气温最低可以达到零下 20 多度。黄麒钧爬到储液罐上，一手拿着手电筒观察液位下降，一手拿着卷尺计算漏失速度。

如果把采气作业看作一场战斗，那么出砂就是最大的敌人。砂子随着天然气从管道里出来，不仅会造成近井地带土地亏空，损坏采气设备，还会堵塞采气通道。没有经验可循，黄麒钧和同事只能和砂子死磕，一次又一次地摸索，他们逐渐掌握了控砂、冲砂、防砂等方法。在这治砂“三部曲”的作用下，再“顽皮”的砂子也开始“老实”起来。

黄麒钧婚后将家安在敦煌，夫妻俩经常一两个月也见不到一面。在妻子眼中，黄麒钧是个“傻子”，就知道傻干，别说往家里打电话，就连儿子上学在哪个班都不知道。而在他的大学同学眼里，黄麒钧身上“有股傻劲儿”，十年来没有回过家乡，明明有很多机会可以调到城里，和家人团聚，但就是一心扎在戈壁滩上，怎么说也不肯离开。“离开柴达木？我从未想过。”在他看来，柴达木不仅有戈壁滩，更有别处看不到的风景。

今天，奋进新时代，在神州大地上全面建成小康社会，前所未有；十多亿人同步迈向现代化，世界罕见。无论是历史还是现实，都在告诉我们，奋斗势在必行，“一切伟大成就都是接续奋斗的结果”。拉近历史镜头细看，无数从 0 到 1 的跨越、由弱变强的发展奇迹都是中国人民在奋斗中完成每一项任务、履行每一道职责之后创造的。为了加快实现工业化，中国石油工人手提肩扛，在茫茫荒原上竖起了巍巍钻机，中国科学家以包装箱当护具，废寝忘食研发卫星天线；为了推进改革开放，我们以一往无前的奋斗精神推动经济特区开创新局面；为了摆脱贫困、全面建成小康社会，千万人奔赴广袤农村，几百万驻村干部奋战在脱贫一线，1800 多人的生命永远定格在脱贫攻坚征程上……而这一切都是靠“人一之，我十之；人十之，我百之”的奋斗精神！

山间烛火，点亮希望

群山环绕中，有一个平整宽阔的土操场，而土操场的尽头，则是修葺一新的教学综合楼。33 个学生稀稀拉拉，五个年级每间教室里松松散散坐着几个人，仅有的 5 位老师都已年过半百。那天刚好是周五，放学铃一敲响，同学和老师都走了，偌大的学校仅剩下陶建刚一个人。虽然已经过去了十多个年头，但陶建刚还是很清楚地记得自己第一次来到陕西省铜川市照金镇北梁红军小学的情形。

坐在简陋的宿舍里，一辆辆运煤车在山间道路呼啸而过，而当时年仅 24 岁的陶建刚一遍又一遍地问自己：我能不能在这儿待到三年期满？2011 年，陶建刚从西安文理学院毕业，第二年，他就响应国家“中央特岗教师计划”的号召到陕西铜川支教。从刚来到这里时的迷茫彷徨，到下定决心留在大山，一个又一个三年过去，陶建刚将自己的青春都献给了山区的孩子们。

“刚来山里不久，我就注意到，在小溪边、田野里，玩到最晚的通常是父母在外打工的孩子。”陶建刚在山里见了很多的留守儿童，他们衣食不愁，但是很久都见不到父母，心里就像“破了一个窟窿”。“天黑了，别的孩子都被爸爸妈妈赶回家的时候，留守孩子的眼中只有落寞。”孩子们落寞的眼神深深震撼着陶建刚的心灵，也让他对留守儿童多了一份关怀。从帮助孩子复习功课、辅导作业，到做家访穿鞋提裤，再到促膝长谈、倾听交谈……

陶建刚在“奋进新征程建功新时代”中外记者见面会上与中外记者见面交流

不管是分内还是分外，陶建刚把能做的都做起来，只想弥补孩子心中的遗憾。但是尽管如此，他意识到留守孩子的心结还是没有完全解开。

“不行！得让孩子们和父母‘见面’！”当时，智能手机刚刚兴起，手机视频功能还没有普及，想要和父母联系只能通过互联网。陶建刚在学校专门找了间办公室，架上电脑，用互联网沟通山外的世界。皓皓的母亲因病去世，父亲也去了湖北打工，原本家里的宝贝一下子就变得沉默寡言，成绩也一直往下降。中秋节就要到了，陶建刚一边给在工地干活的孩子父亲打电话，约好时间让他在网吧等着，另一边又把皓皓叫到办公室，让这对父子通过互联网见了面。从这之后，“倔头倔脑”的皓皓变得听话了、柔和了，心里有委屈也愿意和老师沟通了。这些年，陶建刚帮一对对家长和孩子见了面，互联网里的沟通虽比不上现实生活中温暖的拥抱，但也可以让彼此的心靠得更近。

陕西省铜川市照金镇是英雄的土地，这里留下了红色传奇。1933 年，老一辈革命家刘志丹、习仲勋等人在这里建立了中国共产党在西北的第一个山区革命根据地——陕甘边革命根据地，从此点亮了西北革命的燎原之火。北梁红军小学自带红色基因，刚就职不到一年就被任命为副校长的陶建刚认为不能只管孩子们的学习、生活，不能仅是心灵上“补窟窿”，也得让孩子们从红色资源中吸收精神力量，从心里“支棱起来”。

“陈家坡会议”“奇袭耀县城”“薛家寨突围”……陶建刚鼓励原来成绩一般、存在感不强的欣欣去做“小红星讲解员”。从一开始的磕磕巴巴，到后来的抑扬顿挫、绘声绘色，“小透明”不仅赢得了掌声，也坚信“原来我也有出彩的时刻”，成为区上的“红色故事宣讲个人”。除此之外，组建“小红星足球队”“小红星讲解队”“小红星合唱队”……陶建刚针对每一个孩子的特点，因材施教。在红色文化的熏陶下，孩子们有了独一份的自豪感，也更有勇气面对未来的困难和挑战。

“我是豆豆之光，但也要点亮孩子们的梦想。这不仅关系到孩子们的未来，也关系到祖国的未来。”在坚守中，陶建刚也感受到了温暖。支教老师是流水的席，知道“陶老师留下来不走了”，山里人对陶建刚是说不出的好。塞了满怀的苹果、核桃，是山里的老乡给陶老师独特的温暖。这温暖也来自家人，陶建刚把家安在山里，每天早出晚归，妻子就成了他坚强的后盾，和陶建刚一起庇护着山里的孩子们。

曾在铜川体验生活的作家路遥在《平凡的世界》里写道：“人处在一种默默奋斗的状态，精神就会从琐碎的生活中得到升华。”陶建刚常常拿它激励自己。三年又三年，陶建刚扎根深山，以自己的行动培养了一群孩子，改变了一方水土；而千万个陶建刚，就可以塑造一代人，影响一个民族。

幸福该怎么获得？该怎么度过我们的一生？我们应该追求什么样的美？习近平总书记寄语年轻人，“奋斗是青春最亮丽的底色”“奋斗的道路不会一帆风顺，往往荆棘丛生、充满坎坷。强者，总是从挫折中不断奋起、永不气馁”。

今日的中国，早已形成以劳动为荣的社会风尚，以奋斗为美也是日常生活中最亮丽的风景。在无数个薄雾萦绕的清晨，在每一个华灯初上的夜晚，在数不尽的暑气蒸腾的正午，都可以看到环卫工人认真打扫的忙碌、建筑工人无惧风雨的辛劳、科研人员投身实验的认真……幸福都是奋斗出来的，在每一个劳动岗位上，每一名劳动者都在追求自己的幸福人生，都跳动着一颗为梦想奋斗、为国家拼搏的热忱的心。他们每一个人的身影，都是那么美！

正如中国共产党的先驱李大钊所说："黄金时代，不在我们背后，乃在我们面前；不在过去，乃在将来。"从加快推动数字化发展、建设数字中国到全面推进乡村振兴，从构建新发展格局践行新发展理念到促进人与自然和谐共生……每个领域都需要千千万万有为者的奋斗，每个领域都在等待有志者追逐自己的理想。时代不负追梦人，一个个出彩的中国人，在平凡中铸就不凡。

3. 新时代新业态的奋斗者

江苏省镇江市女企业家汪月霞是一名全国先进个体工商户。2002 年，汪月霞辞职回乡帮父亲种植茶叶。当时，茶树种植还很原始，由于种植数量和品种有限，没有形成规模。面对传统种植方式，她决定从两方面着手改变：一是改良技术、丰富茶叶品种，二是扩大种植规模。

2013 年，汪月霞在村里承包了 200 亩荒山，解决了土地问题。在农科站专家的帮助下，她选择适合的肥料，同时选用环保的农药来防治茶树病虫害。最终，茶叶经质量监督部门检测，符合绿色标准。规模是基础，技术是保障。解决了土地问题，汪月霞继续改良技术，丰富茶叶品种。2015 年，她先后引进龙井系列、浙农系列，实现了技术改良。

在她的带动和帮助下，800 多户村民由传统农业转入高效农业，解决了 1900 多名农民的就业问题，村民的年收入由人均 2000 元，提高到人均 11000 元，极大地改善了农民生活。

富不忘亲。面对市场冲击，汪月霞意识到，只有组织茶农“抱团取暖”

走联合发展的道路，才能有效规避市场风险，做大做强。2010 年，她牵头成立了茶叶专业合作社，初步形成了茶产业生产一体化的新格局。

作为全国先进个体工商户的典范，汪月霞坚守初心，抱团发展，发挥“领头雁”的作用，在生产经营规模不断扩大的同时，带动大家共同致富，展现了新时代创业者的风采。

欲速则不达。在各行各业，总有一部分人不贪多求快，不好高骛远，一步一个脚印，苦练技能，力求把产品和服务做到精益求精。

郑树贵在北京开了一家修表小店，身为中共党员，他本着做事先做人的原则，在保证货真价实、质优价廉、优质服务的基础上，把一个不足 15 平方米的小店，发展为涵盖修表、照相，售卖学生用品、手机通信产品等多种服务的两个店铺，把产品和服务做到了精益求精。

1984 年，郑树贵从河北省景县钟表专业学校毕业后，就一直在家乡从事修表工作。1988 年，他来到北京，在北京林业大学校院内租了间房开了修表小店，这一干就是 30 多年。

郑树贵并不是一开始就赢得顾客信任。他刚到北京的时候，顾客并不相信他修表的技术。为了赢得信任，他把技校毕业证书摆在柜台上并且承诺明码标价、低价让利，如果修不好愿意双倍赔偿。

他专门准备了一个笔记本，本子上清楚地写着每一位顾客的姓名、单位、手表型号、修理项目等。通过这个本子，新客户不仅感受到了他认真负责的态度及责任心，更增加了对他修表技术的信任。

有了顾客，还要保证服务品质。对此，郑树贵说：“做买卖不能光图钱，必须为顾客着想，诚心诚意做事待人。”有时，他晚上熬夜干活儿，也要准时将表交到顾客手上。

顾客发现郑树贵修的表走时准确，收费较低，服务态度好，回头客越来越多。就这样，一传十，十传百，大家都知道北京林业大学有一个修表的小郑师傅。他的店里总有干不完的活儿，业务越来越多，名声也越传越远。

业务多了，名气大了，但郑树贵并没有忘记初心，仍旧把修好每一块表、服务好每一位顾客作为信条。

有一次，学校里一位老师的进口手表坏了，去了好几个地方都没有修好，听说郑树贵的技术很好，抱着试试看的心态来到了修表店。郑树贵检查之后，发现手表坏了一个零件，而当时店里又没有进口配件，修不了。郑树贵心里就想：自己是修表的，却不能帮顾客修好表，这怎么对得住顾客呢？于是他干脆关了店门，先后跑到前门、西单，最后在王府井找到了匹配的进口零件。令郑树贵没想到的是，零件的价格比他定的修表费还高出好几倍，但他没有多想，把零件买下并把表修好后，按照既定的价格交给了这位老师。知道这件事后，这位老师坚持要把少收的钱给他，还见人就夸小郑师傅“不但表修得好，收费不高，而且心地好、服务态度好”。

郑树贵还积极履行社会责任。1989 年至今，每逢重要节日、重大的社会活动，不论是学校还是社区居委会组织的便民服务活动，他都主动出摊参加，从不缺席。为了方便高龄和行动不便的顾客，郑树贵带领学徒们主动上门免费服务。北京林业大学的特困学生修表、照相一律免费。一路走来，他先后为北京林业大学残疾特困学生、北京市水利工程绿化建设、外地水灾等捐款合计 3 万余元。

摒弃浮躁，宁静致远。在各行各业，在广大个体工商户群体中，还有很多像郑树贵这样的“匠人”在平凡的岗位上坚守“初心”，不等不靠，对工作执着，用双手创造更美好生活，为促进个体私营经济发展作出了积极贡献，成为实现共同富裕的坚实力量。

让奋斗在“云”端飞扬

“5，4，3，2，1！”在一阵倒计时声中，浙江省德清县莫干山镇在淘宝直播间推出的“5.4 元”民宿特惠房被一抢而空。

一个三脚架支起的环形美颜灯，一部架上手持云台的手机，两台和粉丝互动的平板电脑……五一假期期间，在莫干山镇庾村的云鹤山房小镇青年会客厅，几位“主播”正卖力地向屏幕另一端的消费者推销莫干山的绿水青山和美食民宿。

大家不知道的是，这几位“主播”原来是临时搭伙、没什么直播带货经验的新人。他们是共青团德清县委为复工复产、拉动地方经济请来的“救兵”，有当地青年团干部，也有优秀返乡青年。

几乎没有直播经验的沈婵樱是莫干山镇的团干部，这是她第 3 次试水直播带货。

“为了家乡‘豁’出去了！”85 后的沈婵樱告诉记者，她是土生土长的莫干山人，对这里的山水、土地、乡亲有着特殊的情感。读大学时她去了上海，后来留在上海一家国企工作。随着莫干山乡村旅游的兴起，沈婵樱意识到传统的茶产业可能有新的市场空间。2015 年，她辞去工作回到家乡，试图用一种时尚、现代的方式诠释茶文化。“如果以太传统的形式推广茶文化，可能跟大家的生活有点距离感。我要做茶空间，一定要时尚一点，喝茶方式轻松惬意一点。”

沈婵樱的爷爷和父亲都是中国黄茶“莫干黄芽”的制茶大师。作为“茶

浙江湖州德清县第十五届“莫干黄芽”茶王赛，当地主播对参赛茶品进行网络直播

三代”，沈婵樱从小就跟着父辈上山采茶，学习茶文化，一直希望把“莫干黄芽”等当地的优质农产品推广到全国乃至世界。

和“莫干黄芽”一样，莫干山的民宿也是当地一块金字招牌。往年，从全国各地慕名而来的游客络绎不绝，可是在新冠疫情期间，游客少了，茶叶、青虾、黑鱼、枇杷等特色农产品一度出现了滞销。

怎样帮乡亲们把优质的旅游资源和农副产品推出去，成了当地干部日思夜想的大事。看到直播带货在全国各地如此红火，主理家中茶叶生意的沈婵樱和镇上干部，以及附近几个民宿业主，自疫情发生以来就开始研究通过直播电商实现突围。

在“青春直播间”中，他们通过聚合镇上各家民宿和优质农产品的影响力，分享私域流量，抱团为莫干山的民宿、美景和美食“打 call”。莫干山民宿行业协会会长、西坡集团董事长钱继良是德清返乡青年代表，尽管第一次做直播，此前却做了不少功课。对他来说，这更像是一场朋友间的聚会，一起聊聊困难和未来发展。钱继良说，疫情“危”中有“机”：镇里的民宿一方面通过直播电商，开拓线上销路；另一方面，也趁疫情优化店内设施，加强人员培训，以迎接疫情结束后的游客返潮。

是月亮与六便士，也是诗和远方

我不大敢看自己的生活 / 它坚硬　铉黑 / 有风镐的锐角 / 石头碰一碰　就会流血 / 我在五千米深处打发中年 / 我把岩层一次次炸裂 / 借此　把一生重新组合 / 我微小的亲人　远在商山脚下 / 他们有病　身体落满灰尘 / 我的中年裁下多少 / 他们的晚年就能延长多少……

——《炸裂志》

你可能不知道陈年喜，但你或许听说过《炸裂志》。《炸裂志》是从事爆破工作 16 年的矿工诗人陈年喜在黑暗的隧道里完成的作品，也是流传最广的一首。一首《炸裂志》，将“矿工”和“诗人”两个身份联系在了一起，陈年喜，也因此被人熟知。但是简简单单“矿工诗人”四个字把那些曾经的苦难简化了、标签化了，那些曾在零下 25℃中穿着冻僵的湿衣服的爆破、那些因 16 年爆破工生涯得到一纸尘肺病“判决书”的切身经历，不只是为了获得某种特殊身份的“苦难叙事”。

陕西丹凤，秦之尾，楚之门。商山自古名利路，连接南北，商贾和学子由此奔赴长安。丹江水浩浩荡荡自秦岭而来，黄浊中泛起点点白浪，而这也是陈年喜的故乡。1999 年，陈年喜的儿子出生，孩子要喝奶粉，爱人身体不好，家中已经山穷水尽。那年冬天，陈年喜第一次去矿山，加入了浩浩汤汤的“打工潮”。16 年的矿工生涯，陈年喜走遍了荒山野岭，也体验过生死一线。他的爆破史就是民用炸药制造演进的最真实写照，一次次和导火线的燃烧比速度，和爆炸产生的冲击波赛跑。常常有人因为爆炸产生的浓烟昏倒，冷水泼不醒，只能拉到洞口吹风，醒来喝碗白糖水，睡好几天。在无数个枯燥孤独的日子里，他也会用写诗填满寂寞的心灵。

2014 年，陈年喜的诗被人发现，他也受诗人秦晓宇邀请参加纪录片《我的诗篇》的拍摄，随组到北美举行演讲。2016 年，他获得首届“中国工人诗人桂冠奖”。2017 年，他到某景区做文案工作，生活暂时稳定下来，也开始尝试散文、非虚构写作等。2019 年，他的《炸裂志》出版了，这是他的第一本诗集，其中收录的 200 多首诗，是他半生漂泊和劳作的烙印。

“再低微的骨头里也有江河。”这是让很多读者念念不忘的一句诗，称它“爆发前所未有的潜力，让我太有共鸣了”。也有读者为陈年喜加油打气：“今天才知道您，很幸运能够读到您的诗，那是从尘埃里迸发出的光。那道光照进了人心，照进了世界。老师好好休养，希望您能继续写下去。”陈年喜为每一本书写上一句诗，并附上自制书签一枚，一年多来，这样的手签本陆陆续续卖出了上千本，出版社也卖出上万本普通版。购书者从喀什到哈尔滨，来自祖国版图的各个角落，其中 90% 是学生，从清华北大到偏僻学校都有。

有人评价陈年喜的作品，“重振《诗经》的民间叙事传统，挖掘中国人悲怆又炽烈的生命力，震得人头皮发麻”。16 年的矿工爆破生涯，在他身上留下各种创口，右耳失聪、颈椎错位、尘肺病。也许人们天生具有不愿直面苦难的求生欲，面对这些生活曾经留下的苦难与经历，陈年喜却无

爆破工人陈年喜在纪录片《我的诗篇》首映礼上分享诗歌背后的故事

法回避，只能慢慢接受，就像他在写完《炸裂志》后说的那样：“我没有资格躺平，必须扛着生活的苦难往前走，还要把写作进行下去。”

午夜街头 / 一个外卖骑手的出现 / 让一抹天空 / 蓝得更加纯粹 / 月亮是天空的一处漏洞 / 所以夜从来都黑得不够彻底……

到底是怎样一个浪漫的人才会独自骑行在午夜的街头，把月亮看作是天空的一处漏洞呢？令人难以相信的是，这是骑行诗人王计兵发表在《诗刊》上的一首作品。

今年54岁的王计兵是一名外卖员，也是一位诗人。他来自江苏邳州的农村，皮肤黝黑，一笑起来眼角就爬满皱纹。50多岁已是可以享福的年纪，同龄人在广场上跳舞、遛弯，而他为了缓解家庭的经济压力，选择送外卖。

冷风迎面打来，空气呼呼作响，衣服被汗水打湿，让身体直发抖，而他不能降下车速，配餐的路程和时间都是被计算好的，王计兵希望能控制好时间，但是作用小得可怜。一次，王计兵同时接了5单，最后一个商家出餐慢，他只有19分钟的时间配送。最后，他有4单超时。而超时有时意味着罚款，更不幸的是停单。有一次，两单之间隔着一条江，系统显示配送距离500米，但他却绕了12公里的路，超时38分钟。第二天，他被限制接单，还要去指定的地点学习配送守则。

挨骂是家常便饭，外卖员更没有投诉的权利，有火也只能憋着。有一单因为顾客报错了楼栋号，王计兵来来回回折腾了好几次，加顾客微信、发定位才赶到，顾客的数落扑面而来："你是怎么送外卖的？！"当晚回家，他就写下了作品《赶时间的人》：

从空气里赶出风

从风里赶出刀子

从骨头里赶出火

从火里赶出水

赶时间的人没有四季

只有一站和下一站

世界是一个地名

王庄村也是

每天我都能遇到
一个个飞奔的外卖员
用双脚锤击大地
在这个人间不断地淬火

不过，在王计兵眼里，送外卖也有其浪漫的一面。“这是一个比较自由的工作，我有时想走远点，接过距离达到20多公里的订单，出去转一转、看一看，就像自驾游。”而配送路上看到的景象就是他的灵感来源，“看到飞鸟在水面带出一条波纹就可以激发很多的联想。”送外卖的间隙，他也在写诗，有时一天几首，也可能只有几句，等闲下来，再串联成诗。

罗曼·罗兰说，世界上只有一种真正的英雄主义，就是认清了生活的真相后，还依然热爱它。虽然生活在同一片天空下，但是有太多人因为生活的沉重，早已忘记了诗和远方，心中的那份爱与热忱，也早已消失。“送外卖我会一直坚持下去。”在王计兵的生活里，每一步都需要拼尽全力，每一步带来的珍贵经历也那么可喜。

4. 乡村振兴道路上的奉献者

“单位：新化镇百坭村；姓名：黄文秀……”

“4 月 5 日，到百布屯、百爱屯。”

“4 月 8 日，到者乐屯，入户了解情况。”

…………

2018 年的春天，北京师范大学硕士研究生毕业的黄文秀放弃了大城市的高薪工作，毅然决心回到家乡，主动请缨担任贫困村驻村第一书记，那年她刚 29 岁。在这个石山林立的桂西小山村，在她的扶贫日记本上，她认真填下自己的个人信息，并详细记录下来每天的走访情况。

“行百里者半九十，越到紧要关头，越要坚定必胜的信念，越要有一鼓作气攻城拔寨的决心……只要全党全国各族人民万众一心、咬定目标加油干，就一定能如期打赢脱贫攻坚这场硬仗。”习近平总书记的话语掷地有声。

2015 年，广西壮族自治区百色市乐业县新化镇百坭村全村 472 户人口，精准识别出建档立卡贫困户195户，而直到2018年黄文秀担任驻村干部时，全村仍有103户473人没有脱贫。村屯分散，基础设施缺乏，产业发展短板突出，一下大雨地面满是泥泞，这个有着11个自然屯的村子对黄文秀来说是一个充满挑战的地方。

“我们村属于深度贫困村，当时条件比较艰苦，文秀书记一来就直接在我们村里住下了，她说：‘我就是来驻村的，不怕苦。’”黄文秀第一次来到这里就给百坭村贫困户留下了深刻印象。当谈到她的选择时，黄文秀这样对身边的同学说：“很多人从农村走了就不想再回去了，但是总是要有人回来的，我就是要回来的人。”而她在入党申请书中这样写道：“一个人要活得有意义，生存得有价值，就不能只为自己而活，要用自己的力量为国家、为民族、为社会献出自己的力量。”她主动请缨到贫困村担任驻村干部，把生命奉献给了祖国的脱贫攻坚事业，谱写了新时代的青春赞歌。

“我们这里穷了这么多年，真的能脱贫吗？”黄文秀刚来到村里，很多人并不相信这个讲着普通话的姑娘。刚到村里，黄文秀常常和村干部开会到凌晨。这里的村干部回忆，黄文秀做事认真负责，沉得住气，工作细心，村里发生什么事她都要第一时间去查看。她还给扶贫工作队伍取了一个响亮的口号——百坭村乡村振兴地表超强战队。这里的干部一开始听说黄文秀是名校硕士毕业生，还担心她是不是来“走个过场”。

百坭村群山环绕，山石耸立，非常陡峭，路也没有修好，都是又窄又弯的土路，给黄文秀留下了很深的印象。驻村之后，黄文秀依次走访村里的退休干部、党小组成员、退休教师和各村屯的小组长，调研得出5个屯的道路硬化问题：多年前铺的砂石路经长期雨水冲刷早已变得破损不堪，遭逢雨季，稍微陡峭一点的地方就不能通车，严重影响了村民的出行。而全村的产业也集中在这 5 个屯的范围内，道路不通，影响当地生产。黄文秀带着村“两委”熬夜想办法、做方案，在向有关部门申请后，筹措资金对 1.5 公里通屯路进行路面硬化，道路两旁安装了路灯，修建了 4 个蓄水池，百坭村的生产生活面貌为之一新。

在百坭村，居民普遍以种植砂糖橘为业，但是村民的种植方式比较传统，销路也有限。想要带领百坭村村民彻底摆脱贫困的黄文秀联系了百色的专业公司，公司传授技术、帮助村民建立标准化果园，村民以土地入股。在村里道路修好之后，她联系贵州、云南等地的大果商，商议采购事宜。同时，她做主建立电商服务站，为 30 多户贫困户创收，当地村民从此告别了从前本地小摊贩收果的局面。

现如今，种植业已经成为百坭村脱贫致富的主导产业，全村砂糖橘种植从 1000 亩发展到 2000 余亩，仅 2018 年就销售砂糖橘 4 万余斤，销售额 22 万元，为每户种植砂糖橘的贫困户增收 2000 多元。同时，全村大力种植杉木、八角等经济林和作物，有 2 万余亩杉木、1800 余亩八角，另外还种植了优质枇杷 500 余亩。“我读书不多，不懂什么技术，当时文秀书记来我家，让我带头发展产业，我怎么也想不到自己能够成功。”从贫困户到产业能手，班统茂觉得是黄文秀带给他以力量。

行走在百坭村，成片成片的油茶、杉木、八角、砂糖橘在山坡上茂盛地生长着。驻村一年多，在黄文秀的带领下，百坭村 88 户人家 418 人脱贫，全村贫困发生率从 22.88% 降到 2.71%，村集体收入增加 6.38 万元。除此之外，百坭村还获得了 2018 年百色市“乡风文明”红旗村荣誉称号。

2019 年 6 月 16 日，黄文秀的父亲刚刚做完癌症手术，她利用周末时

“最美奋斗者”黄文秀

间看望父亲。天气预报显示百坭村可能发生洪涝，担心村里受灾，她决定连夜返回村子。6 月 17 日 0 时 12 分，黄文秀在家族群里发了一段视频：车辆陷入山洪中，周围都是洪水，雨水打在车窗上噼啪作响。她对家人留言：“我遇到山洪了，两头都走不了，雨越来越大，为我祷告吧！”雨夜凌晨，山洪袭来，黄文秀 30 岁的生命永远定格在了扶贫路上……

黄文秀牺牲后，习近平总书记对她的先进事迹作出重要指示，强调黄文秀同志放弃了大城市的工作机会，毅然决定回到家乡，在脱贫一线倾情投入、奉献自我，用美好青春诠释了共产党人的初心和使命，谱写了新时代的青春之歌。并指出广大青年干部和党员同志要以黄文秀同志为榜样，不忘初心、牢记使命，勇于担当、甘于奉献，在新时代的长征路上作出新的更大贡献。2019 年 7 月 1 日，中共中央宣传部追授黄文秀“时代楷模”

称号。此外，黄文秀还被追授“最美奋斗者”“全国脱贫攻坚模范”“全国优秀共产党员”“中国五四青年奖章”“全国三八红旗手”“全国五一劳动奖章”等荣誉称号。2021 年 6 月，中共中央授予黄文秀“七一勋章”，在所有“七一勋章”获得者中，她是最年轻的那位。

黄文秀的房间里放着一本讲述长征故事的《西行漫记》，“长征精神”也一直是黄文秀得以坚持的精神来源。她在扶贫日记本中这样写道：“但我没有失去信心，想起了那句话——‘让扶过贫的人像战争年代打过仗的人那样自豪’，长征的战士死都不怕，这点困难怎么能够限制我继续前行。”一本日记，诠释初心；一本日记，无限追思。黄文秀把扶贫之路看作是“心中的新长征”，而她留下的扶贫日记，记录的是一名青年党员的赤子之心，也是数百万扶贫干部矢志奉献、苦干实干的真实注脚。

致富路上的“第一书记”

“鹌鹑蛋的销售形势逐步稳定，终于可以喘口气了。”当谈及最近的工作时，李梅长出了一口气。李梅 2014 年从北京大学毕业，在家乡广西壮族自治区人大常委会机关工作，2018 年她响应政府号召，到德保县敬德镇驮信村担任驻村干部。

刚到村子里没多久，李梅就领着村民谋划建立鹌鹑养殖基地，2019 年 9 月正式投产。可就在产量刚刚趋于稳定、准备在春节大干一场时，突如其来的新冠疫情打乱了一切安排。市场低迷，李梅频繁奔波于村里和县里，联系菜市场、小区团购商贩、超市，愁得睡不着觉。2020 年 3 月份，市场终于迎来转机，鹌鹑蛋价格开始回升。

每天，李梅都在精打细算，过去请专车往城里送鹌鹑蛋，现在搭顺风车，每车节省成本700元……李梅说：“我一天都不敢懈怠，害怕失败，害怕让群众失望。”

“请乡亲们监督我做好工作，我将继续奋斗，为大家的幸福贡献力量，为乡村振兴发光发热！”在党的二十大精神宣讲会上，凤城街道海子崖社区第一书记孙苗苗的发言赢得阵阵掌声。徐州市丰县全县驻村第一书记以“学精神、进万家、话发展”为主要内容，在所驻村（社区）广场绿地、村口庭院及党群服务中心等场所，以舞前、会前和饭前十分钟等“微宣讲”形式，把党的二十大精神面对面、心贴心地传递给广大党员群众。

百姓事无小事，驻村第一书记时刻将群众放在首要位置，与村干部凝心聚力扎实推进“走基层、聚民心、转作风”工作，挨家挨户走访，调查民意民情，全力解决群众的“急难愁盼”。水量少，水压低，一到用水时间就缺水……在入户走访的过程中，丰县师寨镇驻村第一书记了解到居民用水难的情况后，充分利用单位优势，带领专业技术人员考察情况、制定方案，投资20余万元，铺设管网千余米，解决了居民用水高峰吃水难的问题。

乡村振兴，产业发展是关键。结合本村资源禀赋，丰县顺河镇驻村第一书记张孝俊在数次与白庙村村“两委”班子讨论后，决定在本村重点发展跨境电商和高效种植业。在了解相关政策后，他积极推动白庙村与省农科院开展合作，引进高产高效水稻200余亩。另外，他带领白庙村成功对接外来跨境电商企业，开展青年创业培训班，在白庙村建设县里首个村级跨境电商孵化基地，开展电商培训会，带动本地青年创业致富。“借助后方单位给予的物资和经济帮助是一个可行的办法，因地制宜推进本村产业发展、增加集体收入、带动农民增收创富，更是长久之计。”张孝俊说。

村子发展的路在哪里？任职以来，赵庄镇朱陈村驻村第一书记就不停奔走在田间地头、项目一线、村民家中，在和村民、村干部、企业不停的讨论中，他逐渐找到了答案：特色农业。确定发展思路后，他带领村民，依托传统农业种植资源，大力扶持种植大户试点特色农业，调整当地种植结构，引导当地村民进行土地流转，为规模化、集约化特色大棚种植项目打好基础。“大棚种植极大提高了土地利用率，能够实现早种植、早收获，一个棚一年可收入 2 万—3 万元。”当地农户笑着介绍。

2016 年 7 月 6 日，是郑慧涛人生中的一个重要转折点。这一天，他辞去了武汉的工作，考上了国家发改委的公务员，坐着火车，只身来到北京。

2018 年 12 月 27 日，郑慧涛又迎来人生中另一个重要转折点。这一天，他要离开北京到河北省灵寿县马家庄村担任第一书记。那天刚好下雪，高速封路，费尽周折郑慧涛才抵达目的地。雪后的马家庄村有些萧瑟，郑慧涛的心里也有些忐忑。

“从来没有和村民打过交道，一开始感觉压力很大，而且当地村民说的方言我也听不太懂。”初来乍到的郑慧涛想尽快融入当地，但是很多必须干的工作被村民泼了冷水，心里有些着急。“后来在村干部的帮助下，我的心态慢慢变好了，很多今天没有做通的工作，明天、后天再接着去，脸皮也‘变厚’了。”

在郑慧涛一日又一日的努力下，马家庄村发生了很多大变化，最直观的就是村口的公路，“出村要绕道别的村”成为历史，新修建了 3 公里公路联通村内外，10 米宽的新路直通省道。另外就是村里的环境，不仅统一规划沿街公共空间，还配套栽种观赏树种，实现了村庄的环境干净整洁有序。“村里一天天变好，老百姓也慢慢认可你了。”郑慧涛还在村里完成了厕所整改任务，配套做好了后期粪污抽排和清运，天然气管道入村，村里也能用上清洁能源了。

发展特色产业是农村发展的关键，在郑慧涛来到马家庄村之前，这里就开始试种葡萄，种植技术逐渐成熟，效益也慢慢提上来了。近些年，在驻村第一书记的带领下，马家庄村完善了种植和养殖结构，围绕葡萄种植、深加工和农业观光，马家庄村逐渐形成了一、二、三产业融合发展的模式，年产值超1000万元。除种植葡萄外，马家庄村发展起了精品西瓜和食用菌种植，还有蛋鸡、生猪等养殖产业。

“马家庄的冰激凌西瓜、葡萄、黑花生以及红酒、橡木酒桶，希望大家多多支持！”他在朋友圈里这样写道。为了宣传当地特色农副产品，郑慧涛专门开通了一个公众号。

郑慧涛用实实在在的行动赢得了群众的认可和信赖，两年多的时间里，曾经白皙的肤色早已变得黝黑。在他的带领下，2020年，村集体收入超过20万元。2021年的春节，郑慧涛是在村里过的，他说：“能够亲身参与这场伟大实践，在一线感受乡村的巨变，这是我人生的幸运。虽然今年过年不能和家人们团聚，但是能够和乡亲们一起喜迎新春，也是一段难忘的回忆。”

改革开放40多年来，中国8亿多人口脱贫致富奔小康，今日的中国书写了世界历史上“最成功的脱贫故事”。乡村面貌明显改善，农民享有更多实惠，农业农村现代化取得新进展，一个个生动故事，汇成全面推进乡村振兴的壮阔答卷。但我们须牢记，脱贫摘帽并不是终点，而是新奋斗、新征程的起点。新征程上，仍然需要我们以“无我”之精神接续奋斗，以微末之力积千秋之功，实干笃行，用双手创造更加美好的新生活，稳步朝着共同富裕目标迈进。

第八章

良好生态环境是最普惠的民生福祉

环境就是民生。良好生态环境是最公平的公共产品，是最普惠的民生福祉。要把增进人民群众生态福祉摆到优先地位，以高品质生态环境支撑高质量发展，实现共同富裕。

1. 红了陕秦，绿了草滩

“青山横北郭，白水绕东城。”苍穹下碧水绕青山。在人们对美好生活构筑的愿景中，良好生态环境占有重要的一席之地。习近平总书记深刻地指出，“环境就是民生，青山就是美丽，蓝天也是幸福。”“春有百花秋有月，夏有凉风冬有雪。”四季更迭，良好的生态环境、舒适的宜居生活是共同富裕图景中必不可少的一环。

改革开放 40 多年来，“追赶式”“压缩型”的经济增长方式不可避免地给自然资源与生态环境带来冲击。在过去的一段时期，我国很多城市上空雾霾笼罩，河水被污染，城乡生态环境恶化，人民群众对身边突出的生态环境污染问题反应强烈。党的十八大以来，党中央积极回应人民群众的热切期盼，坚决打赢蓝天保卫战，着力打好碧水保卫战，扎实推进净土保卫战，蓝天、碧水、净土三大保卫战取得显著成效，生态保护和修复持续推进，人民群众生态环境获得感显著增强，“绿色”日益成为共同富裕道路上最亮丽的色彩。

薪火相传筑起榆林绿色长城

“日出太阳黄，午后风必狂”“日落黄澄澄，明日刮大风”是北方关于风的谚语：泛黄的太阳往往与狂风有个“约定”。而对于处在荒漠化土地边缘的人们来说，每年的春末夏初，“黄”的可不只是太阳，还有整片的天空。与“春风又绿江南岸，明月何时照我还”的江南和煦微风相比，北方的风如同干旱少雨、干涸龟裂的土地一般，是凛冽的、粗犷的。倘若恰逢沙尘同起，那“酸爽”感怕是令北方的人们深感无助。

“人们至少要每年一次做好准备，对付来自蒙古沙漠的大风沙……届时天空阴暗，太阳看起来泛着黄色。尘土很像一朵厚厚的云，它钻进人们的耳朵和鼻孔里，弄得满嘴砂砾。”对于林语堂先生写下的这段描绘 20 世纪初北京沙尘天气的文字，当时陕秦大地的榆林人民最能感同身受。在陕西榆林与内蒙古自治区鄂尔多斯之间，横亘着面积达 4.22 万平方公里的中国四大沙地之一——毛乌素沙漠。“山高尽秃头，滩地无树林；黄沙滚滚流，十耕九不收”是当地流行的顺口溜，也是那个年代榆林人民生活的真实写照，代代相传，至今仍然存在于当地人的记忆里。“以前，这里一年四季风沙不断，除了星星点点的骆驼刺，几乎看不到一点绿。”时任榆林市横山区委常委、宣传部部长党玉飞感慨道。

沙尘和土地荒漠化被称为“地球癌症”，并非近代才出现的新鲜事物，早在《汉书》中便有记载：“夏四月，黄雾四塞。博问公卿大夫，无有所讳。”唐宋时期边塞诗人的诗赋中，沙尘暴更是摹绘边塞严酷环境的重要意象，“滚滚黄沙卷地赤，昏昏黑障闭天晴”描摹的是沙尘暴来临之时的遮天蔽日；“大漠风尘日色昏，红旗半卷出辕门”借令太阳都为之逊色的风尘展露诗人胸中炽烈的豪迈；“出塞入塞寒，处处黄芦草。从来幽并客，皆共沙尘老”

陕西榆林，变成绿洲的毛乌素沙漠

以沙尘之“老”道尽了边塞的沧桑。而在沧桑之外，沙尘之骇更在于其对土地的侵蚀。在工业革命之前，人类在漫天黄沙面前是弱小的，以楼兰古国为代表，土地荒漠化在多少文明的消亡中扮演了重要的角色，上演了一幕幕“沙进人退”的景象。

事实上，毛乌素沙漠就有“人造沙漠”之称。历史上，这里是“水草肥美，群羊塞道”的塞上明珠，风景宜人。自唐代至明清，由于土地的过度开发利用造成水土流失，辅以气候变化，毛乌素地区才逐渐成为茫茫大漠。经年累月的沙尘侵蚀之后，流沙已越过长城南侵 50 多公里，前锋抵达米脂、吴起一带，榆林城被迫三次南迁，素有“三拓榆阳”之说。新中国成立初期，延安以北的陕北地区森林覆盖率降到 1.8%，堪称历史极低值。

而今，倘若再次踏足陕秦的这块土地，沿着马路一路前行，只见道路两旁的樟子松绿影婆娑、成片成荫，草滩上一片生机勃勃、春意盎然的景象，势必会感叹这里翻天覆地的变化。草滩之所以这么“绿”，是因为陕秦人民怀揣着“红”色的信念与理想。

1959年以来，在“植树造林、绿化祖国”的号召之下，榆林人民积极响应，大力兴建防风林带，引水拉沙，引洪淤地，开展了浩浩荡荡的治沙运动：20世纪五六十年代，20个国有林场和10个大型苗圃试验示范区在长城沿线建设起来；70年代，4条大型的防风固沙林带和农田防护林网拔地而起；80年代，大规模飞播造林和大户承包造林活动蓬勃兴起；进入21世纪以后，在《关于加强生态文明建设打造黄土高原生态文明示范区的决定》等文件的指导之下，榆林先后开展了三年植绿大行动、林业建设五年大提升行动，实施了“三北”防护林、退耕还林等国家重点工程。一代又一代的榆林人吃苦耐劳，坚守在风沙中，坚信这场对抗自然之疾的斗争终将取得胜利。终于，榆林的生态环境得到根本性改善，实现了从“沙进人退”到“绿进沙退”的历史性飞跃。“滩地无树林”“十耕九不收”的景象被终结，再也不会延续到下一代榆林人的记忆之中。

曾任国家林业和草原局局长的张建龙对榆林取得的傲然成绩给予了高度评价：“中国的防沙治沙是从榆林走出来的，榆林成功的防沙治沙经验，正在引领着中国乃至世界防沙治沙工作的走向。”

能屠土地荒漠化这条“恶龙”，是因为榆林人民手握科学技术的利刃。众所周知，荒漠化的土地之所以难以成林，是因为干旱少雨。无固定形态的沙地对于大多数植物的生存而言过于严苛，而倘若形成植被，又会大量使用与消耗水分，进一步恶化植物生长的条件，这对抗旱节水的植物类型选取提出了严格的要求。

早在 20 世纪 50 年代，中科院就组成 14 支沙漠考察队，其中一支 100 多人的队伍驻扎在榆林，开展了我国最早的沙漠治理科学研究。今天，三代科技工作者先后攻克了 180 多项技术难题，取得 47 项科技成果奖励。在探索毛乌素沙漠治理的过程之中，两项典型的研究成果为治理插上了腾飞的双翼：沙地针叶树引种造林和飞播作业技术治沙。

1964 年，樟子松首次由榆林的科研人员从大兴安岭引进，在 1.3 亩无灌溉条件的沙地上栽植了 217 株。在攻克了重重难关之后，科技工作者们完全掌握了樟子松育苗、栽植、管护等一系列技术集成措施，并在生产上大面积推广。截至 2020 年，樟子松蔚然成林，面积超过 150 万亩，不仅如此，每年还以 10 万亩的速度增长。另一方面，由于沙漠地区广袤，交通不便，利用飞机播撒种子的方法即“飞播造林”在荒漠地区被广泛采用，然而因沙地自然条件与自然移动等原因，飞播造林的存活率普遍不高。为解决这一难题，陕西省林业科学院治沙研究所研究员漆建忠及其团队着力于掌握

2011 年 6 月，空中俯视毛乌素沙漠南缘的陕西榆林，几十年的治理初见成效

沙地风沙移动规律，进而改善飞播造林技术，20 多年来奋飞不辍，推出了 12 项关键配套技术，攻克了飞播作业难题，使保存率从不到 1% 提高到 75.1%，在短短的 26 年时间里“镇守”了 860 万亩流沙。

毛乌素沙漠上的人们

从榆林人民“望沙兴叹”到毛乌素沙漠面对绿油油的草滩“望而却步”，这 2248 万亩林地凝聚着 70 多年以来榆林人民的共同心血，绿树成荫的故事同时也是一个个可歌可泣的人物志。

郭成旺，陕西省榆林市靖边县东坑镇毛团村人，1984 年毅然承包了离家 15 公里远的 4.5 万亩荒沙，并发动家人一起植树造林。他，他的儿子、孙子、重孙子将汗水挥洒在了这里，将 4.5 万亩荒沙染绿。郭成旺因而被称为治沙“愚公”。

荒凉的沙漠上同样不乏巾帼英雄的身影。1985 年，靖边县人牛玉琴和丈夫怀揣着改善生存环境的愿望承包了沙地，带着 5 岁的儿子种树治沙。治沙尚未成功，丈夫便先行离她而去，而这并未阻挡她防风固沙的决心。牛玉琴带着子孙含泪耕种，头顶烈日，身迎风沙，在名为“毛乌素”的战场上化身成一座堡垒，30 多年来造林 11 万亩。

坚韧不拔的治沙精神感染了榆林的百姓，也感染了众多的文艺工作者，牛玉琴以及和她一样抗沙的巾帼们的故事被以舞蹈的形式搬上舞台。舞蹈作品《毛乌素沙漠的女人们》在经过 3 年的筹备后，一举捧得了群众文艺领域政府最高奖——群星奖。

2019 年 5 月 26 日的《人民日报》记录下了这一精彩瞬间：“沙漠中，女人们在风沙中顶风而上，像抚育新生婴儿一样守护着亲手栽下的小树苗……一群奋战在毛乌素沙漠的普通护林工，干的却是惊天动地的大事。这是舞蹈《毛乌素沙漠的女人们》，在第十二届中国艺术节群星奖决赛和惠民演出中看哭了无数人。”

舞蹈之所以动人，在于其根植于现实。在陕西省、榆林市等多方的支持下，2017 年，神木市文化馆决定以当代舞的形式展现沙漠腹地护林工们的故事。3 年间数度编排、修改，夙兴夜寐，终玉汝于成。主创刘香妮与梦野回忆道：“以舞蹈的形式来展现生态文明，本身是有难度的。《毛乌素沙漠的女人们》是对总书记‘两山理论’的积极回应和有力诠释。在‘人进沙退’的过程中，女舞者已超越了性别，巍巍祖国，心灵妙合中凸显理想之美，人性谐和里尽显精神标高。这里不是一个人，不是一群人，而是整个民族的进步。现实主义创作方法最有人的体温，但需要创新，我们努力在异彩纷呈的舞台上，强有力地为观众提供‘榆林经验’。”

舞蹈《毛乌素沙漠的女人们》

柔美与飘逸并非《毛乌素沙漠的女人们》的基调，力量与伤痛才是艰苦卓绝治沙路上的主旋律，妆容中撕裂的嘴角、干裂的嘴唇所流露出的真实感不仅震撼了台下的广大观众，也反映出演员们的辛勤汗水和切身体验。

在首次演出之前，表演的姑娘们来到毛乌素沙漠腹地，在 7 月的当头烈日之中植树种苗，亲身体会治沙的艰难。而对于排练本身的艰苦，演员刘香鹏的经历或许能够在她记忆中烙下刻印：舞蹈的开场需要一个人扛出 40 多斤重的铁树，更为艰难的是，这根铁树的枝梢与根部粗细不一，在肩担难以承受之重的同时，还要保持身体的平衡，其中艰辛可想而知。正是担此重任的“重量级”角色，让刘香鹏腰胯几度挫伤，身上贴满膏药，腿部线条变形。高强度的训练也许几度达到她身体的极限，但她的精神却从未屈服，“累死也要把舞蹈跳完，跳好。”

磨破的 300 多双舞蹈鞋、磨光的 100 多株道具树苗向人们诉说着不止于“台上一分钟，台下十年功”的不易，同样也是这样的艰苦，让演员们对于舞蹈的内涵有着刻骨铭心的感同身受。演员李敏谈道：“和治沙人几十年的艰苦相比，我们的苦也许不算什么。”就这样，榆林治沙精神穿过樟子松林，化入剧本，描绘于舞台，走进每一个观众心中。

岂曰无衣，与子同袍

“一方有难，八方支援。”在毛乌素沙漠的“对岸”，内蒙古鄂尔多斯市同样有着一群人，跋山涉水，久久为功，奋战在抗沙一线。

“黄沙滚滚半天来，白天屋里燃灯台。行人出门不见路，一半草场沙里埋。”在乌审旗也流传着这样流露出辛酸的歌谣。面对生态环境、生存环境的生死存亡，乌审旗人毅然决然决定抗争，20 世纪 50 年代，7 处国营林场、治沙站的兴建标志着治沙大幕的徐徐拉开。

植树造林并非童话，“树苗也浇不上水，活不活全看老天爷脸色。有时候，一场大风就能把树苗连根拔起。”乌审旗纳林河林工站原站长钱占发回忆。

一遍栽不活就再栽一遍，普通松树栽不活就改变树种再栽。天亮上工，天黑收工，第一代治沙人汗水洒在这里，热血燃烧在胸中。对于这段经历，钱占发满怀自豪地回忆道：“白天分组比赛，晚上总结评比，到 1980 年已经造林 5 万多亩。”

步入新世纪，当初的小树林已经长成郁郁葱葱的大森林，“那些樟子松、油松是 2009 年以后种的，现在都四五米高了。这几年还试着种了 2000 多亩沙棘、枣树和山杏，有些已进入结果期。”在毛乌素沙漠腹地的乌兰陶勒盖治沙站，原站长苏雅拉巴雅尔望着婆娑的树影追忆道。

从 20 世纪 50 年代提出“禁止开荒，保护牧场”、60 年代号召“种树种草”、70 年代实施“农林水综合治理”，到党的十八大以来持续建设生态文明，鄂尔多斯各级政府一届接着一届干，干部一任接着一任干，才使得毛乌素沙漠上的“绿”色宛如星星之火一般，燎原盛开！

毛乌素沙漠上一代又一代人的久久为功在同样包含“四大沙地”的北方防沙带上演，在东北森林带上演，在黄河重点生态区上演，在青藏高原生态屏障区上演，在长江重点生态区上演，在华夏大地的每一个角落上演，这些生动的案例是“良好生态环境是最普惠的民生福祉”最生动的注解。

毛乌素沙漠春季降水少，植物需要靠地下水灌溉

2. 思君可见君，共饮长江水

昨日太湖

2007 年 5 月，盛夏未至，春意阑珊，大街上车流如梭，行人神色匆匆，在水源充足的江苏无锡，各大超市却在上演着一幕幕“矿泉水抢购战”。“自来水奇臭无比，沾一下那臭味半个小时都散不掉。别说拿来喝了，连洗澡都不敢用。”无锡一个市民回忆道，“没有办法，我们只能去超市购买矿泉水了。我下午 5 点半下班就去抢，跑了 6 个超市，在人堆里挤了 3 个小时，最后只抢到了 5 大桶水。”

这就是当年无锡市民切身感受到的“太湖蓝藻污染事件”对日常生活造成的不利影响。蓝藻是地球上出现最早、分布最广、适应性最强的光合原核生物，其生长周期较短，分为生长期、高峰期与衰亡期。从衰亡期起蓝藻开始腐烂降解，并向外界散发恶臭，这也是事件中水体污染的直接原因。

当时，无锡市的饮用水供应全部来自太湖，共有 6 个水厂，总取水量占太湖取水总量的60%。在各大水厂之中，贡湖水厂担当了主要供水的任务，日供水量为110万吨，另外两大水厂——小湾里水厂和锡东水厂日供水量分别为60万吨和20万吨，取水口分别位于梅梁湾和贡湖湾。4月底，蓝藻开始在太湖西北部湖湾梅梁湖大规模暴发并迅速蔓延，5月16日波及小湾里水厂致使其于22日停止供水；5月28日，污水进入贡湖水厂，自来水恶臭难当，无锡市民在恐慌中开始抢购纯净水。

事后，无锡市政府相关部门动用了大量人力物力财力，进行了大规模的人工和半机械捞藻和吸藻。

无锡的水环境危机，发生在水里，根源却在岸上。这次事件既是天灾，也是“人祸”。

太湖沿岸的企业就像插蜡烛一样密密麻麻地矗立着，就算每家企业都达到了排污标准，总量加在一起太湖也难以承受。粗放式的经济增长方式下，却留下了水体富营养化之罪果，成为蓝藻暴发的祸根。

江苏无锡太湖蓝藻污染严重

太湖水资源保护和水污染治理涉及工商、农业、渔业、水利、环保等多个部门，而且流域往往跨越多个行政区域，需要在部门之间和地区之间统筹协调。如何解决这一难题，“河长制”这一创新型制度安排应运而生，“河长”这个新的角色开始进入大众视野。

“河长制”助力“河长治”

何为“河长”？

在组织形式上，从省到市、县、乡，分级分段设置责任人，使得各省行政区域内无论是主要河流还是其他河流与支流，都对应有负责的河长，并设置河长制办公室。具体来说，在省级党委或政府设置总河长，对每个市内的河湖，市委、市政府的主要领导担任主要河流的一级河长，市政府下辖主要相关部门领导担任二级河长，相关镇的主要领导为三级河长，河湖所在村的村干部为四级河长。各级河长分工合作，各履其职，权责明确，从而形成了一条完整的责任链条。责任链的任一环节出现问题，都会对上下游的岗位的政绩与名誉产生影响。这个自上而下、由大大小小的河长所形成的网络，恰似现实中行政区域内的河湖之网的“倒影”，守卫着河流的清澈与安宁。

同时，河长制强调河长是“第一责任人”，这个身份直接对应每一级政府中的具体岗位，“对岗不对人”，不会因为人事变动而产生变化，这样一来就保证了河湖管理保护工作的连续性。

在工作内容上，各级河长负责组织相应河湖的管理与保护工作，包括加强水资源保护、水域岸线管理、水污染防治、水环境治理、水生态修复、加强执法监管等。为此要建立河长会议制度，建立信息共享制度、工作督察制度，协调解决河湖管理保护的重点难点问题，定期通报河湖管理保护情况，对河长制实施情况和河长履职情况进行督察。

如何保证上述工作能够落到实处？河长制有两大保障法宝——强化考核问责与加强社会监督。

县级及以上的河长负责组织对其对应河湖下一级河长的考核，考核结果作为地方党政领导干部综合考核评价的重要依据，对于治污不力的责任人实行“一票否决”；在考核期限上，实行生态环境损害责任终身追究制，避免领导干部乱决策和任性甩锅。另一方面，建立河湖管理信息发布平台，通过主要媒体向社会公告河长名单，并在河湖岸边显著位置竖立河长公示牌，标明河长职责、河湖概况、管护目标、监督电话等内容，接受社会监督；除此之外，社会监督专员还会被聘请对河湖管理保护效果进行监督和评价。如此一来，一张兼具宏观与微观、线上与线下的全面监督网络就此展开，让懒政失责行为无所遁形。

河长制的实施，为“河湖难治、河湖谁治”的疑难杂症开了一剂良方。权责更清晰，履责更刚性，推责无弹性，使得“九龙治水”变为“河长治水”。自河长制实施以来，无锡市水质环境取得显著改善，《2016 年度无锡市环境状况公报》显示，纳入国家《水污染防治行动计划》地表水环境质量考核的 14 个断面中，太湖无锡水域年均水质已符合《地表水环境质量标准》（GB 3838—2002）IV 类标准，无锡市境内水质符合 V 类的河流已下降至 4 条，劣于 V 类的河流也仅有 2 条。2018 年，无锡市全境已无 V 类断面河流，Ⅲ类标准的断面比例为 57.1%，太湖的富营养化程度有所降低。

截至 2021 年年底，太湖水环境质量得到了显著改善，实现了“三降两升”：首先是富营养化程度下降，综合营养状态指数为 54.9；总磷、总氮浓度同比分别下降21.3%和15.3%；蓝藻暴发强度下降，安全度夏期间，发现蓝藻水华次数、平均聚集面积、最大面积同比分别下降25.6%、14%和9.1%。其次，重点断面水质优良（即Ⅲ类水体）比例上升，流域206个重点断面中，水质达到或优于Ⅲ类的比例同比上升3.6%；水草面积上升，夏季湖体水生植被面积同比上升9.6%，水生态系统正逐步恢复。

“以前春夏交汇的时候在湖上开船，那叫一个难闻。现在好多啦，开着这老式风帆渔船，游客们享受湖上吹来的风，好不自在。”太湖边渔港村的村民说道，他们的帆船不再捕鱼，而成为供游客欣赏的景观。如今，被重重蓝藻勒紧“口鼻”的太湖，终于得以顺畅呼吸。

位于湖南省东南边的郴州市汝城县与广东省韶关市仁化县隔着省界相望，两条母亲河连接着相邻的两个县城，当地人亲切地称呼为“大麻溪”和“小麻溪”。河长制实施后，跨界河湖治理的难题就摆在了两地河长办面前，在两省两县的交界处，非法采砂现象屡禁不止。

郴州地处南岭山脉和罗霄山脉交错地带，湘江、珠江、赣江三大水系的源头就位于此处，年均贡献水量超过160亿吨，是湖南省重要的水源地，因此，郴州市的水源保护，一条河都不能少！

“过去，由于没有联动管护机制，大麻溪、小麻溪非法采砂屡禁不止。如今，通过建立跨界河流管护机制，明确管护责任，加强联动巡查，大麻溪、小麻溪非法采砂现象得到有效遏制，护水治水成效显著。”汝城县河长办相关负责人介绍。联合河长制，是两地河长办紧扣河长制指导思想与工作职责要求推出的河湖治理新举措。通过创新的“加法”，实现制度的“乘法”效果。“治河不分家”逐渐成为两地联动护水的共识，没有一条河流被落下，自此两地的河长制真正实现了区域内全覆盖，管理中无死角。

联合河长制的实行不仅完成了河湖治理中的“查缺补漏”，也解决了“邻里矛盾”。

浙江省嘉兴市秀洲区与江苏省苏州市吴江区一衣带水，水系相通，两地之间有着长达39公里的界河，其中，麻溪港从西往东流经吴江盛泽镇，进入秀洲王江泾镇，后汇入京杭运河。在过去，麻溪港上游的污水流到下游的王江泾，河水乌黑发臭，人从河边过都要捂着鼻子。因为治水的矛盾，上下游的百姓之间没少吵架、相互指责，秀洲和吴江因此也结为“冤家”。

联合河长制在全国范围内的兴起为两地“冻结”的河湖治理关系送来了春风。“2017年，我们和盛泽镇一拍即合，搞起了‘跨界联合河长制’，进行上下游相互监督，开展联合执法。”原麻溪港河长孙琪介绍道，“以前为了治水，双方经常争得面红耳赤；推行‘跨界联合河长制’后，我们更多的是默契。”联合河长制实施之后，双方守望相助，建立消息互通的联络机制，两地联合巡河也逐步走向常态化。

曾经在长达40年的时间里，麻溪港水底的淤泥都没有清理，秀洲和吴江区开展联合治理之后，仅用半年时间就清理完成。江苏的河长还在清理的过程中秉承可持续发展的理念，联系了相关的环保企业，将捞上来的淤泥“变废为宝”，制成节能砖，促进了资源的回收和再利用。

而今，清澈的溪水流经秀洲与吴江，将这一对曾经的“冤家”联结在一起，沟通对话与守望相助，使这一条“跨界河”终成“连心河”，“冤家”也终于牵手成为“亲家”，共同奋斗在长三角一体化的建设一线。

太湖的水更清了，虽程度不似以往，蓝藻仍偶尔侵扰着沿湖百姓的生活，河长制亦需久久为功。截至2018年底，全国河长制和湖长制全面建立，省、市、县、乡、村五级河湖长责任体系基本形成，各级党政主要领

江苏无锡太湖鼋头渚的夕阳与红嘴鸥

导担任总河长、副河长。全国有 30 多万名四级河长、2.4 万名四级湖长、93 万多名村级河长和 3.3 万名村级湖长。

河长制改变了过去，改革在现在，也将不断创新在未来，“碧水蓝天”的庄严承诺是河长制矢志不渝的奋斗目标，千千万万的河长们，永远在路上！

3. 一村花草，满园风絮

“这是农村？”

每一个走进广州市花都区红山村的人，莫不如此感叹，宽敞的柏油路直通村口大道，气派的牌坊两旁是郁郁葱葱的油菜花园，再往里走，婆娑树影伴随着阵阵花香扑面而来，若是在那酷暑难耐的夏天，远方的中心湖上田田荷叶能送来掺杂着湖水清香的微风，湖上九曲回廊连接着湖水两岸，走在其中，怕是会有来到了某个景区的错觉。

没错，这是农村！

坑坑洼洼的泥泞小路？歪七扭八的电线杆？不知哪里流来的黑臭沟水？“香飘十里”的露天厕所？所有关于传统农村“脏乱差”的负面印象，在这里都寻找不到。

曾几何时，农村就是“脏乱差”的代名词。但“三农”问题始终是党和政府牵肠挂肚的重要问题，2022 年 2 月 22 日，《中共中央 国务院关于做好 2022 年全面推进乡村振兴重点工作的意见》，即 2022 年中央一号文

广东红山村新农村建设的油菜田

件发布。这是 21 世纪以来第 19 个指导“三农”工作的中央一号文件。

习近平总书记指出：“实施乡村振兴战略，一个重要任务就是推行绿色发展方式和生活方式，让生态美起来、环境靓起来，再现山清水秀、天蓝地绿、村美人和的美丽画卷。”

广州市花都区红山村的盛景绝非个例，千百个美丽乡村是乡村振兴战略的直接受益者，乡村生态环境发生了翻天覆地的变化。这是推动农业农村现代化，推进农业绿色发展，加强乡村公共基础设施建设，提升农村基本公共服务水平，实施农村人居环境整治提升行动的内在要求，更是广大基层党员干部和人民群众积极参与、久久为功的结果。

消耗更少，环境友好

民以食为天，吃饭问题向来都是中国人民的头等大事。习近平总书记曾深刻指出：“在粮食安全这个问题上不能有丝毫麻痹大意，不能认为进入工业化，吃饭问题就可有可无，也不要指望依靠国际市场来解决。要未雨绸缪，始终绷紧粮食安全这根弦，始终坚持以我为主、立足国内、确保产能、适度进口、科技支撑。”农业是社会安定的基础，我国始终牢牢坚守 18 亿亩耕地红线。农村在承担农业生产任务的同时，也经受着环境污染问题的侵扰——来自种植业的化肥污染与养殖业的粪污问题。因此，处理好农业与生态环境之间的关系，推进农业可持续发展，是实现农业农村现代化的内在要求。

江苏省泰州市姜堰区三水街道兴杨路旁，稻田中随风摇曳的稻谷长势喜人，巨大的机器轰鸣声回荡在广袤的田野之上，这是农用机在进行机械化的水稻施肥。当地某肥料公司负责人介绍：“我们针对水稻种植面积 200 亩以上的农户提供上门服务，到田间进行取样，定制施肥方案，再利用水稻机插缓混施肥技术实现‘一次轻简施肥、一生精准供肥’的化肥减量效果。”

水稻侧深施肥技术的实施，使得有机肥与无机肥结合、速效肥与缓控肥配合、农机农艺融合的全新肥料施用方式逐步在江苏省铺开，再辅以农机购置补贴、化肥减量增效示范县建设等政策的支持，2020 年江苏省化肥使用量较 2015 年削减 10.56%，农药使用量较 2015 年削减 13.7%，降幅显著，相应的面源污染问题也得到了有效控制。

为推动解决农业面源污染问题，2014 年，广东启动了亚洲最大、国内首个世界银行贷款农业面源污染治理项目（以下简称“世行项目”），

世界银行专家考察世界银行贷款广东农业面源污染治理项目

汇聚四方支持：除世界银行与全球环境基金赠款 510 万美元之外，省级财政配套 3.2 亿元，项目相关企业自筹 3.3 亿元，组建了实力雄厚的国内外专家队伍，形成资金、人才、政策等的强大合力，共同探索农业面源污染可持续治理机制。

为鼓励种植业农户采取环境友好型生产行为，世行项目通过补贴的方式促进农户使用配方肥、缓（控）释肥、高效低毒农药、生物农药和高效电动喷雾器喷洒农药等绿色农资，进而在根源上治理种植业污染难题。世行项目针对不同的补贴对象——散户、种植大户、农场、企业、合作社等，共确立了 10 种类型的补偿政策。愿意参加项目并符合申请条件的农户，通过申报、审核后，可以从农技人员处领取 IC 卡，卡内有一定的补贴额度但不能兑换现金，农户到指定的农资店里购买环境友好型的农资和服务时可以刷卡消费，这样一来农户就享用到了 IC 中的补贴。

考虑到部分农村地区农户受教育程度、参与项目积极性等问题，项目建立了以 1200 多名镇村农技人员为主体的技术服务体系，为农户提供全方位指导与服务支撑。除此之外，在每个项目村聘用 2 名村级助理和树立若干示范户，共同开展项目技术示范和指导，通过多元化措施切实解决项目“最后一公里”问题。

世行项目实践表明，农户采取环境友好型行为之后，亩产量不降反升，农耕成本也降低了。切身体会到成效后，项目开展地区的广大农户也逐渐形成了环境友好型农产习惯。2019 年起，即便惠阳、惠城等 6 个县不再享受补贴，其他 20 个县的补贴标准下降，农药补贴标准由 35% 调到 20%，化肥补贴标准由 25% 调到 15%，经调查，补贴停止和减少的农户们仍有一定比例能够继续采取项目引导的环境友好型农产行为。

在农村面源污染问题上，粪污问题同样“棘手”，禽畜排泄物本身及其分解所产生的大量硫化氢、醇类、酚类和氨苯，以及大量病原菌等会对周围环境造成污染，如水体污染、水体富营养化和疾病传播等多方面污染问题，不仅如此，熏天的臭气给农村居民生活带来的影响更加直接。

难道禽畜排泄物就只能是产生问题的垃圾吗？俗话说，垃圾是放错地方的资源，只要使用得当，也能变废为宝。

为促进畜禽废弃物资源化利用，世行项目探索了一种高床生态养殖的新模式。猪圈分为上下两层，通俗来说，就是“猪住二楼，肥漏一楼”，即牲畜在二层养殖，二层地板被设计为漏缝式，牲畜排出的废弃物通过漏缝的地板落入第一层垫料，经过机械翻耙后和秸秆、甘蔗渣、谷壳等种植废弃物混合发酵分解，成为有机肥原料，经由加工实现有机肥“固粪还田”，同时实现了粪污废料与种植废弃物的二次利用。世行项目对生猪高床生态养殖设施建设增量费用进行补贴，养殖企业根据世行认可的技术方案自行聘请有资质的专业机构进行设计和施工，项目经验收通过后予以补贴。

这一模式体现了从“先污染再治理”到生产源头治理、过程治理的理念转变。下层垫料作为载体承接废弃物，通风设备将发酵分解过程中产生的水分排出到猪舍外，猪舍外安置有臭气处理设施对臭气进行吸收降解切实达到免冲洗猪栏、无臭味的效果，在养殖过程中就处理了废弃物，直接减少了污染。经测算，截至 2021 年初，与传统养殖相比，已投产的高床项目存栏生猪 5.65 万头，年节水 41 万吨，节水量达 80% 以上，同时从源头上减少了粪污水排放。另一方面，高床养殖的模式减少了用地面积，节省土地 35% 以上。如此一套“组合拳”下来，粪污多层次资源化利用、“零排放”与增加经济收入的目标都得以实现。

从厕所革命到垃圾战争

在过去，说到农村屋子之间的味道，若只有袅袅炊烟下一日三餐的香气倒也还好，可屋檐下水沟里脏水散发的臭气却总是挥之不去。由于农村没有城市中的管道系统，废水处理一直是一个老大难问题。“过去家家户户厨房和厕所的脏水都流到路上或阳沟里，一到夏天蚊虫苍蝇满天飞。”广西壮族自治区鹿寨县鹿寨镇大村村古丁屯村民雷世兰回忆，更为糟糕的是，村民们对日常生活中的垃圾一般也采取“就近处理”的方式，哪个沟、哪个池塘离得近，就扔哪里，久而久之，这些沟渠成了脏水废水、垃圾残渣，甚至动物尸体的惨不忍睹的“大杂烩”之所。

农村的环境整治向来是一个老大难问题，“老”在多年延续陋习的观念，

“大”在涉及千家万户的排放主体，“难”在改变观念之难、改变习惯之难。

2022 年，农村景象发生了巨大变化，沟渠里流淌的水变清了，屋舍之间弥漫的熏天臭气再也闻不到了。在一个普通的上午，广西柳州市鹿寨县大村村古丁屯村民潘树校从储肥池里舀起肥水装入背式施肥器中，去浇灌自己刚种下的两亩芥菜。这池中的肥水，水质清澈，完全闻不出异味，似乎一点都没有“肥水”该有的样子。而这奇特的肥水正是原来那流入沟渠之水“染白”后的产物，古丁屯景象焕然一新的秘诀正蕴藏在其中。

对厕所革命带来的好处，雷世兰感触颇深：“我记得从去年 6 月开始吧，大家都忙着改新厕所。厕所的粪水是黑水，洗澡洗衣用过的水是灰水。这些脏水流进不同的管子，收集处理好再流到屯口那个大池子和花圃。这样一来村里清清爽爽，住得好舒心。”

雷世兰口中的“黑水”“灰水”正是古丁屯应用的“黑水污水处理系统”处理过后的水，其原理并不复杂，每家每户改造的厕所都经过了设计，产生的“黑水”会接入黑色管道流入化粪池和大型集中化粪池两次处理，经消毒杀死病菌与虫卵后，成为无害化的有机肥；另一方面，厨房、洗衣间和洗澡间排出的“灰水”接入白色管道，流入庭院湿地和末端湿地，经过两次处理后达标排放。这些管道铺设时考虑了利用高低差势能，全程无需电力驱动，设施运营维护交给村民，全程不用请人。据村主任介绍：“屯里 60 多户人家，每家改造费用不到 1.3 万元。”这套系统原理虽简，但效果显著。古丁屯村民从此告别了黑臭污水之扰。

而对于农村固体垃圾问题，垃圾回收点开出了一剂良方。在广大农村推行设置的垃圾回收点，让四处乱扔的垃圾终于有了归所，垃圾不再露天焚烧，都归集至回收点，由专职的保洁人员与转运员接洽清运。对于村民

浙江嘉兴姚庄镇农村生活垃圾减量化资源化无害化处理中心

而言，若离回收点较近倒还好，倘若相隔甚远也是颇为麻烦，每天都要走上几百米丢垃圾，久而久之扔垃圾的积极性也会随之丧失。为了解决这一问题，一些乡镇开始试行农村生活垃圾定时定点收运改革。

“滴滴答，嘀滴答滴答……”每次听到这样清脆、穿透力强的音乐铃声，贵州省贵阳市修文县六广镇兴农村、广田村和驿泉村的各村村民们都穿起拖鞋，提起屋里早就收拾好的垃圾袋，走出门等待移动生活垃圾收运车的到来，“自从垃圾定时定点收运试运行以来，我们再也不用为丢垃圾走出去几百米，方便太多了！”这辆收运车，每周两天在试点路段巡回。“目前看来改革效果是非常不错的。等后期大家习惯了垃圾收运新模式后，我们会进一步明确定时、定点、定地进行收运。”六广镇副镇长田文武说。同时，垃圾回收车的出现也带走了以往露天垃圾箱的臭气问题，对此，广田村村民彭兰深有体会："以前的那个露天垃圾箱啊，蚊虫到处飞，我们周边的农户就会遭受异味'攻击'，而且有时候还会渗出污水来，实在有损道路和广田村的形象。现在，垃圾箱虽然撤走了，但是生活垃圾也能及时运走，家里边也不存垃圾，即清即走。家门口敞亮了，周围的环境卫生问题大有改观，我觉得这种改革应该大力推广。"

攻克农村垃圾处理、污水治理两大问题，全国的农村都在行动，集思广益，成效卓著。《中国农村人居环境发展成就与展望 2021》显示，截至 2020 年底，全国农村卫生厕所普及率达到 68% 以上，2018 年以来累计改造农村户厕 4000 多万户；同时全国累计建成农村生活污水治理设施 50 万余套，"十三五"期间共计完成 15 万余个建制村环境整治，农村生活污水治理率达 25.5%；累计建成生活垃圾收集、转运、处理设施 450 多万个（辆），截至 2020 年底，农村生活垃圾收运处置体系已覆盖全国 90% 以上的行政村。"垃圾靠风刮，污水靠风干"的日子已经一去不复返了，在全体农村基层党员干部与群众的携手奋斗下，我们在人居环境的改善上必将持续取得胜利！

画龙点睛

如果说严格按照规划建设的中心城区的景象是一幅工整的设计图的话，那么农村高低错落、参差不齐的房屋便构成了一幅抽象画。遗憾的是，这幅抽象画并非出自大师之手——由于预算的问题，农民的钱包可能仅够解决屋子前后的"面子"问题，两个侧面便顾不上许多了。因此白垩的墙体在一片红红绿绿的砖瓦中显得略为突兀，好似绘画新手不小心将白色颜料泼在了上面。

而在此时，“文化墙”出现了，一改屋落墙体纯白底色为七彩绘卷，让农村焕然一新。

若有机会走进江苏东台五烈镇甘港村新型社区，就会有种走进水墨造就的山水画之感。风格统一的白墙青瓦屋舍掩映在一片绿色之中，其中一间房屋侧面是用黑红颜料绘制的田田荷叶与傲然盛开的荷花，莲中间的花托逐渐成熟，重量压弯了茎秆，花瓣上的水珠仿佛要离开墙面滴落而出，栩栩如生。许许多多这样的文化墙构成了甘港村的风光一隅。党委书记刘怀任表示，以前村里一般挂着些传统的标语横幅，很影响美观，而且但凡有新政策出台，就要更换，积累下来算是一笔不小的开支。“现在，这些具有乡土文化内涵的墙绘让甘港颜值更高，提升了游客的体验感，增强了乡村旅游吸引力。”

形形色色、风格各异的文化墙绽放在全国大大小小的各个村落中，有山水绘卷，有忠孝主题连环画，有礼让主题文化墙……五光十色的文化墙在农村环境治理收获显著成效的基础上让农村风貌得到质的提升，犹如画龙点睛。

不仅是文化墙，农村主题药园、田园建设，湖河美化，都在为美丽乡村添砖加瓦。我们有许多像广州市红山村、江苏东台五烈镇甘港村这样美如景点的乡村，在未来，这样的乡村会越来越多。

山东临沂沂南县依汶镇青杨行村，志愿者在创作墙绘

4. 着青绘卷，点绿成金

绿水青山就是金山银山

“绿水青山就是金山银山。”2005 年 8 月，时任浙江省委书记的习近平在浙江湖州安吉县考察时做出了这样的科学论断。

2013 年 9 月 7 日，习近平总书记在哈萨克斯坦纳扎尔巴耶夫大学回答学生问题时指出，我们既要绿水青山，也要金山银山。宁要绿水青山，不要金山银山，而且绿水青山就是金山银山。

2014 年 3 月 7 日，习近平总书记在参加十二届全国人大二次会议贵州代表团审议时指出，绿水青山和金山银山决不是对立的，关键在人，关键在思路。保护生态环境就是保护生产力，改善生态环境就是发展生产力。让绿水青山充分发挥经济社会效益，不是要把它破坏了，而是要把它保护得更好。

良好的生态环境本身就能创造价值，“两山”理论做出了回答，而广大的农村做出了实践检验！

作为“两山”理念的“发源地”，浙江省安吉县上下始终牢记总书记的谆谆教诲，忠实践行“两山”理念，聚焦聚力改革创新，探索出了一条生态美、产业兴、百姓富的绿色发展之路。

20 世纪 80 年代，安吉还是贫穷的代名词，这里交通运输条件落后，工业基础薄弱，是全省 25 个贫困县之一。当时的安吉县委仿照浙南、苏南模式，走“工业强县”之路，引进了一大批轻重工业企业，如造纸、化工、建材等企业，大量消耗资源的同时也造成了环境污染。

“两山”理念提出后，安吉县委县政府在总结过去经验教训的基础上得出结论，先污染后治理的老路对安吉来说是“死路一条”。如何既保障强县富民又做到生态友好？县委县政府注意到了安吉的“七山一水两分田”，注意到了万亩竹林的生态禀赋优势，决心深挖“三片叶子，一把椅子”，走上一条一、二、三产业融合发展的道路。

“三片叶子，一把椅子”分别指的是竹子、茶叶、蚕桑和转椅。安吉县委县政府通过招商引资，以丰富的竹林资源为基础，推广培育竹林栽培技术，建设竹子科技园区，发展“全竹利用”的竹木资源深加工产业：竹叶经加工制作成竹叶黄酮、竹康宁胶囊和饮品竹啤等；竹竿除可简单加工制成竹地板之外，还可深加工为竹纤维、竹席；余下的竹根同样也是宝，除其本身可精加工为食品之外，还可经匠人之手精雕细琢为竹工艺品。毛竹在完整产业的帮助下“从头到脚”焕然一新，在全国市场上打响了“世界竹子看中国，中国竹乡在安吉”的响亮口号。安吉以占全国 1.8% 的立竹量，创造了全国 10% 的竹业产值，成功地将“绿水青山”转化为“金山银山”。

另一方面，安吉依托白茶产业基础，通过高标准建设标准化生态茶园，推动白茶深加工企业发展，研发安吉白茶产品，通过数十年深耕细作，安吉白茶以其优良的品质享誉全国。截至 2021 年，安吉白茶种植面积已达 20.06 万亩，产值超 31 亿元，安吉白茶品牌价值达到 45.17 亿元，连续十二年入选全国茶叶区域公用品牌价值十强。安吉的农民也通过白茶实现了人均增收 8600 余元，山更青了，农民的钱袋子也更鼓了。

同时，安吉县借助竹海、茶园风光所具有的天然优势，进一步拓宽农村发展空间，积极发展休闲观光农业旅游，推出以“白茶旅游”为首的一系列生态旅游产品，吸引了来自全国各地的游客。乡村农业旅游“富民效应”逐步显现，仅安吉县上墅乡董岭村夏季避暑游客就日均超过 3000 人，天荒坪镇大溪村直接从事农家乐经营以及乡村旅游就业人员达 1500 余人，村民收入的 70% 来源于农家乐经营。

自此，安吉县通过不懈的美丽乡村建设实践探索出了一条以生态农业为核，农业产业、商贸物流为体，休闲农业、农业公园为两翼的“1 + 2 + 3”

浙江湖州安吉县溪龙乡，茶山上正在采摘茶叶的工人

的生态产业体系，用实际行动践行了“绿水青山就是金山银山”的理念。

看得见田园风光，留得住美丽乡愁

“采菊东篱下，悠然见南山。”清新自然的田园风光，恬静闲适的农家生活，承载了多少城里人的乡愁。农村有山，有水，有田园风光，有城市里不曾有的诗情画意，这些并不只是仅能满足人们精神需求的、看得见摸不着的食粮，也是能够产生经济效益的重要凭借。

四川省蒲江县甘溪镇明月村的村民们意识到了这一点，花费数十年时间，将一个普通村落，演绎成了现代“世外桃源”。这里不仅能留住年轻人，慕名而来或是偶然经过的路人在村里生活过几天之后，甚至想留下来成为新村民，将他乡变为故乡。

明月村面积 6.78 平方公里，森林覆盖率 46.2%，村旁广袤的竹林是明月村的特色。这里盛产雷竹，而雷竹笋素有“早春第一笋”之称，7000 亩的竹林是上天给明月村人得天独厚的馈赠。明月村人倍加珍惜并合理利用，通过引进浇水保湿、覆盖增温和施肥补养等科学的种植手段，雷竹笋得以提前 1—2 月出笋。这样一来，在寒冬腊月，明月村的雷竹笋便能销往市场，从而获得市场溢价，这 7000 亩竹林成为村民主要的收入来源之一。

有了初始的启动资金之后，明月村积极寻求创收新路子，由于柑橘与猕猴桃等水果的相对单位收益更高，部分竹林被开辟出来种植，竹林面积逐年减少，村庄发展与生态保护之间产生了冲突。

明月村的村民清醒地认识到，要实现可持续发展，社会力量的帮助少不了，必须吸引一批有影响力、有创造力的企业和人才的加盟，探索出一条“绿水青山”转化为“金山银山”的道路。上级政府响应明月村请求，挑选、组建工作组来村做顶层设计，统领村子的规划和招商，吸引一批以大学生为主的新村民成为双创（乡创文创）引擎，而村里的老村民以出租房屋、在地创业、村内就业的方式加入明月村的乡村发展之中，从而形成了独特的“三足鼎立”的“明月模式”。

而后雷竹合作社、旅游合作社、乡村研究社逐渐搭建起舞台。雷竹林之争的解决就是第一出好戏：三社与村委会、引进大学生通力合作，在市场上打响“远山活物”雷竹笋的品牌，在村里办起雷竹春笋艺术月等活动，将农业、生态、文创深度融合，雷竹的附加值显著提高，7000 亩茂盛的雷竹林随风摇曳，守护这一方水土。有了雷竹林的实践，明月村也将 3000 亩的茶园打理得有声有色。竹林与茶园交相辉映，明月松间，茶山竹海，这里民风淳朴，古风犹存。

如雨后春笋般生长的还有明月村民宿、酒店、餐饮、酒馆、手作、剧场等一系列围绕着生态环境、乡土风情展开的旅游业态。

作为“远远的阳光房”草木染工坊的主理人，小笨感受到的便是自然的馈赠。他经手的染料，均来自环境滋养的草木，蓝色的染料，柔软的织布，带着这片土地的呼吸与温度。游客们来到此处体验，亲手将织布染上颜色，将这份成果发到朋友圈中，在外求学的大学生罗丹看到了，她惊异于家乡的今非昔比，“没想到自己的家乡还可以这样，感觉是翻天覆地的变化，很诗情画意。”这让她决定回乡看看，以往的定式思维让走出家乡的大学生认为只有在城市中才能有更好的发展，而现在看来家乡也大有可为。“之前的工作是做空间软装设计，经常出差，全国各地跑，一直觉得生活很漂泊。回家乡环境又好，能照顾到父母，还能谋得一份生计，就觉得回来不错。”回乡的她在家乡也开起了工作室，取名“青黛”，为明月村的扎染产业增

成都蒲江明月村绿道

添了一份力量。

美丽乡村建设的一大重心，就是处理好“美”与“土”之间的关系，建设的是美丽乡村而非繁华都市，需要将现代因素应用于乡村的原生态村居风貌而不是取代它，防止盲目地推动乡村景观城市化、西洋化。如果单纯追求美观而忽视了农民生产生活的实用性，那将是一种本末倒置的行为。那样的农村，即便一尘不染、精致如画也不会得到农民的认可，到此处寻求精神慰藉的城市人也会迷失在半熟悉半陌生的环境之中。“美”与“土”之间的平衡，也是“好看”与“好用”的权衡取舍，农村人居环境的目的是“生态宜居”，要旗帜鲜明地拒绝一些看上去很美，却不实用的人居环境改善措施。

在这一点上，明月村村委上下保持着清醒的头脑。“美不美，乡中水；亲不亲，故乡人”，在明月村党总支书记高光坤看来，村民才是乡村振兴的核心，乡村振兴的根本是要让村民的日子越过越好。对于新村民引进的项目，与一般艺术家创业的项目不同，新村民所带来的文创项目必须与当地的农业、手工业相结合，从而推动当地产业的发展升级，而不是单纯地从村里租赁院落。

在这样的主导思想下，明月村逐渐有了一批批富有当地特色的文创产业，在用当地鹅卵石手工建成的文化中心，可以一览明月村发展历程；在“3＋2读书荟”与明月村新村民联合托管的明月书馆，有可以倾听“乡村建设”与“文化传承”的明月讲堂；一座原来被拆掉的清代建筑，迁往明月村，复原重建为全国第一家乡村篆刻艺术博物馆——明月轩篆刻艺术博物馆（传习所），为当地的村民免费进行篆刻培训。谌塝塝微村落，散落于林盘之中的是十户谌姓人家，阡陌交通、鸡犬相闻，白发垂髫怡然喜乐于其间，在这里人与自然成了朋友，慢下来，田园间的泥土、蔬菜上的露珠，会告诉你“采菊东篱下，悠然见南山”的生活样貌。

一到晚上9点，村里安静下来的时候，透出零星灯光的房屋，是老村民在一起交流诗词、畅谈生活的场所。年轻人早已按捺不住躁动，来到“搞事情”小酒馆，喝一杯酒，弹一把吉他，唱一首歌，悠远的民谣回荡在竹海茶园之间，穿透明月村的岁月。

明月村的模式为乡村振兴和实现人与自然和谐共生提供了样板，“绿水青山就是金山银山”的理念在这里得以鲜活实践，因此也被评为2019年度四川省实施乡村振兴战略工作示范村。

“茶坡、竹林、松的马尾，邛窑墓地上雪白的野茶花，这些乡野沉寂的旧景色，就是可以入诗的好药材了。”阿野为明月村写了一些诗，“我想在那片松林下，掘一眼水井，取甘净的水上来，熬粥、煮茶、洗脸，晴朗的夜晚，月亮来相映照，就像一位好邻居。”“明月村的村民，晨起采茶、春天挖笋，不知道松树何人种，也不问山茶何处美，罗大爷家的柿子红透了，画眉麻雀都喜欢。”

着青绘卷，点绿成金。人们呵护自然，自然自会回报人类。无数个明月村的故事相继在全国各地上演，美丽乡村建设的前方，既是绿水青山，也是金山银山，是兼具经济效益和诗情画意的新村落，是人与自然和谐共生的美好未来。

成都市蒲江明月村，专注“蓝染”的手艺人将染好的布料挂在屋后晾晒

第九章

不仅要“富口袋”，更要“富脑袋”

实现共同富裕，既是一个物质积累的过程，也是一个精神丰实的过程，两者相辅相成、缺一不可。推动共同富裕，既要家家“仓廪实衣食足”，推动物质生活水平持续提高，也要人人“知礼节明荣辱”，让精神文化生活更加丰富，促进人的全面发展和社会全面进步。

1. 从胜利走向胜利

“忆昔开元全盛日，小邑犹藏万家室。稻米流脂粟米白，公私仓廪俱丰实。”诗圣杜甫在《忆昔二首》中描绘了他记忆中的那个大唐，那个开元盛世。仓廪实兮岁月足，千百年已逝，时光流转，不变的是普罗大众心中对于美好生活图景的描摹。

早起晚归，辛勤劳作，在田间地头之上、钢筋水泥之中、夜幕霓虹之下，往来穿梭的芸芸众生，挥洒汗水所为何故？无外乎吃得饱、穿得暖、住得稳、活得好的美好愿望罢了，而这一切需要坚实的物质基础作为支撑。“民亦劳止，汔可小康；惠此中国，以绥四方。”党的十八大以来，在以习近平同志为核心的党中央的领导下，中国组织实施了人类历史上规模空前、力度最大、惠及人口最多的脱贫攻坚战，并取得了来之不易的彪炳史册的成就。

“从中华民族伟大复兴战略全局看，民族要复兴，乡村必振兴。”站在取得脱贫攻坚战全面胜利的历史节点上，习近平总书记告诫全党同志务必不忘初心、牢记使命，务必谦虚谨慎、艰苦奋斗，务必敢于斗争、善于斗争，保持清醒的政治头脑推进乡村振兴战略，“要把巩固脱贫攻坚成果和乡村振兴衔接好，使农村生活奔向现代化，越走越有奔头。”

实施乡村振兴战略，是建设现代化经济体系的重要基础，是建设美丽中国的关键举措，是传承中华优秀传统文化的有效途径，是健全现代社会治理格局的固本之策，是实现全体人民共同富裕的必然选择，这条路我们定要走得稳，走得好。

乘上现代化的快车

“轰隆隆隆隆——”盛夏的热风席卷聒噪的蝉鸣，却有巨大的轰鸣声盖过了知了的鸣叫，贵州玉屏侗族自治县在迎来与往年相同的繁忙播种季的同时，也迎来了不一样的主人——在田间地头忙里忙外的插秧机。

“这个机子插秧快得很，一亩地只需要花 10 来分钟的时间。要是在以前，我那几亩田，3 个人要插好几天，现在个把小时就插完了。”玉屏侗族自治县郭家湾村吴家组居民吴从荣望着插秧机刚播种下去的绿苗，欣慰地感叹道。随着插秧机在田间来回穿梭，一行行间隔有序的秧苗在田野间舒展了腰肢，一片片新绿在新鲜的泥土上绽放。

“我们合作社就是以农业科技为主，前期通过机器育秧，到机耕，再到后期的机插、机伐、机收等，我们全程采用机械化作业，最大限度增加粮食产量。”玉屏农机农民专业合作社支部书记、理事长姚林自豪地介绍道。截至 2022 年 6 月，该合作社先后购置插秧机 34 台、收割机 10 台、耕地机 29 台。2021 年玉屏共培训农技手 687 人次，使该县农机化率达到 45.72%，使该县的农业机械化推进了一大步，大幅提高了农业生产力。

与引进现代化农机同步，为了让农民真正享受到科学技术在农用方面普及带来的成果，将实用技术送到千家万户，以问题导向解决群众在农业生产中实际遇到的问题，玉屏侗族自治县采取服务人员下乡对种植户提供“一对一”“菜单式”服务，亲自为农民讲解培土、育苗、水肥、病虫害管理等耕作技术，将培训课程搬到田间地头，确保农民与先进的生产工具结合的过程无障碍。此外，玉屏侗族自治县农业农村局牵头，联合人力资源和社会保障局、玉屏中等职业技术学院等多部门大力培育高素质农民，2021 年培育高素质农民 600 人，培训农村经纪人 20 余人，在推动农业供给侧改革上走在了全省前列。

2021 年 4 月 29 日，第十三届全国人大常务委员会通过《中华人民共和国乡村振兴促进法》(以下简称《乡村振兴促进法》)，于 2021 年 6 月 1 日起施行。《乡村振兴促进法》第二章第十六条明确指出：“国家采取措施加强农业科技创新，培育创新主体，构建以企业为主体、产学研协同的创新机制，强化高等学校、科研机构、农业企业创新能力，建立创新平台，加强新品种、新技术、新装备、新产品研发，加强农业知识产权保护，推进生物种业、智慧农业、设施农业、农产品加工、绿色农业投入品等领域创新，建设现代农业产业技术体系，推动农业农村创新驱动发展。”强调农业科技创新是乡村振兴战略中推动产业发展、推动农业供给侧改革极为重要的一环。

不只玉屏，农业现代化的号角在贵州各地吹响。在张家寨镇檬子树村，青瓦白墙之下，一排排井然有序的黑木耳菌棒成了檬子树村一道独特的风景，乌云与寒风道出冬日的凛冽，农民的内心却是暖洋洋的。

“我们村食用菌产业非常好啊，我们老了可以在这里打工，可以边照顾家庭，边照看孙子，一天 80 块钱也行，到年底结账有几万块。”村民切实感受到了食用菌产业给劳动力不足的檬子树村带来的希望。

这里有食用菌基地 300 余亩、加工厂房 537.8 平方米、保鲜库 310 平方米、香菇大棚 65 个、木耳大棚 81 个，年产菌棒近 200 万棒。“我们采取‘党支部 + 合作社 + 农户’的模式发展食用菌产业。平均每天能有 40 多人务工，一直可以持续到明年的 4 月份，每年发放工资在 120 万元。我们拥有自己注册的商标并且找到了稳定的销售渠道，这样一来可以完成从生产、加工到销售的一体化建设。”张家寨镇檬子树村党支部书记、村委会主任张松介绍道。在“统一菌棒生产、统一技术指导、统一品牌创建、统一加工销售”的发展理念指导下，农民参与食用菌棒养殖合作有了保障，农民有了内生动力，就会怀着更加饱满的激情投入乡村振兴事业中来。

贵州省黔东南苗族侗族自治州剑河县关口高效山地农业示范基地，工人在采收黑木耳

当艺术接触乡土

艺术？若是放在以前，陕西省西安市鄠邑区蔡家坡村的村民可能会回答说：“那些是在展览馆、博物馆里，在电视和书里才能见到的东西吧。”

而现在，那想象中在“大雅之堂”的、有些高不可攀的艺术却成为他们足不出户就触手可及的生活体验：麦田就是舞台，村后的群山就是帷幕，除了能在家门口观看话剧、音乐会、戏曲等艺术表演，村民本身的日常劳作也成为“关中忙罢艺术节”的一部分，村民既是村中艺术的享用者，也是创作者，“割麦，就是艺术”。

这一切还要从2018年的夏天开始说起。时值“蝉噪林逾静”的盛夏时节，西安美院教授武小川带领学生前往蔡家坡村采风。“当我们走近村中的麦田，那金黄的麦浪随风翻涌的景象深深地印入了我的脑海之中。”武教授回忆道，“那种蓬勃的生命力让人震撼。”他与学生们当即决定以此作为灵感源泉，开始了天马行空的创作，村民家中的旧陶罐、老凳子走进展览柜，收获后的麦秆被做成艺术装置，农具变身雕塑。看着自己生活的日常成为艺术创作的一部分，村民觉得十分新奇。

不仅如此，在这个不起眼的小村落里，风格各异的艺术装置开始“落户”，各式各样的墙体彩绘开始点缀四方，蔡家坡村有了自己的村史馆、美术馆和公共剧场。舞台已经搭建好了，谁来这大山深处的剧场演出呢？

“艺术要走出自己的小天地，去接触乡土，去体察时代下的山乡巨变，搭建艺术与社会现场、与时代境遇之间的有机关系。”武小川想到了“忙罢节”，这本是陕西关中的一项古老习俗，夏收之后农民会走亲访友，凑钱一起请戏班唱大戏。“不如以此为名办一场跟村民交流的艺术节。”

武小川团队的想法得到了村民的热烈拥护，在终南戏剧节、终南生态艺术项目、乡村社区艺术项目三大板块剧目以青山为台展现在村民眼前时，他们除了高兴和享受，还有跃跃欲试。“我会唱秦腔，我也想唱！”于是，在越来越多的艺术院校师生和文艺工作者的帮助和共同创作指导下，小品、秦腔、广场舞……村民的绝活儿也走上了大舞台。

如今，“关中忙罢艺术节”已举办了五届，蔡家坡村村民既成了乡村艺术的享用者，也当上了创作者。武小川感叹道：“让艺术关注乡村，关注农民，这是创作与乡村的双赢。目前，蔡家坡村已经形成了很好的文化艺术氛围。”

陕西西安鄠邑乡村忙罢艺术节

鄠邑区政府看到了艺术赋能乡村带来的机遇，为了发挥艺术乡建的规模效应，他们从中央美院、清华美院等艺术院校聘任了 5 名文艺工作者担任“艺术村长”，总领鄠邑区内 5 个村子的艺术赋能工作。“下一步，我们将吸引更多的‘乡创客’，打造更多‘乡创艺术空间’助力乡村振兴。”鄠邑区委书记李化说道。

我们踔厉奋发、笃行不怠追求的中国式现代化，是全体人民共同富裕的现代化，也是物质文明和精神文明相协调的现代化。在今日之祖国大地上，69 万多个乡村正在逐渐完成蔡家坡村式的蜕变，既要富农民的口袋，也要充实他们的精神。我们从完成脱贫攻坚战的胜利中走来，正阔步迈向乡村振兴新的胜利。

2. 既要柴米油盐，也要诗和远方

“虽然我在河北生活了几十年了，但今天的体验又让我重新认识了河北。”石家庄市的范先生，在参观完河北省博物馆“乐享河北”非遗会客厅展厅后惊叹道，“我惊讶于这么多近在咫尺的东西竟然是非物质文化遗产，也惊讶于河北非物质文化遗产这么丰富。看完展览，我感到很自豪！”

走进“乐享河北”非遗会客厅，挂有“博秀”牌匾的戏台会抓住你的眼球，在戏台的左侧，有河北省入选非物质文化遗产代表性名录、项目的详细介绍，右侧有一张河北省非物质文化遗产旅游地图。再往里走，雕漆镶嵌制作的屏风宝座、被景泰蓝瓷器收纳的香炉香薰、别具一格的芦苇画、用“燕京八绝”组建的“仿古会客厅”等的场景和物品让人目不暇接，仿佛走进了一个陌生而又熟悉的新天地，一座由非物质文化遗产所构筑的大观园，也难怪范先生会如此感叹，仿若接受了一场精神文化的洗礼。

非遗会客厅是河北省展示全省非遗保护、传承创新实践的重要窗口。为弘扬河北大地上中华优秀传统文化留下的宝贵遗产，2021 年，河北省文化和旅游厅高度重视文化事业、文化产业发展，奋力耕耘文化创作，提升公共服务水平，创新非物质文化遗产保护传承方式，大力推动了河北文化事业的前进。

“不走前人路，绿水青山长。要问青松岭哪里去，新时代的大道奔前方……”《青松岭的好日子》在石家庄人民会堂、北京天桥剧场开启了巡回演出，观看剧目的观众无不被话剧演员情真意切的高超演技与古朴动人的歌声打动。“从当年的青松岭，到今天的青松岭，话剧通过演绎人心的变化、价值观的变化，让我们看到了一部新时代的乡村创业史。”观看完演出后，北京市民马先生难掩激动地说。

为庆祝中国共产党成立100周年，《党的女儿》《台城星火》《相期吾少年》《青松岭的好日子》《雁翎队》《冬奥进行时》等一大批重点舞台剧目被精心编排并搬上舞台，全方面、多角度地展现了河北历史上经历的重大事件、群众或熟悉或陌生的重要人物，艺术形式多种多样，涵盖京剧、豫剧、评剧、话剧、河北梆子、音乐剧、交响乐、民族歌剧、民族管弦乐、杂技剧、儿童剧等。为期41天的展演引发强烈反响，3.4万人次到场观看，同时通过互联网与新媒体的助力，在线上展播与直播平台上也收获了总计1.698亿人次的播放量。

为了让河北民众充分知晓和了解精彩纷呈的文化活动，扩大“朋友圈”，河北省文化和旅游厅还与相关企业合作，在微信上线了权威公共服务信息平台“乐游冀”，整合了河北省景区景点、公共文化场馆、旅游企业、旅游服务设施等百余类行业信息，可根据用户需求，提供查询反馈、信息推送、资源推荐等服务，优化了游客乐享河北的旅游服务体验。游览正定荣国府的游客黄琳开心地介绍：“在以前，我出行前都会先看看小红书，在

“乐享河北”非遗会客厅系列活动在河北博物院拉开帷幕，
一对父子被国家级非物质文化遗产玉田泥塑作品吸引

携程上买门票。我也想消费些咱们河北的文创产品啊，但消息渠道太少了。现在我只需要进入‘乐游冀’微信小程序，就可以查询攻略游记、定制出游线路，还能预约景区门票，而且这是官方程序，用起来踏实放心，真心方便。”

燕赵大地河北，正以传统文化为核，以公共设施与多种艺术形式为体，以互联网信息技术为翼，全面发展文化事业，为百姓呈上一道道精神文化佳肴。而广大人民群众日益增长的多样化文化需求，正是一种马斯洛需求层次理论的外在表现，人们在满足了基本的生理、安全与社交需要之后，会追求尊重与自我实现，给精神世界“施施肥”“补补钙”“充充电”。

华流才是“顶流”

“包装非常好看、独特，口红作为礼物非常不错。不愧是故宫！”“外观就很精致，膏体颜色也甚合我意！涂抹感觉很棒，给故宫精品点赞！”两位网民在抢购到故宫博物院文创旗舰店的产品后兴奋地留言。这款新出的口红无需任何网红“带货”，甫一推出便卖断了货。“本宫”就是最大的“网红”。近年来，无论你有没有实地去过故宫，都能感受到故宫文创的风生水起。

博物馆，人们总是将它与“庄严”“肃穆”这些词语联系在一起，但并非意味着应该被束之高阁。故宫承载的传统文化属于亭台楼阁，同样也应属于市井瓦舍，故宫博物院前院长单霁翔曾提出一个口号：“让故宫文化从‘馆舍天地’走向‘大千世界’。”2008 年，故宫成立文化创意中心，开始走上将故宫文化带向千家万户之路。

2008 年 8 月 8 日—11 月 8 日，为助力北京奥运会，故宫在午门城楼举办“天朝衣冠展”，将宫廷服饰中的图案精华融入餐桌、床榻、服饰、手包、靠垫、披肩等六大系列产品之中，开全国博物馆发布文创产品的先河。

针对迅速变化的市场需求和年轻人的口味，故宫文创的设计师们集思广益，不断丰富文创风格，不仅端得起大国重器，也玩得了小清新。

2015 年，慈宁宫雕塑馆开馆，一大批轻便易于携带的文创产品纷纷出炉：“朝珠耳机”，以馆藏陶彩绘女俑和胡人俑为原型的雨伞、牙签筒、便签夹甚至红酒瓶塞。9 月—11 月，故宫建院 90 周年“《石渠宝笈》特展”书画大展开启，《清明上河图》《游春图》《五牛图》等 300 件家喻户晓的传世名作得以展示，设计师们将原图的纸伞设计成台灯，把篷船做成香插，把绘画图案印到了丝巾和领带上，50 多种兼顾艺术性和实用性设计的文创产品一经推出便大受好评。

故宫也搭乘“萌”文化的顺风车，推出了一系列潮流新产品。其中，故宫娃娃系列就是故宫开发的 Q 版宫廷人物形象群组：背手而立的皇帝，笑容满面的格格，做着“广播体操”的御前侍卫，拿着大福袋的大臣……一个个憨态可掬的玩偶消弭了宫墙内的肃穆，散发出亲切的生活气息。不仅是人，还有宫内的动物，故宫内住着 200 多只御猫，每一只猫都有自己专属的名字，以此为灵感开发的“故宫猫”系列产品，深得年轻人尤其是孩子们的喜爱。

不仅“惠中”，故宫产品还讲究“秀外”，小到胶带，大到家具，所有故宫出品的物件，连包装盒、包装纸都有一套精心设计，购买后拎上它，你就是行走的广告牌。

近几年，不仅实物产品走出了故宫，走向了大千世界，纪录片、电影、电视节目等不同艺术形式的文化产品也逐渐获得广泛认可。《我在故宫修文物》展现了不为人知的“文物医生”的“文物复活术”，3 集纪录片用全新的视角带观众走进了古老的故宫，一经推出便广受好评。“让我感触最深的就是那句‘玉就是一块破石头，它有什么德行啊，但中国人就是能从上面看出德行来’。文物都是有生命的。”观众在娱乐的同时也与历史的足迹来了一场亲切的交流。借着故宫博物院的热度，全国各大博物馆也纷纷行动起来，《国家宝藏》综艺掀起了一轮“考古热”“博物热”，“让国宝活起来、火起来”的口号也传遍了大街小巷。

文创产品是实体，承载的却是中华民族的传统文化。传统文化的内容借助现代潮流的形式焕发新生，迎来“第二春”，是市场的选择，也是年轻人对传统文化的拥抱。

建在乡镇里的电影院

“这部电影难得将小队作战的战术部署和战斗细节都表现得很好呢。没有一场打戏是重复的。”“是啊，战斗场面做得都很不错。当然我更关注的是千里和万里两兄弟的感情戏，真的太感人了，中间我都掉了好几次眼泪呢。”一对情侣从影院走出，激烈地讨论着刚刚放映完的《长津湖》。

在工作闲暇之余，约上两三好友一起，买上一捧爆米花，美滋滋地坐在舒适的符合人体工学设计的座位上，边喝着可乐边看自己喜欢的电影，是美好生活重要的调剂品。如果你觉得这是大城市的专属，那就大错特错了，刚才的这一幕，就发生在江苏省苏州市吴江区盛泽镇的乡镇影院。

在盛泽镇幸福蓝海影城工作的张爽对这里的变化感触颇深，原本是一位黄金销售员的她，听说家门口就建了电影城，出于对电影的喜好，马上辞掉原来的工作，影院开业之初便来到此处求职。出乎她意料的是这家乡镇影院的配置，看上去一点都不比城里差，作为一个“小镇青年”也能享受到大城市的观影体验，圆了张爽的一个小小梦想。

林国斌，江苏省连云港市伊山镇幸福蓝海灌云影城的总经理，对影院的建成也是心怀感激，他谈道，尽管乡里的老百姓通过文化广场、休闲活动中心已经能够体验到一定的文化生活了，但大多数乡亲尤其是老人还没进过电影院，这次影院的建成，相当于拓宽了乡村文化生活的边界，满足了乡亲们在家门口看电影的需求。影院 2019 年开业那天正好是除夕，全天共计获得 21 万元的票房，观众将近九千人，大厅里摩肩接踵，挤得水泄不通。林国斌坦言自己也没有想到影院会如此受欢迎，说明乡村市场需求很大，大有可为。

事实上，自 2019 年全国开展乡镇影院建设试点工作以来，江苏省将乡镇影院建设纳入省政府十大主要工作任务、百项重点工作和文化建设高质量个性化考核。为帮助乡镇加快扩大电影市场规模，降低投资门槛，中央级电影专资采用了补贴的方式，对每个新建乡镇影院补助 30 万元，省级电影专资配套补助 50 万元，各级市县还通过政府采购、建设补贴、财政补贴等多种方式加大对乡镇影院建设和运营的支持，积极培育乡镇影院市场。

乡镇影院本身也构筑了乡镇居民的另一精神世界，一村两世界得以形成。影院中上映的琳琅满目的电影也逐渐成为乡镇居民精神食谱中的一道重要菜肴，定时足量地呈给农民、打工者、留乡的人。他们在家门口就能看到大片、好片、新片，拥有不输给城里人的文化体验感，人们拥有了更多的获得感、幸福感。

江苏省的脚步不止于此，根据江苏电影“十四五”行动计划，到 2023 年，江苏要实现电影院苏南全覆盖、苏中苏北有条件的乡镇有影院的目标，构建覆盖全面、分布合理、设施完备、惠及城乡的乡镇影院建设发展格局，把乡镇影院打造成当地特色文化新标识。

“数字 + ”和文化的奇妙结合

手机对准道路两旁的导览牌，扫一扫上面的二维码，一幅历史与现实重叠的画面就出现在眼前。这一幕发生在上海首条“红色经典步道”上，游客也纷纷赞叹画面的真实性。在技术不断升级的背景下，借助智能定位、实时 AR 和 3D 渲染等技术，只需要扫一下二维码，就可以看到在实时道路画面上，一个个 3D 实景动态的导览箭头指引着人们进入红色遗址和场馆，还配以智能线路规划、语音讲解等多重功能，带游客重温峥嵘岁月。

借助数字技术创新文化传播形式，既能消除年代隔阂感，又契合红色文化内涵，能够很好地激发全民参与红色文化资源的保护与传播，特别是对提升青少年文化素养有重要作用。如上海市运用数字化技术构建红色文化资源信息应用平台“红途”，收纳了 379 个革命遗址、纪念设施，147 家爱国教育基地等。这些数字化基础工程注重挖掘文化资源内涵，创新展示方式，打造出了独具特色的数字化创意产品，为游客带来了全方位、多维度的丰富体验。

数字技术在充分发挥文化资源的价值与功能，做好公共文化传播方面也备受关注。近年来，各地大力夯实公共文化机构数字化建设，精准对接群众需求，提供多元文化产品。如江苏省昆山市陆家镇文化站充分利用资源优势打造“智能场馆”“新老媒体”“文化云”三个数字文化平台。以“智能场馆”为依托，对场馆进行数字化改革，推进智能化；以“文化云”为依托，对接群众文化需求，强化公共文化与“新老媒体”的数字融合，创新文化传播方式。系列改革成效显著，群众能够享受一站式的“云端”文化服务，好评如潮。

建设公共文化云平台，将数字技术与公共文化机构管理充分结合起来，是文化机构提高自身管理水平的必然选择，也能很好地促进基层公共文化服务提质增效，有利于乡村文化治理，是打通公共文化“最后一公里”的必要手段。

今天中国的民族复兴，内在于人类的整体命运；今天中国文化的挺立，与世界上 70 多亿人口、200 多个国家与地区、2500 多个民族的文化命运，息息相关。文化的传承与保护、发展与创新关乎我们的未来。我们应当保护好传统文化，打造文化产业，满足群众文化需求，运用数字化手段发展文化，让更多人听到“中国故事”，发出“中国声音”。

家常菜好吃，也需隔三岔五出去打打“牙祭”；家乡风景好看，也需要在假期出去逛一逛祖国的大好河山。同样，人们的精神生活也需要有合适的调剂品。信息技术和人工智能的发展为人们的精神生活享受增添了新场景。

“简直像打开了新世界的大门！”刚从南昌 VR 主题乐园走出的游客兴奋地直呼过瘾。在 VR 设备的帮助下，游客仿佛进入了一个极具真实感的世界，扮演起了一个个现实中一辈子都可能没有交集的角色。

VR 之星·虚拟实境主题乐园是江西省重点打造的国家级 VR 产业基地核心项目之一，是国内首个将 VR 前沿机台整合技术与文化、旅游、娱乐、休闲体验相结合的实境式 VR 主题乐园，也是全球最大的室内 VR 主题乐园之一，从多个国家引进了 42 项国际顶级 VR 游乐设备，全天最多可容纳

江西南昌 VR 主题乐园内，游客正在体验 VR 虚拟现实游乐项目

5000 名游客参与体验。

不只 VR，随着文化事业、文化产业与互联网、大数据、5G 等技术的全面融合，文化艺术新业态正在不断产生与发展，短视频、网络游戏、云音乐、云展览、云旅游等都在开疆拓土。据对全国 6.5 万家规模以上文化及相关产业企业调查，2021 年，上述企业实现营业收入 119064 亿元，按可比口径计算，比上年增长 16.0%；两年平均增长 8.9%。分业态看，文化新业态特征较为明显的 16 个行业小类，实现营业收入 39623 亿元，比上年增长 18.9%；两年平均增长 20.5%，高出全部规模以上文化及相关产业企业 11.6%。文化产业的蓬勃发展将为广大人民群众的精神文明建设注入源源不断的活力，日新月异的文化艺术新业态也在不断丰富着人们的精神世界，构筑着看得见的未来，那里既有柴米油盐，也有诗和远方。

3. 坚持正确的价值导向

改革开放以来，我们在中国特色社会主义建设实践过程中，意识到形成全民族奋发向上的精神力量和团结和睦的精神纽带的重要性，逐步总结形成了“社会主义核心价值体系”，而核心价值观则是核心价值体系的内核。

富强、民主、文明、和谐；自由、平等、公正、法治；爱国、敬业、诚信、友善。短短的 24 个字，凝练概括了国家的价值目标、社会的价值取向和公民的价值准则。富强、民主、文明、和谐是国家层面的价值目标，体现的是全体人民的共同理想，是群众心中理想的国家的样貌；自由、平等、公正、法治是社会层面的价值取向，表达了人民对于现实社会的价值诉求与期待；爱国、敬业、诚信、友善体现的是社会成员的道德自律，是社会成员的基本道德规范。三个层面相辅相成、相互依存，形成一个统一整体。

社会主义核心价值观体现了社会主义核心价值体系的根本性质和基本特征，反映了社会主义核心价值体系的丰富内涵和实践要求，是社会主义核心价值体系的高度凝练和集中表达，也是全体人民价值观的最大公约数，因此必将成为社会主义精神文明建设的“引航船”。

法治与德治

“小明平时骑电动车上班，有一次他将汇报材料忘在家里了，到停车场发现自己这天忘骑车来，这时看见挂有钥匙的电动车，于是他将这辆车骑回家拿了材料后又原封不动地还回去了，请问这一行为是否属于犯罪？”

“有罪，他没有经过别人同意，属于盗窃行为。”

“哈哈，其实是无罪的，他把车还回来了。”

“欸！”教室里响起了一片惊叹声。

这是 2021 年 5 月 21 日发生在湖南省浏阳市中和镇雅山小学的一幕，该镇司法所干警林涵光以一个“看似有罪实则无罪”的案例拉开了一节生动的法制课的序幕。全校 300 余名师生在学校操场上认真倾听，不时传出欢声笑语。

林警官表示他的用意在于结合多个生动鲜活的案例，告诉同学们法律也是讲仁善的，并不会让人动辄得咎，案例蕴含的犯罪认定须坚持主客观相统一的观点就是想要告诉大家，本着一颗良善之心去为人处世就不会有犯罪的意图。

林警官的课堂是国家积极推动中国特色社会主义法治建设、社会主义法制教育的一个缩影。

正如林警官所言，让全民守法是“法治”，让人心怀仁善是“德治”。它们在对社会成员的约束上发挥着不同的作用：法治以国家强制力为后盾，主要依靠法律的预测作用、惩罚作用、威慑作用和预防作用对公民和社会组织的行为进行约束，并对违法行为追究法律责任；而德治则通过人们的内心信念、传统习俗、社会舆论等进行道德教化，并对违反道德的行为进行道德谴责，而道德体系中最重要的组成部分之一即是社会主义核心价值观。

我国建设社会主义法治国家的要求之一就是坚持以德治国与依法治国相结合，使德治与法治相互促进：强化道德对法治的支撑作用，通过重视并发挥出道德的教化作用，提高全社会的文明程度，为全面依法治国创造良好的人文环境，发挥道德对法治的滋养作用，在道德教育中突出法治的内涵，注重培育人们的法律信仰、法治观念、规则意识，引导人们自觉履行法定义务、社会责任、家庭责任等，营造全社会都讲法治、守法治的文化环境。

同时，法律是底线的道德，也是道德的保障，以法治承载道德理念，道德才有可靠的制度支撑。法律法规要树立鲜明的道德导向，弘扬美德义

广东惠州公园里的社会主义核心价值观标语牌

行，使社会主义法治成为良法善治。

依托各大短视频、中视频平台蓬勃兴起的网络教育也助推中国政法大学教授罗翔等科普刑法的名师火遍了全网，他们用鲜活的案例，“接地气”的话语与“评书”般平易近人的教学方式吸引了许许多多的观众。仅罗翔老师就在B站上拥有2900多万粉丝，每次线上直播课开题之前都有大量的弹幕刷屏“张三等候多时”“保护我方张三”，这既是名师课堂的魅力所在，也是中国特色社会主义法治建设逐渐深得人心的体现。

推动中国特色社会主义法治道路建设，坚持以德治国与依法治国相结合，开展法治德治教育，是践行社会主义核心价值观，构建“自由、平等、公正、法治”的和谐社会的内在要求，也是发展精神文明的题中应有之义。

牺牲与奉献

同困难作斗争，是物质的角力，也是精神的对垒。在三年的疫情防控斗争中，不屈、无畏的亿万人民携手并肩，展现出强大的精神力量。这一精神力量，就是伟大抗疫精神。唯有精神上站得住、站得稳，一个民族才能在历史洪流中屹立不倒、挺立潮头。

2020年9月8日，全国抗击新冠疫情表彰大会在北京召开，一段视频在网络上走红。视频中，钟南山、张伯礼、张定宇、陈薇四位抗疫英雄坐在礼宾车上，礼宾车开过长安街，在国宾护卫队的护送下前往人民大会堂。视频下网友纷纷留言：最高礼遇！以国之名，致敬！国家表彰的，是一种悬壶济世、舍己为人的责任担当；网友们点赞的，是一种敢于牺牲、无私奉献的精神境界。

习近平总书记指出：“人无精神则不立，国无精神则不强。精神是一个民族赖以长久生存的灵魂，唯有精神上达到一定的高度，这个民族才能在历史的洪流中屹立不倒、奋勇向前。”我们党能带领人民走过积贫积弱，饱受列强侵略，山河破碎、生灵涂炭的近代，正是因为有着井冈山精神、苏区精神、长征精神、遵义会议精神、延安精神、抗战精神等新民主主义革命时期在革命实践基础上形成的宝贵精神谱系，支撑与引导着共产党团结一切可以团结的力量，取得新民主主义革命的胜利。

改革开放以来，社会主义核心价值观成为凝聚人心、汇聚民力的强大精神力量。在实现精神生活共同富裕的道路上，既要做到尊重差异、包容多样，又能够抵御各种错误思潮、腐朽文化的侵蚀，不断培育、深入践行社会主义核心价值观，进而不断提升全社会凝聚力和向心力。

年轻一代，作为充满好奇心，最容易也是最乐于接触和接受来自世界各地潮流文化的群体，是催生亚文化的重要主体，由于亚文化天生带有与主流文化矛盾的属性，如何处理亚文化与主流文化的关系成了文化领域的一大问题，年轻人也经常被视作“不省心”的群体。然而新时代以来，年轻一代人的文化与主流文化相互映照，借助主流文化的“东风”使自身亦获得发展。

“9 月 3 日这天，上午刚开展没半天呢，我们带来的 200 多份冰激凌就全部卖光了，今天带来的产品也基本上售罄了。”北金国际设计周总经理助理姚青高兴地谈道，她所在的地方是 2021 年服贸会首钢园文旅服务专题展区，她所说的产品是《觉醒年代》IP 展台上的文创产品。

这些文创产品有冰激凌、巧克力等，每种文创产品的包装上都印有《觉醒年代》的剧中名言：“只有自律的人，才有可能脱颖而出。”“我是革命的一块砖，哪里需要哪里搬。”

“我们在IP设计的过程中，杜绝过于娱乐化，所覆盖的文创产品种类都是经过严格筛选的，比如在产品品类选择方面，我们尽量选择大家生活所需的产品。在品牌选择上，则严格选择资质齐全、品质有保障的大品牌。我们希望通过这些文创产品，用年轻、潮流的方式传递爱国精神。”姚青说。

爱屋及乌，《觉醒年代》的文创产品能广受欢迎，剧集本身所受的追捧可想而知。毫无疑问，这些冰激凌、巧克力的购买主力，都是年轻人。曾几何时，人们总是将主旋律电视剧和那个液晶化时代尚未到来之前的“大背头”电视机、坐在凉椅上聚精会神观看节目的父辈们联系在一起。什么时候年轻人也痴迷于主旋律影视作品了？

《觉醒年代》自开播以来，就不断在观众之中积累口碑，平均收视率达到了1.29%，剧集首轮播出完毕后以豆瓣9.2的超高分收官。根据百度指数关键词搜索趋势，播出完毕后该剧的热度并未就此降低，反而随着口碑发酵逐渐走高。在2021年五四青年节到来之际，这部着重介绍1915—1921年风云历史题材的电视剧开始大规模进入网民视野，尤其是一些知名的自媒体人的推荐让该剧收获了大批粉丝，关于该剧的讨论由点及面地在社交网络上铺开，热度达到一个高峰。广大网民开始透过这部剧的视角，了解那个风云激荡的年代，真正意义上明白五四运动的历史背景与重要意义，让那一个个存在于历史课本上的名字逐一变得鲜活而富有色彩。

2021年5月20日前后，CCTV电视剧频道报道的“《觉醒年代》入围‘白玉兰’奖八项提名”将舆论推向高峰，加之主流媒体和自媒体博主们的积极传播，该剧的热度也达到了顶峰，被成功安利的网民无不感叹“这剧，它值得”，“历史书上的寥寥几笔，却是他们的一生”。

根据大数据的分析，在关注《觉醒年代》的人群中，占比最高的是

电视剧《觉醒年代》海报

20—29 岁的年轻人，所占比例达到了惊人的 54.8%；其次是 20 岁以下的青少年，占比 22.2%；50 岁以上的中老年人占比反而是最低的，可以说年轻人是这部剧的绝对受众。

《觉醒年代》缘何如此受欢迎？这既与剧集本身过硬的质量有关，也与该剧播出时所处的世界经济政治背景有关。

首先，《觉醒年代》用直逼学术的完整逻辑与考究的细节设计带领观众真正感受到了“历史的温度”，不回避任何问题，不用说教式或是鸟瞰式的冰冷语调平铺直叙。

共青团中央在 B 站上传了一段不到两分钟的《觉醒年代》剪辑，却收获了 260 多万的高播放量，从这段剪辑中可以一窥该剧在蒙太奇手法运用上的娴熟，写实与写意的灵动。这一小段戏展现的是毛泽东同志在剧中的首次出场，彼时的他还是一个求学的青年，冒雨跑过了长沙的一个普通街巷，看到了街巷上形形色色的人和物，却也仿佛看到了世道艰难下的苍生——最开始，他踏过一滩水而来，宛如当时停滞不前的丑陋社会；泥泞的小道上小商贩行色匆匆，这代表的是小资产阶级；乞丐在路边捡着别人掉下的剩饭，赶紧塞进自己的嘴里，老牛被牵着鼻子走，眼神中尽是茫然，这又何尝不是社会底层人民的茫然呢？骑着高头大马的士兵（代表军阀）扬着马鞭从人群中间急速穿过，完全不在乎前方是否有人，行人只能避让，军阀对于群众的漠视可见一斑；西装革履的小少爷坐在车上，啃着汉堡漠然地注视着这一切，在他的视线前方，被插标贩卖的少女发出撕心裂肺的哭声，小少爷看到这一切，表情没有任何波澜，这何尝不是作为既得利益者的资产阶级集团对于人民的冷漠呢？毛泽东冒着雨走来了，怀抱着《新青年》，他看到了，他都看到了。

短短的不到两分钟的场景，却用暗喻的镜头语言道出了彼时中国各个阶层的姿态，颇有一种“遍地哀鸿满城血，无非一念救苍生”的意境。这样的场景是鲜活的，是具体的，是真正能够引起年轻观众兴趣甚至去查阅历史资料的。而这样讲究的场景设计、人物对白在剧中比比皆是。

譬如在鲁迅出场的片段之前，剧中首先展示的是一名革命烈士要被砍头的场景，烈士被拖到行刑场，附近围上来一群普通市民，一边争抢着上前围观砍头的画面，一边假意安慰被砍头的青年“二十年后又是一条好汉”。刀光落下，鲜血四溅，这群人看够了，也走了。而接下来冲进来几个带着篮子的妇女，一边掏出贿赂北洋士兵的铜板，一边从篮子中拿出馒头沾上新鲜的人血，小心翼翼地捧着篮子离开，因为她们相信沾了人血的馒头可以治百病。这一切被坐在旁边小摊的鲁迅先生看在眼里。

这段改编自鲁迅先生小说《示众》和《药》的片段，生动地展现了当时中国民众的精神面貌。如果说观众从《觉醒年代》的每一集中都能感受到历史的温度的话，那么这个场景的温度一定是彻骨的冰冷，因为它将百姓的愚昧无知与麻木不仁展现得淋漓尽致。

正因如此，鲁迅才一度只想研究古籍而不再问时政，为此钱玄同大为不解。在此后的一幕他与钱玄同的对话中，他说道：“假如一间铁屋子，是绝无窗户而万难破毁的，里面有许多熟睡的人们，不久都要闷死了，然而是从昏睡入死灭，并不感到就死的悲哀。现在你大嚷起来，惊起了较为清醒的几个人，使这不幸的少数者来受无可挽救的临终的苦楚，你倒以为对得起他们么？”钱玄同顿了顿，回答道：“然而几个人既然起来，你不能说决没有毁坏这铁屋的希望。”

新青年阵营的那一群时代青年正是那批醒悟者，他们正是基于对社会现状的深思熟虑，才会走上唤醒青年人、唤醒大众的道路。正如陈独秀剧中所言：“干革命哪有不苦的。可这苦是我自找的，我情愿的，乐在其中。”“我们就要做中国的普罗米修斯。不怕天罚，敢于盗火，为苦难的中国照亮前程。”

剧集用丰富的影视语言，将历史人物所处的时代背景、个人思考与行为选择展示出来，而非冰冷的说教和生硬的转折，让一切看起来都水到渠成。例如在全片的最后，看到河边流离失所的百姓衣不蔽体，骨瘦如柴，与城市中锦衣玉食的资产阶级生活全然不同，李大钊激动地说：“为了你们不再流离失所，人人都能当家作主，为了让中国的老百姓能过上富裕幸福的生活，为了人人都受教育，少有所教、老有所依，为了中华民富国强，为了民族再造复兴，我愿意奋斗终生！”

这样的《觉醒年代》，才是能够引起观众共鸣的，才是年轻人喜闻乐见的，才是能够传递革命精神、提高凝聚力与向心力的。

《觉醒年代》无异于一剂强心剂，人们从中身临其境地感受到了为什么会有中国共产党的诞生，为什么中国共产党选择了马克思主义，为什么历史选择了中国共产党。结合当下的山河犹在、国泰民安，前世今生都徐徐展开在人们眼前，无疑使人民对中国特色社会主义道路更加充满信心。

好的影视剧集远不止《觉醒年代》，《战狼》《红海行动》《长津湖》等主旋律电影频繁登上热搜与票房排行榜，也是精神文明建设的丰硕成果，对爱国主义为核心的民族精神和对改革开放为核心的时代精神的逐渐认同与拥护，昭示着这亦是一个全民觉醒的时代——从西方与资本精心编织的假象与谎言中觉醒的年代，这个时代，我们更加坚定自信，携手建设中国特色社会主义的时代。

缅怀与传承

2014 年 9 月 30 日，天安门广场上，五星红旗高高飘扬。

“三年以来，在人民解放战争和人民革命中牺牲的人民英雄们永垂不朽！

三十年以来，在人民解放战争和人民革命中牺牲的人民英雄们永垂不朽！

由此上溯到一千八百四十年，从那时起，为了反对内外敌人，争取民族独立和人民自由幸福，在历次斗争中牺牲的人民英雄们永垂不朽！”

人民英雄纪念碑碑文在阳光的映照下熠熠生辉。北侧花坛上，红白两色花朵组成的花环寄托着人们对英烈的无限哀思。习近平等党和国家领导人参加了首个烈士纪念日敬献花篮活动，少年儿童与各界群众等 3000 名代表也参加了仪式。

唱国歌、向烈士默哀、少年儿童唱《我们是共产主义接班人》并致队礼、敬献花篮、党和国家领导人瞻仰纪念碑、少年儿童和各界群众代表献花并瞻仰纪念碑等环节依次展开。这一天，全国的目光聚焦于此，在天安门上空，仿佛英烈们的目光穿越了时光，看到了河清海晏、国泰民安的盛世之景，我们的思绪在此交汇。是啊，我们多么想让你们看到，今日之中国，你们用鲜血与热泪换来的江山。

习近平总书记指出：“我们要铭记一切为中华民族和中国人民作出贡献的英雄们，崇尚英雄，捍卫英雄，学习英雄，关爱英雄，勠力同心为实现‘两个一百年’奋斗目标、实现中华民族伟大复兴的中国梦而努力奋斗！”“理想之光不灭，信念之光不灭。我们一定要铭记烈士们的遗愿，永志不忘他们为之流血牺牲的伟大理想。”

2021 年 9 月 30 日，我们迎来第 8 个烈士纪念日。

在这一天，全国各地隆重纪念英烈，献上最崇高的敬意。

在广西桂林市全州县米花山脚下，才湾村村民蒋石林头发花白，细心擦拭着红军烈士墓碑上的闪闪红星。80 多年前，蒋石林的爷爷蒋忠太将 7 名湘江战役烈士埋葬于此。

1934 年底的湘江战役，是红军长征开始以来最壮烈一仗。“一想到红军是为了老百姓才牺牲的，就觉得不能不管。”蒋石林说。蒋家五代人每年都来祭扫烈士墓并向访客讲述红军故事。

江西井冈山，中国革命的摇篮，无数信仰坚定的共产党人在此播下燎原的星星之火。

2021 年 9 月 30 日，各界群众纷纷涌入井冈山革命烈士陵园，向人民

江西井冈山革命烈士陵园的雕塑

英雄敬献花篮。井冈山革命烈士陵园纪念堂内，镌刻着一排排烈士姓名。两年零四个月的井冈山斗争共有4.8万余人牺牲，平均每天近60人献出生命。

重庆市歌乐山脚下，红岩精神在此生发。英烈罗世文等同志在狱中秘密组建了党支部，带领难友同敌人展开坚决斗争。但他们没有等来黎明，在国民党的残忍屠杀下，300多位烈士长眠于歌乐山。

为烈士寻亲，圆了亲情暖了人心，是对烈士最好的尊崇。

“爸爸，我终于找到了你。”江西省新余市48岁的刘英接到西藏波密县来电的那刻失声痛哭，“以前只知父亲是烈士，却不知他安葬在哪儿。”1974年，26岁的刘华玉不幸牺牲。新余市有关部门与四川成都、西藏多地联动寻亲，全国数千万热心网友参与。

江西也开展了“替烈士看爹娘、为烈属办实事”活动，对全省4万余名烈属进行走访，实现不缺一户不漏一人，对2.4万余名享受优抚待遇的烈属逐一建档立卡、跟踪服务，解决一大批急难愁盼问题。

“儿为伟大而生，光荣而死，是我做儿子最后的心意，罪甚！罪甚！”1940年，新四军烈士程雄写下这封家书。10多年来，数万封“红色家书”从全国各地汇集于中国人民大学家书博物馆。时任中国人民大学家书博物馆副馆长张丁告诉记者，一封封家书，使我们能够触摸到革命先烈的脉搏，感受到他们火热的心灵。

从烈士寻亲到学习家书，每一次注目都是对烈士精神的守护。

从烈士纪念日以国之名，缅怀英烈，到以法律之名，实施《中华人民共和国英雄烈士保护法》，全社会崇尚英烈、保护英烈、传承英烈的精神蔚然成风。

2021年9月30日早上，淅淅沥沥的雨声中，广西桂林市全州县红军长征湘江战役纪念园举行了烈士纪念日公祭活动，机关干部、烈士家属、公安民警和学生代表等近300人参加仪式。广西壮族自治区党委宣传部有关负责人介绍，广西对湘江战役纪念设施、遗址遗存进行抢救性保护，已如期完成68个红军长征湘江战役纪念设施项目的建设和保护工作。

浩然英雄气，激荡天地间。我们从未忘却，他们从开天辟地的革命年代走来，用热血染红共和国的旗帜；我们继往开来，向共同富裕的新征程走去，更多英雄诗篇将铸就新中国的丰碑。

4. 凝聚奋进新时代的精神力量

习近平总书记强调：“一个民族的复兴需要强大的物质力量，也需要强大的精神力量。”曾任美国中央情报局副局长和国务院情报与研究局局长的克莱因，在 1975 年出版了《世界大国评估》一书，提出了著名的克莱因国力方程：国力 =(基本实体 + 经济实力 + 军事实力)×(战略意图 + 国家意志)。一个国家需要有物质国力，但如果没有相匹配的精神国力，绝不能称之为世界强国。

埃德加·斯诺在《红星照耀中国》中描写道，陕北的红军士兵每天的生活都很充实，“不作战时，一天到晚都很忙，他们 5 点钟起床，晚上 9 点钟吹‘熄灯号’睡觉。在每一个连和每一个团中，还有‘列宁室’，“这里是一切社会和‘文化’生活的中心”，“它们全都悬挂了马克思和列宁像，那是由连团中有才能的人画的”，“室的另一角是用来学识字的，这里可以看到每个战士的笔记簿都挂在墙壁上指定的木钉上。除了政治训练以外，每个连、营、团和军的政治部都负责群众教育”。在那个连食物都匮乏的年代，红军战士却能享受到源源不断的精神食粮，正是这种永不懈怠的精神状态和一往无前的奋斗姿态、源源不息的精神传承，让中国人民实现了从站起来、富起来到强起来的飞跃。

新中国成立以来，中国人民面临着的是一个一穷二白的旧中国，面临着国际社会的怀疑、轻视、打压和封锁，在这样的废墟上建设一个强大的新中国，没有强大的精神力量是不可能建成的。

曾经一段时间，不少人在经济建设的大潮中迷失了方向，丧失了信仰，追逐物质享受，忽视精神修养，精神滑坡成为一个令人忧心的社会现象。虽然在经济建设方面取得了突飞猛进的成就，但精神国力却与日渐强大的物质国力不相匹配，这样的国家，只能说是大而不强。

习近平总书记在庆祝中国共产党成立 100 周年大会上的重要讲话中指出：“一百年前，中国共产党的先驱们创建了中国共产党，形成了坚持真理、坚守理想，践行初心、担当使命，不怕牺牲、英勇斗争，对党忠诚、不负人民的伟大建党精神，这是中国共产党的精神之源。”

伟大建党精神，内涵丰富、意境深远，跨越时空、历久弥新。

在全国脱贫攻坚总结表彰大会上，习近平点赞年近九旬的老支书黄大发“用实干兑现‘水过不去，拿命来铺’誓言”。探访贵州省遵义市草王坝村黄大发的老屋，大门对联的横批格外醒目：不忘初心。为改变该村千百年来缺水的历史，黄大发从 20 世纪 60 年代开始，带领村民钢钎凿、风钻敲，在悬崖上修水渠。他说：“修不好我把名字倒过来写，我拿党籍来作保证，我拿命来换！”前后历经 30 余年，黄大发在峭壁间挖出一条 10 公里的“天渠”。这条水渠，绕三重大山，过三道绝壁，穿三道险崖。水通了，黄大发又带领群众开展“坡改梯”，稻田从 240 亩增至 720 亩……

通渠的那一年，村里通了电，又修通了通村路，领头的还是黄大发。

甘祖昌是新中国的开国将军，但他坚持回农村当农民，他亲自下田用双手一抔一抔捞烂泥，带领乡亲们把“光头山”变成了丰收岭。1986年，甘祖昌弥留之际交代老伴龚全珍：“领了工资，买了化肥农药，送给……贫困户……支援农业建设……”几十年过去了，龚全珍把丈夫当作榜样，谁家孤寡老人过冬缺衣少服、谁家孩子上学缺学费，她都掌握得一清二楚。

“为有牺牲多壮志，敢教日月换新天。”为真理而献身，为崇高神圣的理想而献身，是共产党人坚定理想信念的崇高境界。

“母亲不用千言万语来教育你，就用实行来教育你。在你长大成人之后，希望你不要忘记你的母亲是为国而牺牲的……”在十八届中央政治局第二十六次集体学习时，习近平提到了赵一曼的这份遗书：“这些革命烈士的家书是进行理想信念教育最生动、最有说服力的教材，应该编辑成册，发给广大党员、干部，大家都经常读一读、想一想。”

2021年4月，在广西考察时，习近平在一幅油画《陈树湘》前久久驻足，油画上方一行字十分醒目：“为苏维埃流尽最后一滴血！”陈树湘是红军师长，他在湘江战役中身负重伤，不幸被俘。在担架上，陈树湘趁敌不备，从伤口处抠出肠子用力绞断，牺牲时年仅29岁。习近平感叹道：“壮烈啊！陈树湘是牺牲英雄中很典型的一个。”

正如习近平总书记强调的：“我们党之所以历经百年而风华正茂、饱经磨难而生生不息，就是凭着那么一股革命加拼命的强大精神。”“为了保护人民生命安全，我们什么都可以豁得出来！”

在抗疫斗争中，84岁的钟南山院士紧急奔赴武汉，罹患渐冻症多年的张定宇坚守在战“疫”一线……数百万医务人员用血肉之躯筑起阻击病毒的钢铁长城。从出生仅30多个小时的婴儿到100多岁的老人，从在华外国留学生到来华外国人员，每一个生命都得到全力护佑。同人民风雨同舟、血脉相通、生死与共，是中国共产党战胜一切困难和风险的根本保证。

伟大建党精神已深深融入党、国家、民族、人民的血脉和灵魂，成为中华民族精神的丰富滋养，是民族精神和时代精神的重要组成部分，是党和国家的宝贵精神财富。

历史川流不息，精神代代相传。一百多年前，中国人民对国家富强和人民幸福的渴望是那么强烈，但前途又是那么渺茫。今天，我们已庄严宣告在中华大地上全面建成了小康社会，又踏上了实现第二个百年奋斗目标新的赶考之路，更需要全党同志继承和发扬伟大建党精神，大力弘扬时代精神，筑牢精神之基，以永不懈怠的精神状态和一往无前的奋斗姿态不懈推进中华民族伟大复兴，努力创造无愧于党、无愧于人民、无愧于时代的业绩，走好新时代的长征路。

参考文献

1. 高长武 . 共同富裕是社会主义的本质要求 [J]. 党建研究，2021,（8）:22.

2. 刘同华 . 治国之道 富民为始 [OL]. 中央纪委国家监委网站，2021-2-26.

3. 卢宥伊 . 农民工川哥：用镜头记录劳动生活 [OL]. 新华社新媒体，2022-5-6.

4. 王琪鹏 . 快递小哥与独居老人的约定 [OL]. 北晚在线，2018-9-3.

5. 95 后农民工才不想“躺平”[OL]. 新浪网，2021-7-28.

6. 张敬华代表：提高技术工人职业吸引力 [OL]. 中工网，2022-3-2.

7. 李薇，龙布轩 . 关心关爱“快递小哥”做细落实 [N]. 羊城晚报，2021-2-26（ZA14）.

8. 中国农网评论员 . 用“蛋糕”之喻理解共同富裕 [N]. 农民日报，2022-3-18（1）.

9. 浙江省习近平新时代中国特色社会主义思想研究中心课题组 . 共同富裕的原创性价值与世界性意义 [N]. 浙江日报，2022-2-21（8）.

10. 人民时评 .“农把式”评职称助推乡村振兴 [N]. 人民日报，2021-11-25（5）.

11. 韩洁，徐弘毅 . 在这个“特区中的特区”，港澳居民共享内地税收政策红利 [OL]. 新华社，2021-4-16.

12. 林翎，杨雅珺，吴卓玲 . 中山：税收红利照亮灯饰企业“上市”路 [OL]. 羊城派，2021-10-27.

13. 郑功成 . 中国何以建成世界最大社会保障体系 [N]. 人民网—人民日报，2020-11-2（9）.

14. 杜若原，申智林，彭应兵，等 . 湖南永州：特困老人养老“无忧”[OL]. 人民网—湖南频道，2021-7-29.

15. 曾毅，杨磊 .“宁波妈妈”张亚芬：聚爱播爱三十载 [N]. 光明日报，2021-6-1（10）.

16. 李丹阳 . 刘雨墨：13 岁的“老义工”[N]. 光明日报，2020-11-4（3）.

17. 吴玉洁 . 香港人做义工：公益是生活的一部分 [OL]. 人民网—港澳频道，2017-8-29.

18. 王磊，李钧德，张亮，等 . 山海起新潮——闽宁对口扶贫协作开启新征程 [OL]. 新华社，2021-5-18.

19. 侯琳良，崔佳 . 山东烟台在重庆巫山建立博士工作站——产业协作插上科技翅膀 [N]. 人民日报，2020-8-5（4）.

20. 张尼 . 一个都不能少！中国减贫成绩单亮眼！ [OL]. 中国新闻网，2020-10-17.

21. 黄娴，赵帅杰，王永战 . 优化公共服务 助力乡村振兴 [N]. 人民日报，2022-1-13（7）.

22. 涂洪长，秦宏，余贤红，等 . 放眼此关山 今朝更好看——赣闽粤原中央苏区奋进高质量发展观察 [OL]. 新华社，2022-4-16.

23. 邵燕飞，项菁 . 深山里的革命老区何以共富？浙西南“红绿融合”解谜 [OL]. 中国新闻网，2021-7-22.

24. 郁进东 . 宁波余姚市建设四明山革命老区共同富裕样板区 [N]. 中国经济网—经济日报，2022-4-14.

25. 榆林市推进毛乌素沙地治理纪实 [N]. 陕西日报，2020-10-10.

26. 张瑞琪 .《毛乌素沙漠的女人们》亮相上海东方艺术中心 [OL]. 搜狐网文化艺术报，2019-5-18.

27. 苏亦瑜 . 从“冤家”到“亲家”：苏浙“跨界河”的一体化 [OL]. 中国新闻网，2021-11-23.

28. 谌贻照 . 推“厕所革命” 补人居短板 [N]. 广西日报，2021-10-17（1）.

29. 新青年，在田间地头，在火热的生活里 [OL]. 新华社，2021-7-5.

30. 杨楠，朱程 . 江苏张家港：全域推广乡村公益医疗互助 [OL]. 新华社，2022-1-10.

31. 四川简阳：筑牢医疗保障防线 让贫困群众有“医靠”[OL]. 国家发展改革委网站，2021-7-14.

32. 王军伟，向志强，何伟，等 . 八桂大地上的青春之歌——记奋战在广西脱贫攻坚一线的“黄文秀式”干部 [OL]. 新华社，2020-5-4.

33. 李婧 .“四个不出村”是如何实现的？——浙江省安吉县孝丰镇横溪坞村探索创新基层治理方式 [N]. 农民日报，2021-9-2（5）.

34. 夏越，俞路石，俞水，等 . 乡村到城市 开齐到开好——安徽以智慧教育为突破口推进教育优质均衡 [N]. 中国教育报，2021-11-10（1）.

35. 周飞，刘延军，杨桂青，等 .“手拉手”催生家门口的优质校 [N]. 中国教育报，2021-10-29（1）.

36. 翟永威 . 六盘山 交通扶贫立高峰 [N]. 中国交通报，2019-4-3（1）.

37. 朝霞，杨雷，赵小雪 . 交通越来越好 石柱加速向前跑 [N]. 中国交通报，2019-4-22（1）.

38. 刘文超 . 深耕智慧交通 千方科技乘势而上 [N]. 中国交通报，2021-10-16（5）.

39. 张莹莹 . 农民唱大戏 文化品牌多 [N]. 中国文化报，2022-3-22（2）.

40. 李琤 .“文化 + ”催生文旅融合乘积效应 [N]. 中国文化报，2021-11-26（1）..

41. 王国平，苏雁 . 常熟：文化传承 成熟质地 [N]. 光明日报，2019-11-20（1）.

42. 王丹，严红枫，周梦爽 . 这“吴根越角”，靠什么成为县域发展的样本 [N]. 光明日报，2017-6-20（5）.

43. 刘坤，万玛加，王媛 . 黄麒钧：柴达木，有别处见不到的风景 [N]. 光明日报，2021-12-30（1）.

44. 张焱，姜奕名，陈强 . 陶建刚：山乡烛光 [N]. 光明日报，2021-9-9（1）.

45. 周仕兴 . 生如夏花——当代优秀年轻知识分子黄文秀的人生选择 [N]. 光明日报，2019-6-30（5）.

46. 董轩，周文华，周宴 . 江苏东台：“文化墙”绘出文明新风尚 [OL]. 人民网 - 江苏频道，2021-9-7.

47. 张晓博，祝龙超 . 繁荣发展文化事业 铸就文化“冀”实力 [OL]. 人民网 - 河北频道，2021-9-11.

48. 蒋肖斌 . 故宫文创这些年有多火 [N]. 中国青年报，2019-5-28（8）.

49. 万晓霞 .VR 让你在家门口环游世界——记者探营中国（南昌）虚拟现实 VR 产业基地 [OL]. 南昌新闻网，2018-10-11.

50. 武文娟 .《觉醒年代》IP 受热捧 [N]. 北京青年报，2021-9-5（3）.

51. 李晓婷，赖星，吴思思，等 . 从未忘却的纪念——各地举办烈士纪念日活动 [OL]. 新华社，2021-9-30.

52. 彭训文 . 黄大发和“大发渠”[N]. 人民日报海外版，2021-7-22（1）.

图书在版编目 (CIP) 数据

创造美好生活 : 奔向共同富裕基层故事 / 吴大磊主编，王丽娟副主编 .—长沙 : 岳麓书社，2024.3

ISBN 978-7-5538-1640-1

Ⅰ . ①创… Ⅱ . ①吴…②王… Ⅲ . ①共同富裕— 研究—中国 Ⅳ . ① F124.7

中国国家版本馆 CIP 数据核字（2024）第 039064 号

CHUANGZAO MEIHAO SHENGHUO: BEN XIANG GONGTONG FUYU JICENG GUSHI

创造美好生活 : 奔向共同富裕基层故事

出 版 人 : 崔 灿 黄永华
主 编 : 吴大磊
副 主 编 : 王丽娟
责任编辑 : 尹梦娜 彭楚兵
责任校对 : 刘德华
装帧设计 : 袁词媚工坊

出 版 : 岳麓书社 湖南电子音像出版社
地 址 : 湖南省长沙市爱民路 47 号
直销电话 : 0731-88804152 0731-88885616
邮 编 : 410006

版 次 : 2024 年 3 月第 1 版
印 次 : 2024 年 3 月第 1 次印刷
开 本 : 710 mm × 1000 mm 1/16
印 张 : 21
字 数 : 260 千字
书 号 : ISBN 978-7-5538-1640-1
定 价 : 58.00 元

承 印 : 湖南印美彩印有限公司

如有印装质量问题，请与本社印务部联系
电 话 : 0731-88884129